主　编：郝立新

副主编：马　琳

编辑委员会：（按音序排列）

陈先达　曹　峰　杜保瑞　段忠桥　冯　俊　龚　群
郭　湛　郝立新　焦国成　李茂森　刘大椿　刘敬鲁
刘晓力　罗安宪　马俊峰　马　琳　牛宏宝　彭永捷
彭新武　舒远招　孙冠臣　孙向晨　王伯鲁　温金玉
徐　飞　徐英瑾　姚新中　杨　威　余俊伟　臧峰宇
张风雷　张立文　张文喜

哲学家 2018-2019

PHILOSOPHERS

中国人民大学哲学院　编

郝立新　主编

人民出版社

龙润集团（中国）有限公司特别赞助

总　序

冯　俊

　　哲学就是爱智慧,对智慧的追求和探索;哲学家就是爱智者,智慧的追求者和探索者。

　　哲学不仅要思考自然、大宇宙,它也关注人的心灵、小宇宙;哲学家既观天,考察灿烂的星空;也察地,关注市井和人生。哲学家要有把天地想得透彻的能力。哲学是一门自由的学问,为了知而求知,求知爱智不受任何功利的驱使,不被任何权威所左右。哲学家任思想自由驰骋,任智慧自由翱翔;同时哲学家又对真理异常执着,愿意为坚持真理而死,就像"夸父"去追赶太阳。

　　哲学是时代精神的体现,是一个时代的精神桂冠或精神旨归。哲学家既是一个时代的呼唤者,又是一个时代的批判者。哲学家既是一个守夜者、一个敲钟人,哲学家又是一只牛虻、一只猫头鹰。一个时代不能没有哲学,更不能没有哲学家,一个没有理论思维的时代和一个没有理论思维的民族是可悲的、是荒芜的;一种哲学和一个哲学家也不能离开他的时代、他的民族,离开了时代和民族的哲学和哲学家是空洞的、没有生命力的。一个时代能够产生哲学家是这个时代的幸运,一个哲学家能遇上一个好时代那是他的福气。

　　哲学家不像文学家、艺术家那样被大众所熟知和喜爱,哲学家是寂寞的、孤独的,甚至被大众视为异类;哲学家不能像企业家、政治家那样享受现世的荣华,哲学家成为贫穷、寒酸的代名词,他们常被金钱和政治所忽视;但是,哲学家是幸福的,因为他们在理智的沉思中得到了常人无法理解的快乐,哲学家的幸福是思辨之幸福。哲学家虽然不是预言家,但是他们更多地是为了未来而活着,为了整个人类而活着。

　　《哲学家》是哲学家们的家,中国人民大学哲学院创办《哲学家》是为哲学家寻找一个精神家园,建设一个学术家园。中国人民大学哲学院(系)创办五十多年来,为马克思主义哲学的传播和教育、研究和发展,为中西哲学的继承和弘扬、挖掘和批判做出过巨大的贡献,在这里诞生过许多第一本教材,在这里曾经产生过不少新的学科,在这里出现了国内的第一批硕士点、博士点、博士后流动站、一级学科授权点,在这里走出了千百位哲学教授,这里培养出国内最多的哲学博士生和硕士生,这里产生出数百部学术专著和数以万计的学术论文。它曾被人们誉为哲学教育的重镇、哲学探索的前沿、哲学家的摇篮。进入新世纪,我国哲学社会科学的研究和教学空前繁荣,许多院校哲学学科异军突起,哲学领域出现了诸侯割据、群雄并立之势。哲学家们驰骋疆场、逐鹿中原之日,定是中国哲学社会科学发展繁荣之时。中国人民大学哲学系组建成了哲学院,哲学家们也找到了《哲学家》,《哲学家》既是哲学家们角逐的原野、比武的疆场,也是以武会友的会馆、交流心得的茶坊。

《哲学家》既要展示中国人民大学哲学院的学术成果,又要展示国内外同行们的真知灼见。稿件不分领域,不论长短,重在有新意、合规范;作者不讲身份,不论出处,贵在求真理,有创见。欢迎国内外的学者、同行们踊跃赐稿,让我们共同建设好哲学家们的家园。

序　言

郝立新

　　哲学具有永恒的魅力。它虽然没有华丽的外表与富贵的身份,但因为追求朴实的真理、阐发深邃的思想,它总是散发着迷人的光辉。西方的哲学传统强调对人、对于万物存在之依据的追问,而中国的思想传承则重视对道的寻觅、对生命的安顿。于中于西,于古于今,哲学不仅提供了安身立命之道,而且当仁不让地承担了探索治国兴邦的思想重任。在世界风云变幻、云谲波诡的当今时代,每一位哲学工作者肩负着更加重要的使命,承担着更加艰巨的任务。

　　新中国成立以来特别是改革开放以来,中国哲学思想经历了重要的变化,哲学研究取得重大进展。2019 年,我们迎来了中华人民共和国 70 华诞,这是一件举世瞩目的大事。2018 年,我们庆祝了马克思 200 周年的诞辰,这一年也是《实践是检验真理的唯一标准》一文发表 40 周年。卡尔·亨利希·马克思(Karl Heinrich Marx,1818 年 5 月 5 日—1883 年 3 月 14 日)是著名的德国政治哲学家及社会理论家,科学社会主义的创始人。法国学者雅克·德里达曾这样评价他:"不能没有马克思,没有对马克思的记忆,没有马克思的遗产,也就没有将来:无论如何得有某个马克思,得有他的才华,至少得有他的某种精神。"马克思对哲学最大的贡献之一是把实践的概念引入了哲学。他说,"哲学并不要求人们信仰它的结论,而只要求检验疑团"。1978 年 5 月 11 日,《光明日报》发表特约评论员文章《实践是检验真理的唯一标准》,由此引发了一场关于真理标准问题的大讨论。文章指出,检验真理的标准只能是社会实践,理论与实践的统一是马克思哲学体系的一个最基本的原则,任何理论都要不断接受实践的检验。这些指导思想为 40 余年以来中国的改革开放、繁荣富强的实践提供了坚强的理论后盾。

　　中国人民大学哲学院历来是讲授与研究马克思主义哲学的重镇。我们学院主办的《哲学家》邀请到了由曾经走进中南海授课的一级教授郭湛主笔的《新中国 70 年马克思主义哲学成就与思考》,以此作为"庆祝新中国成立 70 周年特邀论文"。在总结了马克思主义哲学取得基础理论建构与新理论领域开拓、历史整体梳理与文本深度解读、科学反思与有效引领现实等重要进展的同时,这篇文章也指出当前所存在的思辨压倒整合、反思强于引领、批判盖过建设、阐释多于创造、观念重于现实和分化胜于整合等局限。认真总结这些进展与局限,吸收其中的经验教训,有助于中国马克思主义哲学通达更高程度的繁荣之境。

在实践中发展是马克思主义哲学的生命力所在。习近平新时代中国特色社会主义思想在立足于中国国情、着眼于世界局势的基础之上,对马克思主义哲学的发展作出了新的贡献。在"前进中的马克思主义哲学"中,张文喜的《对"阐释"的唯物史观奠基》从西方阐释学之阐释的张力谈起,探究唯物史观如何能够为阐释学中的核心问题奠定理论基础,指出奠基于唯物史观之上的马克思阐释学是真正的当代阐释学。

新的时代、新的语境、新的需求呼唤着对哲学领域的不断拓展,对其内涵的不断更新。跨文化哲学与比较哲学是随着这种需求而出现的新型哲学探究方式,《哲学家》围绕这个专题组织了四篇文章。其中,由德国学者施丹厄撰写的《"丰饶的差异":陌异经验诸维度》反对胡塞尔对自我/本己的绝对设定,强调亲熟并不是直接被给予的,而是从其构成性而言需要陌异性作为持续的任务和挑战。这篇文章还从东亚思想出发,批评了西方哲学中以主体性为核心、以意志为行动的起点与动力的思想。马琳在"主持人弁言"中对这个专题作出了简要的讨论,并且介绍了其余三篇着眼于具体话题的论文,即《论王阳明一体之仁思想中的个体性》、《现代性语境中的庄子与苏格拉底》以及《超越康德式的二元论哲学》。这些文章在比较哲学探究上都在不同程度上关注到中西哲学传统的差异性,并且展示这种差异性如何能够成为哲学在新时代中获得创新与发展的有效动力。

哲学的创新发展需要新的视界、新的阐释。李茂森在《论儒家之柔》一文中提出,"儒"字包含了"使人生长"、"人之生存所必需"的意思,这意味着柔的生养性本质贯穿于儒家的礼乐思想和制度,意味着儒家思想具有社会治理和社会教化的职能。在宗教哲学方面,温金玉研究了明末清初的函可禅师的传奇人生及其禅法。李宜通过回顾华夏的道体本体论与古希腊的是之本体论这样互有共性又十分不同的东西方思想传统,探讨了本体—元一论(henology)与整体性思维的之间的关联与区别。在外国哲学方面,黄铭惇借用海德格尔的思想来解读尼采的《查拉图斯特拉如是说》三部曲中的《舞曲》,把舞蹈的发生视为一桩"事件",把"事件"发生的绿地视为"林中空地"。李蜀人则从自然哲学的角度考察了苏格拉底的哲学思想。最后,彭新武全面揭示了"日本制造"的成功要素,以为当下"中国制造"的真正崛起提供借鉴。

本辑的哲学论文都兼具学术的前沿性、思想的深邃性以及对当前中国和平发展的关注,展现了学者们用哲学思考问题、用思想传递时代的哲学关怀与哲学智慧。《哲学家》期冀成为展示哲学魅力、承载哲学家使命的平台。

愿以《哲学家·2018—2019》作为庆祝新中国成立 70 周年的一份小小贺礼!

目　录

Contents

Western Philosophy

Japanese Studies

【庆祝新中国成立70周年特邀论文】

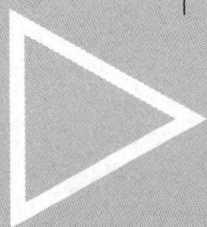

新中国70年马克思主义哲学成就与思考

郭　湛　刘志洪　曹延莉①

内容提要:新中国成立70年来,马克思主义哲学取得基础理论建构与新理论领域开拓、历史整体梳理与文本深度解读、科学反思与有效引领现实等重要进展,形成了同实践良性互动、砥砺前行、兼容并包、百家争鸣、自我批判、自我超越等宝贵经验,但当前存在思辨压倒整合、反思强于引领、批判盖过建设、阐释多于创造、观念重于现实和分化胜于整合等局限。未来需要合理处理学术、思想与现实关系,研究者的价值取向和马克思主义哲学的发展目标等关键问题。认真总结这些进展与局限,吸收其中的经验教训,有助于中国马克思主义哲学通达更高程度的繁荣之境。

关键词:新中国　马克思主义哲学　成就　局限　关键问题

2019年是中华人民共和国成立70周年。"却顾所来径,苍茫横翠微。"总结和思考新中国成立以来马克思主义哲学已走过的70年历程,是为了探明前路,推动马克思主义哲学持续阔步前行。这种总结和思考既要面对现实,又应朝向自身,汲取思想和勇气,发现通达未来的道路,从而睿智并坚毅地前行。

一、主要进展与成功经验

70年来,中国马克思主义哲学取得引人瞩目的进展。这是马克思主义哲学进一步中国化的过程,也是中国马克思主义哲学在实践中建构和应用的过程。对此,可以大体概括为思想、学术和现实三个方面。

基础理论建构和新理论领域开拓。首先是形成了中国理论界对马克思主义哲学基本原理的系统理解,建构了中国的"教科书理解模式"。尽管借鉴苏联马克思主义哲学教科书存在明显的局限性,但不可否认,中国的这种理解模式具有重要的历史意义。这是我国马克思主义者立足中国实践与思想资源,对马克思主义哲学作出的系统总结与概括,推动了马克思主义哲学的时代化、中国化和大众化。改革开放后,学界除继续改

---

① 郭湛(1945—),黑龙江海伦人,哲学博士。现为中国人民大学哲学院一级教授,主要从事马克思主义哲学研究。

进"教科书理解模式"外,又相继提出实践唯物主义、历史唯物主义、资本逻辑批判、政治哲学等诸多理解范式与理论成果。所有这些进展拓展了思想视域,丰富了理论宝库,革新了思维方式,促进了马克思主义哲学的发展,从深层次上推动着中国社会的进步。在反思基本原理和基础理论的同时,马克思主义的领域哲学或部门哲学研究蓬勃开展、方兴未艾。在传统的本体论、认识论、辩证法和历史观"四大块"之外,实践观、价值论、文化哲学、生存哲学、社会哲学、人的哲学、管理哲学、政治哲学、经济哲学、发展哲学、交往哲学以及科学方法论等,如雨后春笋般生长起来。当然,这些研究往往也具有基础理论反思的旨趣与功能。致力于从传统的抽象理论进一步推进至当代的具体理论,孕育继而孵化了大量富有活力的生长点与创新点。这是新中国成立70年来中国马克思主义哲学的重要进展。

历史整体梳理和文本深度解读。对马克思主义哲学发展史的梳理,是70年中国马克思主义哲学研究的重点之一。这既体现在对马克思主义哲学史整体历程与阶段脉络的宏观清理,更表现为对重要流派与关键人物的细致考察。对中国化马克思主义代表性人物哲学思想的阐释,对苏联马克思主义重要人物思想的研究,对西方马克思主义、新马克思主义等代表人物及其思想的引介,都取得显著进展和丰富成果。另外,还触及了不在以往视野之内的非主流却有价值的人物与思想。这些研究为中国马克思主义哲学当代发展提供了丰厚资源与有益启迪。对马克思主义哲学史系统梳理,内在要求对经典文献深入研读。精研文本的必要性和意义日益凸显。许多学者开展扎实的文献学和文本学研究,进行深度耕犁。先是对代表性哲学文本展开精细解读与阐释,进而从哲学视角与层面深入解读各类马克思主义文献,将历史唯物主义同政治经济学批判和科学社会主义有机结合起来。这是"返本开新"的基础性工作,也是马克思主义哲学持续发展的深厚根基和强劲动力。思想理论的创造需要以对文本的精研为前提。

对现实的科学反思与有效引领。长期以来,我国马克思主义哲学注重直面现实,从理论思维层面求解中国和世界的迫切问题,积极对现实加以反思和引领,提出并论证一系列富有价值的理念,推动中国社会乃至人类文明的进步。这种反思和引领在改革开放后表现得尤为突出和富有成效。"实践是检验真理的唯一标准"的提出,引发了关于真理标准问题的讨论,破除了"两个凡是"的思想藩篱,促进了思想解放,拉开了改革开放伟大觉醒的序幕。对于异化、人道主义和主体性等问题的反思,推动了人的自省与独立,确立了人的主体地位,将改革开放继续推向前进。对现代化的哲学探讨,为中国社会主义现代化提供了宏观理论支撑。"以人为本"的理念构筑了科学发展观的灵魂。在革命、建设和改革各个历史时期,马克思主义哲学都面向中国现实问题作出有益回答,提出众多思想理念。对现实睿智的反思与引领,是新中国马克思主义哲学最有价值的作为与贡献。

相对而言,在思想性、学术性和现实性三者中,学术性的发展最为显著。随着马克思主义哲学研究的深入,中国学者日益深切感受到,马克思主义哲学必须以厚重的学术性作为基础,才有可能实现真正的发展。改革开放以来,马克思主义哲学研究的学术性实现了大幅度以至决定性的提升,既体现为对包括马克思主义哲学在内的全部哲学的历史和成就的深度梳理,也表征为学术规范程度日渐提高。这或许可以视为70年来中国马克思主义哲学最主要的进步。当然,目前仍存有若干明显不足。比如,不少研究没有真正把握前人已有的研究成果,学术规范体例尚未达到应有的统一。

在70年艰辛探索历程中,中国马克思主义哲学形成了若干值得珍视、汲取进而发扬光大的经验。正是得益于这些宝贵经验,我们的哲学取得了上述可观的进展。

同实践良性互动、砥砺前行。这是70年中国马克思主义哲学发展最重要的经验。"从实践中来,到实践中去",是对这一经验的恰当概括。它包括三个向度:其一,相互生成。时代是思想之源,实践为理论之根。实践精神的升华形成哲学,哲学是面向实践的反思。反过来说,哲学也生成为实践,通过实践现实化。哲学"使人能够作为不抱幻想而具有理智的人来思考,来行动,来建立自己的现实"①。其二,相互批判。哲学批判实践,实践也批判哲学,二者相互矫正。中国改革开放实践要求破除"文革"时期流行的哲学模式,而思想解放后的马克思主义哲学又对改革开放实践中的偏差进行矫正。其三,相互引领。一方面,哲学引领实践。实践迫切需要包括哲学在内的思想理论指导。在实践基础上发展的马克思主义哲学,从理论思维高度引导中国实践凯歌行进。从"摸着石头过河"到自觉的理论指引和顶层设计,彰显了哲学思维方式的实践功能。另一方面,实践推动哲学发展。中国的建设和改革总是内在地推动马克思主义哲学发展与创新。改革开放实践要求从具体经验上升至系统理论,邓小平理论、"三个代表"重要思想、科学发展观、习近平新时代中国特色社会主义思想应运而生。

兼容并包,百家争鸣。这是中国马克思主义哲学发展的重要经验。思想之花绽放在阳光雨露的呵护之中。唯有思想包容、百家争鸣,才有希望出现思想繁荣、百花齐放的盛景。这是人类思想发展的规律。哲学尤为需要自由宽容、兼收并蓄的良好环境。70年来的发展历程表明,在开放革新、健康批评、鼓励创新的时期,我们的哲学总是能取得快速发展,中国马克思主义哲学也日益发展壮大。

自我批判,自我超越。这是不断发展的马克思主义哲学的可贵品格。哲学是自我批判和超越的智慧。70年中国马克思主义哲学发展所取得的成果,正是自我批判和自我超越的过程与结果。一方面,从"教科书理解模式"的建构,到多种总体性理解范式的提出,让对马克思主义哲学的整体理解实现了从无到有、从有到优的发展。另一方面,思想理论由抽象到具体的发展,体现为从基本原理到具体理论、从宏观整体到生活世界等多个向度。中国马克思主义哲学研究者不再停留于抽象现实高度,而是深入具体现实层面,进而更为具体的经济生活、政治生活、社会生活和精神生活之中,切实把握人与人的现实问题。更关键之处还在于,对自我批判和超越所作的自我批判和超越。

---

① 《马克思恩格斯全集》第3卷,中央编译局编译,人民出版社2002年版,第200页。

任何现实具体的批判都具有历史的局限性。自我批判亦如此，一劳永逸是不可能的。中国马克思主义哲学始终秉持科学的自我批判精神，总是将在一定阶段实现发展的自己再次作为批判的对象加以审视，从而在自我超越道路上不断前行、行稳致远。

不忘初心，始终坚持人民立场、以人民为中心，与人民同呼吸、共命运，立学为民、治学报国；牢记使命、勇于担当，秉守崇高、追求卓越，胸怀理想、脚踏实地；心系天下，守护人类共同价值和文明成果，积极拓展理论视野与现实视野，始终具有方法论自觉等，是70年来中国马克思主义哲学取得发展成就的宝贵经验和财富。

二、当前研究局限及其超越

真正的哲学总是真切而深刻地批判和超越自己。梳理已有进展和经验固然有益，但对新时代中国马克思主义哲学而言，更具有关键意义的是揭示当下研究局限，进而探索自我超越之道。通过揭示若干整体性不足，引发学界对这些困境更为充分的重视和破解，会有利于继续推进马克思主义哲学发展与繁荣。

一是思辨压倒实证。思辨性是包括马克思主义哲学在内的全部哲学的基本性质，也是哲学的优长所在。但哲学研究如果缺乏实证性基础，就会成为玄思建构的空中楼阁。马克思主义哲学是注重实证向度的哲学。马克思、恩格斯在《德意志意识形态》中强调，他们的理论是实证科学，并且是"真正的实证科学"。马克思主义是科学理论，实证性在马克思主义哲学中的地位显而易见。从目前情况看，同其他哲学一样，马克思主义哲学的实证性并没有达到应有程度，仍须继续提升。思辨有余、实证不足的情况并未明显改观。研究者们更注重或更有能力、更为习惯运用思辨方法，有限的实证方法往往囿于个人的观察、了解。不仅实证方法运用不够，而且对实证科学成果的吸收和利用也不足。

正确处理思辨性与实证性的关系，总的方向是把二者统一起来。目前的重点应是，有意识地借鉴和运用一些适合马克思主义哲学的实证方法。有研究者提出，哲学上的实验方法，如保留思辨性质的思想实验、引入计算技术的仿真试验、采用测量仪器的真实实验等，很可能具有广泛的应用范围。在需要以实证结果作为坚实基础才能取得真正成效的研究中，应当自觉利用实证科学的研究成果，以其为基石展开哲学反思与建构。当然，实证研究方法与结果必须批判性地考察和对待，并同思辨研究方法与结果相结合。

二是反思强于引领。反思和引领是哲学的两种基本功能。马克思主义哲学具有黄昏起飞的密纳发猫头鹰和黎明报晓的高卢雄鸡之双重形象。反思是哲学"生命活动"的基本方式，但引领对于哲学具有同等重要性。思想引领时代，行动构筑未来。以思想引领时代，这是哲学应有的担当，更是马克思主义哲学固有的品质。真正的哲学不会只是跟在时代后面反思，更不会落后于自己的时代。在中国特色社会主义新时代，中国马克思主义哲学必须承担起在反思中引领时代前进的使命。

在洞悉时代本性与逻辑的前提下,哲学有能力引领社会历史发展,创造更加美好的生活。中华民族宏大的历史创造,无论过去、现在还是未来,都需要哲学这种理论思维的引领。对现实的思想引领,不仅有助于主体自觉推动历史进步,而且有益于哲学自身发展。因此,在深厚的反思性基础上,进一步强化其引领性,是中国马克思主义哲学发展的当务之急。关键在于,自觉在反思中拨开各种迷雾或荆棘,敞开前进的正确方向与道路,并在发展过程中始终注意矫正和调适。这是哲学思想引领的主要方式。当然也不能忘记,正是深刻的反思为理性的引领提供了条件。

三是批判盖过建设。反思有余,引领不足,从另一角度看即批判有余,建设不足。引领是总体的思想引导,建设性的内涵更为丰富和具体。人类进步离不开健全的批判机制,哲学及其批判力不可或缺。不过,仅有批判也无法解决现实问题。没有立新的破旧,不是完整意义上的发展。批判本身不是目的,真正的目的在于建设。批判只是"上篇",建设构成"下篇"。不仅要在批判旧世界中发现新世界,更要进而创造和建设新世界。在当前马克思主义哲学研究中,明显存在建设性不足的问题。我们激烈批判资本逻辑,但对如何驾驭和超越资本逻辑,始终欠缺内容充实并具说服力的理论分析。优点和缺点时常相互转换。批判性过度强化,同时就意味着建设性相对弱化。

马克思主义哲学不仅应有强烈的反思性与批判性,而且必须展现强劲的建设性与创造性。马克思强调在批判中建设:"批判已经不再是目的本身,而只是一种手段。"①在批判错误理论过程中,不断制定和完善自己的理论,这是马克思一贯的创作方式。马克思主义经典作家不仅批判了资本主义,而且思索了理想社会的基本规定和实现路径。我们的哲学既是"批判的武器",更是"行动的指南"。建设和创造是21世纪中国的主旋律,也是新时代中国马克思主义哲学的主题。为此,应当积极针对现实及其变化,提出富含智慧与力量的规范性理念和建设性方案。这种建设性不仅体现在现实中,而且彰显于理论上,需要在新的思想理论创造中实现出来。

四是阐释多于创造。在哲学研究中,学术性与思想性的地位时常"轮转"。总体而言,21世纪前的中国马克思主义哲学更热衷"论",较欠缺"史"。从新中国成立到改革开放之初,我们的哲学创造还是相当丰富的。不过,由于学术支撑不够充分和坚实,这种创造的水准在总体上没有达到很高的程度。有鉴于此,学界开始着力提升研究的学术性,这是很有必要的。然而,学术性的强化又在一定程度上"矫枉过正"。进入21世纪,人们变得过多重视"史",而较为忽视"论"。学界当前最为注重的是对他人思想的阐释,研究往往围绕古代、西方和当代思想家的热点思想展开。人们通常不是尝试从现实与历史、理论与学术、哲学与科学的角度多路径地充分证成自己的观点,而是首先并主要考察和征引以往学者的论说。学术阐释成为当前研究的主导方式。"重阐释,轻

---

① 《马克思恩格斯选集》第1卷,中央编译局编译,人民出版社2012年版,第4页。

创造"的格局十分清晰地显露出来。

马克思主义哲学不能以注经释义为最高旨趣,而应以自己的理论和方法参与改变世界的实际活动,并从中提炼新的思想理论。诚然,在哲学发展史上,学术阐释往往构成主流和常态。但在深刻变革、加速发展的新时代,新的带有根本性的理论问题层出不穷,更需要能够回答新问题的原创性哲学出场。当代中国发展迫切需要以理论理性与实践理性的方式分析和解决不断生发与凸显的现实课题,基于变动的现实与长远的愿景形成新的思想和理论,进而构建马克思主义哲学的学科体系、学术体系与话语体系。

五是观念重于现实。与其他哲学不同,对于马克思主义哲学而言,现实性是最具本质性与标志性的向度。因为,马克思主义是"关于现实的人及其历史发展的科学"①。现实必须既作为出发点又作为落脚点,既作为目标与前提又构成过程与结果。现实性不只是马克思主义哲学的基本性质,而且是优越于其他哲学的关键点。马克思在青年时代就提出哲学现实化命题,期冀哲学成为现实。后来,他还严厉批判"意识形态家"们"习惯于用'历史'和'历史的'这些字眼随心所欲地想象,但就是不涉及现实"②。正是由于从真正的、根本的现实——物质生产方式及其矛盾运动出发,马克思主义才决定性地超越了全部非现实的观念论哲学。然而近年来,即使在这种高度注重现实、以改变现实为己任的哲学中,也相当程度地存在观念有余、现实不足甚至以观念代替现实的倾向。许多研究似乎不仅没有赶上现实,而且愈发远离现实、陷于观念。现实和现实史常常被或主动或被动地置换为观念和观念史。甚至在一些人心目中,只有观念及其历史才有资格成为哲学的对象,对现实及其发展的解剖并非真正的哲学,至少不是哲学的高级形态。当然,有些研究者也希望切中进而变革现实,但碍于诸多主客观条件限制,难以真正深入和改变现实。

许多学者希望通过转向学术性研究来维护马克思主义哲学的尊严与独立。但是,维护学术的尊严和独立,并不意味着应该退回书斋。恰恰相反,它要求学者们以独立自主的批判精神面对整个生活世界,特别是当代中国社会发展的现实。当然,学术阐释也蕴含现实关怀,能够在一定程度上观照现实。一些进行学术阐释的学者也试图以学术方式切中现实,这种努力值得钦佩。然而学术阐释毕竟不等于现实研究,它距离现实更远。马克思主义哲学必须怀有比其他哲学更为强烈的现实意识和现实感。对于我们的哲学而言,"朝向事情本身",就是朝向现实特别是根本现实本身。以思想理论的方式切中和引领现实,是马克思主义哲学观照现实的主要方式。在马克思主义哲学研究中,即便是对思想的学术阐释,也应有必要的现实感,注意把握其现实基础。

六是分化胜于整合。分化和整合均为科学研究的经常性现象。不过,在特定阶段,二者皆容易被过度突出。在现代学科中,分化过度而整合不足的倾向较为明显,甚至现

---

① 《马克思恩格斯选集》第 3 卷,中央编译局编译,人民出版社 1995 年版,第 241 页。
② 《马克思恩格斯选集》第 1 卷,中央编译局编译,人民出版社 2012 年版,第 158 页脚注②。

代学科制度本身就带有浓厚的过度分化色彩。在马克思主义哲学界,这种分化有余、整合不足的情况也日益蔓延开来。研究者们各有较为独立的问题域与方法论。经典形态研究和再生形态研究,国外马克思主义哲学研究和中国化马克思主义哲学研究,文本阐释、思想建构和现实解剖,政治哲学、经济哲学和文化哲学等,"群雄并起",派别林立。这本可以是中国马克思主义哲学走向繁荣的契机。问题在于,不同领域、路向和范式的研究者对话交流很少,并且往往认为自己的领域、路向和范式是最为优越和重要的。

"学科争论和地盘之争是没有意义的","经济学并不应该试图与其他社会科学割裂开来,只有与它们结合起来才能获得进步"①。法国学者托马斯·皮凯蒂的说法不仅适用于经济学,也适用于包括马克思主义哲学在内的全部哲学。我们应自觉把握分化和整合的尺度与分寸,使之在更大程度上有益于整个研究的格局与进展。哲学当然可以有强烈的"学科意识",但目的并不是为了维护自己的私利,而是为了从特定视角具体回应人类发展需要哲学做什么和怎么做。当前,迫切需要在分化研究基础上进一步加大整合力度,强化综合研究、协同"攻关"。既要持存学科、领域、路径和范式意识,也要保有跨(超)学科、领域、路径和范式意识。开放发展中的"求同存异"原则,同样适用于哲学界。心平气和的沟通交流与抱诚守真的互学互鉴,会更有利于马克思主义哲学发展。我们应围绕当代中国和世界重要问题,整合各方面学术和思想资源,形成研究共同体,强化研究的公共性,协同创新发展。即使是思想阐释,也不能局限于对某个人物或思想的研究,而应同时兼顾整个流派或特定问题的思想史。

三、推动马克思主义哲学持续阔步
前行应处理好的关键问题

纵观走过的70年不平凡道路,中国马克思主义哲学始终面对若干关乎前途乃至命运的关键问题。这些问题解决得好,就能顺利向前;处理得不好,就会遭遇困境。前述的当下研究局限之所以出现,同这些问题没有得到较好解决密切相关。其中,有的是一直在处理而没有处理好,有的是有时处理得不错有时又处理得不好,还有的是日渐凸显,迫切需要予以重视。唯有深刻澄明进而正确处理这些总体性、根本性和前提性问题,中国马克思主义哲学才能持续阔步前行。

首先是学术性、思想性和现实性的关系。在新时代,必须更加合理地解决这个一直没有处理妥当的问题。总的立场当然是实现三者内在融通、有机统一,因为它们都是马克思主义哲学的关键规定性,并且相互制约、相辅相成。在总体意义上,这种关系可以标示为:现实性——学术性——思想性——现实性。从现实尤其是现实问题出发,发掘和运用已有学术资源,生成有助于破解难题的思想与方法,最终落脚于对问题的合理解

---

① 托马斯·皮凯蒂:《21世纪资本论》,巴曙松等译,中信出版社2014年版,第34页。

答和对实践的科学引领。如此环环相扣、层层递进，进而形成良性循环。当前，迫切需要在继续强化已经逐步得到发展的学术性基础上，再度加强和突出现实性和思想性。马克思主义哲学贡献给人类的最宝贵财富，是面向现实、建基学术的创新性思想理论。

其次是马克思主义哲学研究者的价值取向。研究者是仅仅将马克思主义哲学作为职业，还是应视为事业乃至志业？马克思之所以成为大众心中千年最伟大思想家，马克思主义哲学之所以激荡一代又一代马克思主义者心灵，一个很重要的原因就在于马克思所秉持的立场与情怀。马克思不是职业哲学家，却是志业哲学家，他把无产阶级和人类的解放与自由作为毕生事业，矢志不渝、热烈追求。遗憾的是，现在一些从业者把这种"为绝大多数人谋利益"的哲学当作职业，而非事业，更非志业。在一些从业者那里，我们的哲学不再是理想和担当，而是越来越沦为谋生乃至谋利的手段。当然，研究者也是"现实的人"，也必须"生存"。在合理范围内，功利性目的也同理想性目的一样，可以被正当地追求，但必须摒弃那种将我们的哲学变成纯粹功利手段的倾向。马克思主义哲学需要的是将其作为事业以至志业的心诚志坚的马克思主义者。

最后但却最重要的是马克思主义哲学的发展目标。在新时代，我们应向怎样的目标迈进？这事关中国马克思主义哲学研究的指针与准绳。在特定意义上，目标就是方向、道路和前景。应确立并一经确立"就用以指导整个研究工作"的目标是：在理论上，系统性地建构和完善具有时代水准与民族特质，进而能够引领人类未来的马克思主义哲学理论体系；在实践中，为实现中华民族伟大复兴、推动构建人类命运共同体、促进人与自然和谐共生奉献智慧与力量。这是当代中国马克思主义哲学需要全力追求和完成的目标或任务。实现这个目标，我们的研究就是富有成效的。一旦发生偏离，就必须及时调整或矫正，以确保中国马克思主义哲学在正确道路上前行。以上所说涉及的只是在理论上反思的结果。这个果实亦即种子要在现实中生根发芽，进而成长为参天大树，唯有实际地自觉贯注于我们的行动之中才是可能的。相对于理论自觉，中国马克思主义哲学的实践自觉更需要强化。

中华民族的伟大复兴也是中国思想的壮丽重生。新时代中国马克思主义哲学表征复兴中的中国思想的高度与深度，构成时代精神、民族精神和人类精神的精华与灵魂。中华民族的伟大复兴和人类文明的当代发展，需要高度自觉反思、超越自身和批判、引领现实的中国马克思主义哲学。在充分运用成功经验、奋力克服研究局限、合理解决关键问题的过程中，在面向现实、立足学术的思想创造与实践开拓中，中国马克思主义哲学必将实现更加辉煌的理论进展和现实成就，更为有力地推动中华民族的伟大复兴和人类文明的未来发展。

（原载《光明日报》2019 年 7 月 29 日第 15 版）

【前进中的马克思主义哲学】

对"阐释"的唯物史观奠基

——从西方阐释学之阐释的张力谈起

张文喜[①]

内容提要:存在于"私独性"与"公共性"、"私人理解"与"公共理解","方法"与"反方法"之间的"阐释的张力"一再出现在西方阐释学传统中。从唯物史观来看,独立于传统阐释学的实践思考方式带来了阐释学在方法论上的革命,使得理解理论与实践之间的关系重新被塑造。本文探讨以下问题:对阐释理论的建构是否具有客观意义,其理论目标与实践目的是否一致,即一方面在实践中证明阐释的真理性;另一方面则重申,唯物史观真理性所要求的是:今天以"这个时代的名义"说出的、以低估观念形成中的客观因素的观点或阐释,如何需要一种评判的可靠性,才能包含与这个时代配称的伟大的理解。

关键词:西方阐释学 马克思主义阐释学 唯物史观

一、问题的提出:阐释学发展现状

在 2017 年 10 月 28 日由天津社会科学院承办的"阐释的澄明"学术研讨会上,张江在其主题报告中表达了更源始地发现和澄清中华传统的本己之物的意愿。他从中国汉字的源头去强化"阐"、"诠"之间的区别,这必然是令人心驰神迷的。其关键点在于,强调这里没有出自单个人设定的阐释起点,即没有人为的阐释起点,相反总是参照早先的东西,个人并不营造阐释之开端。那么"阐"、"诠"的根据何在? 一方面张江只说它是一个悠久的、开放的问题;另一方面,他申明,中国古代借助封建制度而占上风的是"诠"。张江当然是倾向"阐释"的,不能让非理性来主导阐释学。张江为什么说今天应当印证中国文学理论需要摆脱与西方文学理论的亲缘关系,这也就顺理成章。不过,在我看来,张江关于阐释学的文学批评理论,就其意愿而论乃是一种普遍理论的诉求。与文学经验和文学批评相比,张江"公共阐释论纲"所表达出来的解读实践不仅多得多,也广泛得多。

---

① 张文喜,中国人民大学哲学院教授。

哲学家

马哲、中哲以及西哲的专家都有一种言诠习惯:既然你长时间在某个专业领域里头一心一意工作,你总已经对此领域有所"理解"。不管"理解"的差异如何大,若把这种"理解"阐释(或解释、诠释、释义等)出来就属于"公共阐释",因为它总是应该有根据的、客观的。因此,我特别赞同张江先生用"公共阐释"来阐述阐释学领域的中国表达。① 因为"公共阐释"是"中国阐释学派"建构其合理性的最主要的纲领。张江在主题报告中以"著作等身,何以为名?"批评当代中国文论建构受制于西方理论的现状。在我看来,这样说在更广泛的意义上也是正确的:在他"公共阐释论纲"的背后有着一种民族文化自信,也有着一种对实践的、像我们在马克思那里所发现的同样的"改变世界"的关怀。因而,在我看来,"中国阐释学派"重建的提法,不是否认中国本土存在的长久的解经传统,而是迫使我们抓住关键的问题,即中国当下的阐释学应该走向何方。联系近代中国的历史进程,马克思主义自此成为这一实践进程的指导思想。我们明白这里的困难在于如何通过"书"或"理论"把事情做成。

在阐释学领域做中国表达,首先,不在于固守西方式的学科界限,也不在于按图索骥地去寻找我们自身的解经传统。问题在于,若让中国的经典说出话来,那么,这能不能就是做做非常纯粹的阐释学的阐释呢?我的回答是否定的。我们今天所说的"中国阐释"大多是由于我们没有彻底考虑清楚历史自身的限制的结果,以致我们感觉传统的条条道路对于我们的问题不太有帮助。这就是张江为什么把"著作等身,何以为名?"称为一种当下"中国阐释"极端衰败形式的原因。由于这个衰败,我们没有了文化自信,这种自信在近代学者所做的最后的伟大努力之后,一方面被颠转为西方理论宰制中国学术格局一百多年,另一方面则逐渐转变成以马克思主义为指导的西方学术之中国化。无论怎样评价,马克思主义中国化是一个基本的历史阐释学的事实。因而我们可以主张,在唯物史观或马克思主义哲学中为时下中国阐释学奠基。

反观西方的阐释学道路,以前处理阐释学问题的时候曾经局限于某种特殊学科范围内,如神学有神学的阐释学,语文有语文学的阐释学,司法有司法的阐释学,等等。这实际是分门别类的阐释学,思想方法是同一个,都是在阐释的技巧层次上,甚至不过是窄化为阐释书面文献的技巧。今天依然如故。时下流行的阐释学都是各种特殊阐释学。例如,我们耳边萦绕着的阐释学,有狄尔泰心理学的阐释学、海德格尔的存在论阐释学、德里达的解构阐释学等。西方人本以为这是一部阐释学转变成了关于理解的普遍的哲学,以为可以享受理解带来的快感。殊不知,满足于从解经学到作为普遍理论的阐释学的转变,只是对于哲学家来说是必要的。换言之,当代在宣布"私人阐释"或"私人理解"中的快感——我们应该从这种快感与哲学家与非哲学家或少数人与多数人区分之间的关联对此作出理解,因而,这是德里达或罗蒂等哲学家所宣称的宏大叙事终结的一种微小的后果。我们如今的前景比黑格尔那代人更为暗淡。

① 参见张江:《公共阐释论纲》,《学术研究》2017年第6期。

事实上，从语言出发考察经典阅读的一系列问题固然具有批判力量。但情况通常只是厚厚的书籍之所以被写出来，是因为其作者在写之前并不相信什么话当说什么话不当说，因此想用千百种阐释手段把它推荐给千百种既有的观点、立场；或者如马克思对德意志意识形态家的批判提醒我们，正如黑格尔主义终结，"下一个时代"就根本不会用"词句"表述自己了。实际上，这完全需要从人的生存的实践活动去理解。否则，情况就会相反，在哲学中，一种理论似乎只有在另一种理论的支持下才能够被证明为站得住脚，因而世界上最容易办成的事情反倒是把事情写成书本，变成一种理论。而最困难的事情是，改变世界和生存下去。

于是，我们的问题的表述是这样的：以唯物史观为奠基的阐释学的力量是生发于马克思对人类实践的深邃和全面的反思。它的结果是旧社会世界的终结。也是对哲学阐释学的革命。这个革命在原则上导致关于"理解的科学"超越哲学史或思想史的规范原则①。当我们在哲学的层次上谈论重建"中国阐释学派"时，实际上意味着我们必须如马克思自己理解马克思主义那样理解"什么是阐释？"我们不要忘记，就阐释"学"建构来说，并非每个人都是哲学家。从现代的概念建构的意义上的"哲学"来说，马克思当然不是哲学家。即使说马克思是哲学家，他也并非驻足于形而上学王国而来参与哲学的。如果我们看到这一点，阐释的可能中就有一种不可能因素存在，这种不可能因素导致了不容易松懈的阐释的张力。

二、西方阐释学与阐释的张力

那么，这种阐释的张力在什么地方表现出来呢？其一，在"私独性"与"公共性"的划界之间；其二，在"私人理解"与"共同理解"范围之间；其三，在"方法"与"反方法"来表达的东西之间；所谓阐释的可能的不可能因素的起源也就在这些地方。在这些地方没有唯物史观奠基的阐释学是站不住脚的。只要你是从"事后"被哲学家理解的东西讲起，那个"强制阐释"就永远是个问题②。在这种地方冷静的批判者必定抵制那种"强制阐释"。

让我首先陈述第一点，即阐释的"私独性"与"公共性"之划界的张力。众所周知，在西方的智慧中，一开始，阐释学就是滥觞于理解《圣经》的需要。它所关涉的就是神

---

① 人文科学到底是干什么的？一位哲学家说，人文科学，说到底让人理解三个道理：一是理解他人的不同之处，二是理解自己与他人的共性，三是通过结合同中求同、异中求异更好地理解自己。简单地说，人文科学就是理解他人，并让他人理解自己。或者说，通过理解陌生者而理解自己的本身的理解。在这个意义上，人文科学就是"理解的科学"。它反映的是人生中无所不在的普遍事实。参见保罗·利科：《解释的冲突》，莫伟民译，商务印书馆2008年版，第18页。

② 张江先生曾激烈批评"强制阐释"。他在《强制阐释论》一文中说："背离文本话语，消解文学指征，以前在的立场和模式，对文本和文学作符合论者主观意图和结论的阐释。"张江：《强制阐释论》，《文学评论》2014年第6期。

与有死者之间的交流。从深层上看，这种交流在古老的释经传统中是"私独性"的，而不是"公共性"的。一个著名的例子是西方人如何读《圣经》的故事。一位神学院教授提过，有一次在一个关于如何解释《圣经》的原则研讨会上，一位学生的哭声打断了研讨会进程。教授担心自己在哪里冒犯了该学生，于是便询问出了什么状况。那学生一面哭泣，一面回答说："我哭，因为我替你感到难过！"教授一脸茫然地追问："为什么替我难过？"那学生回答说："因为对你来说，理解《圣经》竟然是如此困难的，我只要去读，神就会向我显明其中的意思。"学生的这种说法其实包含《圣经》意义自现的阐释《圣经》的方法。这就是马丁·路德所谓的，《圣经》是"自己的解释者"①。这同时说明，当事人借信仰予以证成对神的信心，虽然有些简单化，但这里强调唯有以生命来面对经文的人，才有可能从经文中获得生命。一个诸如宗教或艺术的作品的创造性生成会被个别理解，它"无处不与个别人有关，也无处不与直观而描述的分析之个别的解释成果有关"②。正因为如此，人们认为私人所得就是神圣启示，而一旦这种启示公之于众，就立刻表现为多元性和相互的不一致性。所以，这里，谁是魔鬼的追随者，谁是上帝的子民？几乎没有一个现成的判断标准。人们似乎认为在这类问题上只有说服力不充分的个人—主观或群体的主观性（比如印象或其个别体验）阐释。吊诡之处在于，"在个人之中应该有着必然性，但却没有必然纯粹法则，此必然性表现出如同所有纯粹的法则那种假设的脉络"③。这里头，在西方的释经传统乃至整个阐释学传统中，有很深的困惑。

马克思有关人文学术和社会科学奠基以及唯物史观社会批判的奠基，也是通过属于人的社会性的公共性得以阐明的。唯物史观之所以必要是由于它在"私独性"与"公共性"倾向底下放置一个基础，更准确地说，使一个已经建立的基础由一个新的客观基础来置换。在这里，恰好是这种似乎涉及私人性信仰（个人—主观的东西或者群体的主观性）已经完成的奠基的想法，有必要与唯物史观奠基的观念区分开来。这就是说，唯物史观奠基是对私人性信仰本身的批判，要指明它（私人性）信仰建立在什么之上以及如何建立。正因为如此，马克思认为"我们判断一个人不能以他对自己的看法为根据"④。这是很有深意的。在马克思对各种意识形态形式批判中，马克思特别强调，原始基督教的宗教性与原始基督教的物质生活的矛盾关系。一方面，所谓真正的信仰是充满苦难的意识形态本身，乃是"现实苦难的表现"⑤。它必须从社会生产力和生产关系之间的现成冲突中去阐释。当"现实的苦难"比海底的沙子还沉重时，在事不关己的哲学家眼中也成了"正确的真理"和"正确的知识"的最大缺失。然而，苦难仿佛从来没

---

① 张隆溪：《阐释学与跨文化研究》，生活·读书·新知三联书店 2014 年版，第 19 页。
② 埃德蒙德·胡塞尔：《现象学的心理学：1925 年夏季学期讲稿》，游淙祺译，商务印书馆 2017 年版，第 27 页。
③ 埃德蒙德·胡塞尔：《现象学的心理学：1925 年夏季学期讲稿》，游淙祺译，商务印书馆 2017 年版，第 34 页。
④ 《马克思恩格斯选集》第 2 卷，人民出版社 1995 年版，第 33 页。
⑤ 《马克思恩格斯选集》第 1 卷，人民出版社 1995 年版，第 2 页。

有发生过一样。这意味着，宗教信仰的识别方式，不在于看你守不守律法，看你听不听祭司的话，而在于"人间的存在"的实际生活；这样的话，（信仰之私人性）阐释理所当然是一种"公共阐释"。许多马克思的论述可作这样的阐释。但是，另一方面，马克思看到了，人民依赖宗教所获得的满足。我听福音，我一听就信了。为什么信啊？为什么对信众来说唯物史观之奠基被当成了对理性的拒斥？这个地方去阐释有没有用呢？没有用的！问题变得可理解必须从世俗世界的矛盾根源来求得。现在我们已经看到，大体上可以用马克思所说的"在解决它的物质条件已经存在或者至少是在生成过程中的时候"①的定义来标明：马克思认为在人的感性活动之阐释学语境中，阐释的"私独性"，根本不是一般意义上的"私独性"，在这种"私独性"显示里头一定是公共性。但另一方面，马克思认为，在阶级社会中，"公共阐释"总是经过了意识形态（私人性迷信）这一中介，才能被我们的语义想象所构建，这二者之间还有着基本的矛盾。而从某种意义上来说，这种语义的构建是受制于与之相关联的权威，特别是像黑格尔那样的国家哲学家或拿破仑那样的政治权威。所以尽管迷信有许多形式，却只有一种形式的权威信仰即"上帝"、"神"或"国家"。

第二，在何种意义上"私人理解"与"共同理解"彼此之间才失去对立。在广泛意义上，理解是人文学术和社会科学的方法。哲学的根据在于捍卫一种所谓"共同理解"——或者说作为"普遍理论"的阐释学如此宣称。

什么叫做"共同理解"？当我们对西方阐释的思想进行扩展的考察时，在其中，有些看法是令人困惑的。举其大者，比如说，在通常的观念中，"人同此心，心同此理"，这就算"共同理解"。似乎是说，不同阐释者的心理过程尽管会有很大的差异，但是，他们可以把握同一个客观意义。这是因为知觉的对象在本性上不属于私人领域而是属于公共领域。从今天理解的哲学角度来看，这种看法不能说不对，但明显是不足为凭的。不幸的是，当我们在哲学的层次上谈论"同理心"时，也就难免跟一种实际上是近代哲学的思路紧密相连在一起。近代哲学有一种根本倾向，即把思维与存在的知识学关系归结为观念与虚假的显现形式之关系，把一切关于知识的问题作"心理化"处理。也就是说，从知识的理念之一般效力出发，把心灵趋向"预期对象"的意向性，从方法上还原为心灵的纯粹心理性质或状态。所以，近代哲学逻辑上关心的那种"共同理解"之性质不是别的，它首先也是一种心理特征，是一种心理状态。

这有什么问题吗？胡塞尔在一种高贵动机——对作为严格科学之哲学的一心一意追求，其目的之一，是为防范一种特定的阐释（世界观）强加于存在着无限多样的阐释（世界观）的社会——的立场上指明，近代主体哲学把心理学和逻辑学纠缠在一起的后果，就是实证主义和相对主义。胡塞尔认为，如果"人同此心，心同此理"，这就算"共同理解"的话，那么，这句话不是从作为人类学分支的心理学层面讲的，而是从理想意义

---

① 《马克思恩格斯选集》第2卷，人民出版社1995年版，第33页。

上讲的,也就是从胡塞尔的那种理解倾向中必然的、先验的意义上讲的。换言之,对于胡塞尔而言,"共同理解"就不能是相对于人而言的,更不会是相对于特殊的人而言的。否则,根本无法避免所谓私人语言——所谓私人语言,就是认为我自己有一种私人的感觉,我感觉疼痛是你感觉不到的,这是我私有的——是否可能问题的纠缠。胡塞尔以某种方式继续推进他的"世界确定性自明性"目标,对胡塞尔来说,"思想所经历的心理过程"是可变的,即使是"思想所经历的心理过程的规律",也是可变的,它们也都是属于千变万化的经验性定见。所以"同理心"这样一种看法的恰当性恰恰导致以下结论:"人心叵测"。正如海德格尔在 20 世纪 20 年代后期与 30 年代早期对德国产生了影响、并且很快地也对整个欧洲大陆产生同样的影响那样,人们可能放弃文明共处,即讲究规则的共处,向野蛮共处倒退。因此,胡塞尔疑虑深重:人类主义所谓真理都是人的真理,没有人类,谈什么真理! 类似于这样的康德式的人类主义抽象真理论,与其说是矛盾的,不如干脆说"没有真理"这句话是真的! 这种说法也完全适用于尼采。用尼采之最简明的话来说,没有真理,只有阐释!

为了避免误解和轻率的指责,应该注意的是,胡塞尔强调:"凡是从人的心灵之活生生脉络产生出来者只能从它们自身去理解。只是因为在心灵生活中存在着同一形式的规律性,它们才可以作为超越个别者的力量并且使得对于所有个别者的相同秩序都成为可能。"①如今在阐释理论领域,不会有人用无可置疑的原理来理解(阐释)生活(心灵)世界问题了。唯物史观的奠基是要我们带回到——作为历史中的人的阐释实践中的发现,而不是带回到先验自我的发现。马克思宣告自我意识的统一不过是主观的而不是感性活动所通达的对象自身。在这种宣告中,将人与世界的一切原初关系还原到那种先验自我的做法根本行不通,很明显,"正是在改造对象世界中,人才真正地证明自己是类存在物"②。基于唯物史观的假设,也就是说把超出个别者先验结构的束缚的知觉当作"共同理解"的掳获物来对待,这表现了人对自身的理解方面的无限退化,也就是把"私人理解"和"共同理解"的阐释学差异当作固守因果法则进行"阐释",并且在"字里行间"中与"合法偏见"相混合来辩护。但正确的是,对人类生活的主体间性的实践通达的辩护,今天一般已经成为对阐释的辩护。换句话说,无论是"私人理解",还是"共同理解",它们只不过是从事实践活动的人(交往主体间)的共享理解。马克思认为这种考虑重要。因为"主观主义和客观主义","只是在社会状态中才失去它们彼此间的对立","我们看到,理论的对立本身的解决,只有通过实践方式,只有借助于人的实践力量,才是可能的。因此,这种对立的解决绝对不只是认识的任务,而是现实生活的任务,而哲学未能解决这个任务,正是因为哲学把这仅仅看作理论的任务。"③

① 埃德蒙德·胡塞尔:《现象学的心理学:1925 年夏季学期讲稿》,游淙祺译,商务印书馆 2017 年版,第 30 页。

② 马克思:《1844 年经济学哲学手稿》,人民出版社 2000 年版,第 58 页。

③ 马克思:《1844 年经济学哲学手稿》,人民出版社 2000 年版,第 88 页。

这种宣称是恰当的。问题是它通过实践的方式来实现。一种"公共阐释"和"共同理解"理论并不能够证明自身。它们都要通过人的感性活动来确证自己或者解决方法论的贫困。

第三,"方法"和"反方法"之间的矛盾。阐释学有悠久的历史,它发展到今天已经蔚为大观。从形态上看,至少有六种明确的阐释学定义。这就是从《圣经》注释、语法阐释和心理阐释,到关于所有语言理解的科学,再到作为人文科学认识论基础的方法论、存在和存在论的理解现象学,直到解构主义阐释学。这样一种发展,标志着关于人文学术和社会科学关心的问题日益激发出对新方法的要求。或者从人文学术和社会科学关心问题的角度看,当代阐释学的核心问题依然是阐释的客观性问题:真正客观的而不是主观的阐释的标准是什么?人文学术和社会科学到底是什么?你怎么来判断?你找出来的那个东西叫人文学术和社会科学吗?你最后还是要有一个判断标准。这个判断标准,你说是普遍的,你把它叫做"公共阐释"。你的意思是不是就是说学术界有了"公共阐释",就给你强调的东西或结果是真实和正确的作注脚?理性能够绝对自主吗?当康德宣告理性的首要地位在实践中压倒理论时,我们是否就有信心说那种阐释是正确的?进行这些争辩的尝试会带出为了方法(逻辑)是否牺牲事实(历史)的问题,因而必须在超出方法论的人文学术和社会科学建设范围中向阐释提出要求。因此,我们发现,对这一系列问题的审察,标志着阐释学越来越脱离方法或技术。

伽达默尔的《真理与方法》这个书名就是著名的例子。伽达默尔强烈意识到"把现代方法论概念运用于精神科学"导致了巨大困难,譬如,我们有时听到人们谈论某一几何图形的内在之美,人们谈论所凭借的标准却是从自然科学假借过来的。例如,比例匀称、非对称性等。这种美其实就不具有美学性质或内容:这一点康德早已经说明过。所以,依据伽达默尔,"我们必须相反的努力为自己开辟一条返回到这个传统的道路。为此,让我们探讨这样两个问题:这个传统是怎样消失的?精神科学认识的真理要求是如何受到在本质上与它格格不入的科学方法论尺度的支配的?"①为此,这本书应该叫做"真理与方法",还是应该叫做"真理或方法"?在什么程度上,这本书名副其实?众所周知,我们通常会考虑将方法和真理结合起来,例如在历史传统经验与现实问题的本质关联问题上,我们关注的是什么"借鉴"不"借鉴"的问题,而不是出自存在论的关联问题。可是,伽达默尔认为,不能这样来考虑问题。这是为什么?从根本上讲,这里的关键问题仍然在于:"理解是怎么可能的?"

进行理解乃是所有历史性与系统精神科学的任务。然而,回到经验以及在对一句俗话的描述分析使得个别理解得以可能:亦即所谓"有多少个《哈姆雷特》的研究者,就有多少个'哈姆雷特'"。伽达默尔接受海德格尔的存在论阐释学的"前理解",认为"有多少个《哈姆雷特》的研究者,就有多少个'哈姆雷特'"。在哲学阐释学的视野中,

---

① 伽达默尔:《真理与方法》(上卷),洪汉鼎译,商务印书馆2007年版,第30页。

这话听起来总有些虚夸。他自己的"对话阐释学"承诺着"沟通"和"共同思想"。这里，落入伽达默尔眼帘的是这样一个观点，阐释学是一种存在经验，而不是主体或阐释者施加于客体或文本的方法论操作。这种对于阐释的存在论理解已经不可避免地要求奠基于那种"正常的阐释学"。所谓"正常的阐释学"提出了某种还属于话语本性的清楚明白的东西，而且在文本上总不能把事情越阐释越不清楚，否则"共同理解"或客观思想就变得不可能了。随后在《真理与方法》最根本地形成了对哲学阐释学"理解"之理解特点之一是："理解"的高级形式是对话。也就是说，人们共处或"共同理解"的高级形式是对话，可以由此讨论我们的思想合理不合理。

今天我们的确相信，一个深入的对话将有助于相对整全的相互理解。但我们不相信生活观点的问题可以靠化简和归结为对话就能得到回答的。或者，如果说这样的"相互理解"可以大致当作当代阐释主题的肯定方面，那么一旦哲学家把阐释学的肯定方面说完了，甚至说"过了头"，这就不能不引起反弹。因为就像屋顶压在墙壁上的重量与墙壁为支撑屋顶的反压力一样，对于激进阐释学来说，从当代阐释学中引申出主观阐释，具有同等的重要性。从差异的立场看，那些单纯的共同理解，仅仅是躲避到一种调和的平均中去了，遮蔽了对立者那种有益的东西，因而就必须以那种"主观的、意谓的或梦想的东西"来冲淡它们，也正是通过这种冲淡，同样前面提到的那句俗话听到德里达的耳朵里，便颇有些《哈姆雷特》的研究者之间相互理解障碍重重，有无限的差别的意味。德里达要质疑的是传统内部给予"同一"、"自我意识"等哲学概念的优越地位。根据德里达的看法，问题或许是，所谓"共同理解"不过是奶酪、泥巴、毛发之类的东西。但这些我们通过基本分析而回溯到感知、感官的感觉之物就是判断认识、评价、批判性说法变得更好理解的多样性的东西吗？这个时候，这个"共同理解"或许就是"空"的。

这样一个依循主观的东西建立起来的学术阐释，乍一看像是小孩子的游戏或者是对事物作猜测或断定时的任意。可是，我们应该如何看待德里达解构主义的学术批评呢？德里达解构主义真的是把类似于达达主义者和具体派诗人的恶作剧和鬼把戏带入学术领域中来？我们无意阐明这些问题，感兴趣的是德里达不认可胡塞尔所谓"孤独的心灵生活"纯表达的可能性。因为一个人即使喃喃自语地在独白的时候，他用的词和语言与我们平常说话时不可能不一样。于是，德里达设想如果胡塞尔把自己的绝对主义思想一层一层弄清楚，那他一定只是寻找到被还原、不涉及存在论预设的语言帮助他实现其目标。但是，这只是胡塞尔的"先验的意愿主义"①和一厢情愿。

三、结　论

毫无疑问，有关阐释学的其他问题，不仅仅肯定存在，它们还在被经历着。譬如，对

---

① 　雅克·德里达：《声音与现象》，杜小真译，商务印书馆 1996 年版，第 35 页。

于阐释性的理解,存在着民族差异、各族人民对自己语言的热爱、超越主体—客体的区分、超越自我意识等,这些问题都有双重性。就任何历史而事实存在的东西都只能是例证而言,假如我们的目标不仅仅把经验事实当作事实去阐明,而且是在基础性的法则中去阐释,那么它们要么不很重要,要么即使重要,也可以因势利导地加以积极利用。因为阐释学领域的本质性不再居于阐释世界的绝对精神之中,而应当被导回到"人们的现实生活过程"之中①。阐释的定义不是根据从抽象的理性主义原则而来的一套经典释义规则,而是源于认真观察社会历史得出的复杂判断力。

就马克思写作《关于费尔巴哈的提纲》当时的哲学和政治环境来说,那是一种真正无畏的革命实践行动。根据他的阐释学原则,一个人若不能理解社会生活的实践本质,对于理论活动真理性的宣称就不能选择适当的表述和意味,就会导致神秘主义。但必然发生的是,"凡是把理论导致神秘主义的神秘东西,都能在人的实践中以及对这个实践的理解中得到合理的解决"②。这么一来,我们这个时代阐释学的兴起仿佛真的和主体之精神共同体的伟大理解具有同等地位。它甚至仿佛做到更容易地对事情理解了。但是,吊诡同样出现在那些伟大哲学家及作家的阐释的真理之上并引导着它。我们可以追问:在以"这个时代的名义下"说出的那些随意的判断与当代哲学彼此之间有什么关系?倘若在词语中除了语法和历史知识不再有别的什么东西,那我们还需要哲学家及作家吗?但更进一步说,对这个新产生的问题先加以理解也就是让底下的事实变得可理解:"我们已经迷路:我们什么事情都不理解,除非说我们接纳了尺规和原则。"③而这些尺规和原则自身足以构成针对相对主义与普遍的独断论的恰当的批判武器。在这种意义上,奠基于唯物史观之上的马克思阐释学是真正的当代阐释学。

---

① 参见《马克思恩格斯选集》第 1 卷,人民出版社 1995 年版,第 72 页。
② 《马克思恩格斯选集》第 1 卷,人民出版社 1995 年版,第 60 页。
③ 刘小枫主编:《施特劳斯与古典政治哲学》,上海三联书店 2002 年版,第 259—260 页。

【跨文化哲学与比较哲学】

主持人弁言

马 琳

跨文化哲学(Interkulturelle Philosophie)是在近半个世纪以来在德国兴起的一股哲学思潮,它起初主要受到伽达默尔诠释学的影响。根据其创始人之一拉姆·阿德哈·莫尔(Ram Adhar Mall,1937—)的解释,跨文化哲学"首先并且从根本上标志着一种哲学态度,它坚信,没有任何一种哲学能够成为全人类唯一的哲学"①。跨文化哲学的倡导者认为哲学一词同时具有文化与跨文化的向度,主张从多种传统资源出发来进行哲学运思,注重不同文化之间生气勃勃的互动,而不欣赏静止的思想史式的观察与陈述。

跨文化哲学的主要倡导者之一海恩兹·齐默勒(Heinz Kimmerle,1930—2016)早年是一位黑格尔学者,尤其强调西方哲学与非洲哲学家的对话。他认为海德格尔犯有欧洲中心主义的病症,这明显地反映在海德格尔认为西方哲学是一种同义重复的名言,因此,海德格尔的思想对跨文化哲学的构建意义不大②,前面提到的莫尔以及其他一些知名德国学者也持相同观点。

目前常见的比较哲学注重于中国、日本和印度传统哲学与西方哲学的比较研究。与之相较,跨文化哲学则进一步地拓宽了比较的领域,强调思想传统的多样性,纳入了之前从未纳入哲学史之中的非洲哲学等思想形态。主持人在比利时鲁汶大学高等哲学研究所学习期间曾经聆听过齐默勒的讲座,其中他专门讲道:"是谁说哲学必须是书写出来的?"接着,他把非洲哲学的口传特征与苏格拉底相比较。主持人来自一个崇尚某种版本的"精英文化"的国度,此番言论,之前闻所未闻,不啻霹雳惊耳,此生难忘。当然,哲学的口传特征更多地属于哲学史以及哲学教育方面,不能以之完全替代哲学的书写特征。此外,跨文化哲学更加注重文化沟通的元理论建构。

格奥尔格·施丹厄(Georg Stenger,1957—)是近年来活跃在欧洲的跨文化哲学家,自 2009 年始担任跨文化哲学协会主席,并自 2017 年始担任德国现象学研究协会主

---

① Ram Adhar Mall, *Intercultural Philosophy* (Lanham MD:Rowman and Littlefield,2000),p.xii.

② 参见 Heinz Kimmerle, "Das Multiversum der Kulturen. Prolegomena," in *Perspektiven der Philosophie. Neues Jahrbuch*,Hrsg.Rudolph Berlinger et.al.(Amsterdam-Atlanta:Rodopi,1995),p.272。主持人在《重新发现海德格尔、列维纳斯与中国哲学》一书中评论了海德格尔对建构比较哲学的肯定性贡献。另见马琳:《海德格尔与比较哲学研究之范式转换》,《中国社会科学报》2014 年 7 月 31 日。

席。在这篇有关陌异经验诸维度的文章中,我们看到他在很大程度上受到胡塞尔的主体间性现象学的启发,胡塞尔从所谓的"家园世界"和"本己文化"出发,以便由此通往陌异世界和陌异文化。施丹厄的特别贡献在于:他反对胡塞尔对自我/本己的绝对设定,强调亲熟并不是直接被给予的,而是从其构成性而言需要陌异性作为持续的任务和挑战。亲熟性是对陌异性的劳作,是收获,而非起点。亲熟性与陌异性不能用对等的或是类比的概念来加以把捉。与施丹厄反对欧洲中心主义的立场相应,他关注到东亚语言以事件而非主词为中心的特征,关注到中国思想把引导让给生活本身,而非有计划地干涉某种随意而偶然运行的事件这样的"无为"精神,并且把这样的思想导向与西方哲学中以主体性为核心、以意志为行动的起点与动力的基本路线相互对照。

在以往的比较哲学文献中,常见的进路是从西方哲学家的关键术语与核心思想出发,然后来寻找寻中国古典哲学中与之相似的措辞与思想,最后加以发挥。然而,时代呼唤着我们扭转以往主要以西方哲学为依据的单线条导向,在厘清中西方哲学家不同的思想关切与预设的基础上,揭示出中西哲学精神之契合与歧异,探究中国哲学资源对西方哲学传统可以提出哪些挑战,进一步丰富、深化相关的哲学论题。本专栏的其他三篇论文都在不同程度上反映出这样的比较研究导向。

卢盈华的文章从探究王阳明的一体之仁思想出发,将其与德国现象学家舍勒独特的"同一感"(Einsfühlung, emotional identification)概念相比照。孙冠臣的论文通过将庄子与苏格拉底这两位远古时期的哲人加以对置,探讨两种不同思想路径在当前人类面对现代性危机中所能够发挥的作用。马琳的文章对牟宗三的良知坎陷说与海德格尔的另一启始说的思想前提与理论分梳作出比较研究,认为海德格尔比牟宗三更加深入地探索了现代性的问题,反思了科学与技术的本质;而牟宗三把科学与民主视为专属于西方,把心性之学归结为中国特产,这和他的坎陷说一样显示出康德式的二元对立。

这也向我们提示,在比较哲学中应当留意的另外一个问题即是避免对中西方哲学作出二元对立,我们亟需超越简单化的普遍主义与相对主义观念,让文化世界从内部以及外部为彼此而敞开,梅洛-庞蒂的交错现象学(chiasmatic phenomenology)对我们领会这一方面颇有裨益。跨文化哲学与比较哲学将是未来哲学发展的新导向。要成为一位优秀的哲学家,首先必须是一位跨文化思想家——或者说一位隐蔽的、加括号的(比较)哲学家。

"丰饶的差异":陌异经验诸维度

格奥尔格·施丹厄(Georg Stenger)/文,

朱锦良/初译,马琳/校译①

内容提要:本文从一种跨文化哲学的立场出发,把对陌异经验的哲学理解与对东亚艺术及其语言特征的探讨相结合,阐明作者称为"丰饶的差异"的文化现象。文章首先论述有关亲熟和陌异的经验(第一节),并扼要说明理解陌异性的基本条件(第二节);然后考察陌异经验的本真领地(第三节),阐述"水平—截面的经验意义与垂直—维度性的经验意义"之间的差异(第四节);接着,第五节分别从感知方式、认识方式和语言方式、道德行动三方面揭示差异化的基础经验得以表达出来的那些现象领地;第六节表明那种最终聚集在"丰饶的差异"之场域中的东西。

关键词:跨文化哲学 亲熟性 陌异经验 丰饶的差异

作为一个经受启蒙洗礼的欧洲人,凯斯·诺特博姆(Cees Nooteboom,1931—)对所有神秘主义和浪漫主义的表现都有所了解,因而很难被它们打动②。但是,在访问了日本京都龙安寺的假山园林之后,他这样写道:

> 谁若曾把宗教的大门在其身后轻轻地关闭,大多数情况下不会马上准备用一套新的神话和神秘学来替代他所抛弃的旧价值。尽管如此,一种魔力和秘密挑战会从这短短几米的空旷地面升腾而起,一时让人难以拒绝。[……]我坐得越久,有种感觉就越是难以形容。在静观中,这种感觉紧紧攫住我,我仿佛被吸进去,轻轻地在上面漂浮,又仿佛我的身体本身变成了这个园林。我意识到,我并不想踱走,我转身,我回头,又来到原地。而在这之后很久,也就是现在,我回到了另一个不同的时空中的现在,我坐在我的房间里[……]还感觉到这个园林如何跨越一切

---

① 格奥尔格·施丹厄,现任奥地利维也纳大学哲学系教授,哲学系主任。本文原题为:"Fruchtbare Differenz:Dimensionen der Fremderfahrung",载 S.Bartmann/O.Immel/(Hg.),*Das Vertraute und das Fremde.Differenzerfahrung und Fremdverstehen im Interkulturalitätsdiskurs*,Bielefeldt:transcript-Verlag,2012,pp.135-156。初译者:朱锦良,维也纳大学哲学系博士生。校译者:马琳,中国人民大学哲学院《哲学家》副主编。

② 凯斯·诺特博姆,荷兰文学家,曾获得歌德文学奖等十多种荣誉,并曾获得诺贝尔文学奖提名。——校译者注

的扭曲和距离,仍然温柔地牵曳着我。①

这里所描述的经验内容似乎是在亲熟(Vertrauten)和陌异(Fremden)之间摇摆着,作者使人注意到一种不能被简单地忽略的差异经验(Differenzerfahrung)。然而,通常而言,以哲学的方式进行自我理解的要求在于把差异之物归还至其统一性,亦即归还于普遍的标准与普遍有效性,也即,在每种特殊性中寻找普遍的东西,在一切内容中抽象出形式的东西。这里所牵涉的可以是诸种文化、宗教的不同语境。哲学认为其任务永远在于构想一种关于人类的种的视野(Gattungsperspektive)。尽管有各种歧路和完全对立的概念发展出来,但无论如何,这一视野上至轴心时代(根据雅斯贝尔斯),下迄启蒙和现代,直至今天都是成立的。并且,鉴于全球化的意愿、现代化的压力与世界政治利益,似乎也没有比之更为合理的东西了。如果说我们长久以来都满足于将所有争执(例如在不同的基础主义中的那些激烈的争执)理解为有历史条件的、偶然的、短暂的而恰是未被最终澄清和理性地思考过的,那么,现在哲学重又发现自己的普遍要求就是一种特定思想文化和思想传统的普遍化,而且它另外也对基本概念(Grundbegriffe)产生影响。任何一种普遍性的要求,只要在根本上被刻上真理与有效性,那么它总与真和假、善和恶、友和敌以及"本己"和"陌异"之间的区别携手并进。

在大多数情况下,这类讨论要么游弋于规范性归属之中,要么游弋于经验性评述中,但是,它们并不能在其相互的依赖关系中表明先天的思想结构和后天的经验形式。在此,我倾向于使用现象学的进路,就此而言,概念和直观的关联、思想和经验的关联在现象学那里被置入其构成性的前提条件中而得到专题化的思考,这一点对像"亲熟"与"陌异"的问题来说恰恰可以是非常有帮助的。甚至可以说,这种主题从一开始就是现象学研究特别是解释学研究的一个真正的领地。我将研究陌异经验的诸种构成条件,它们具有一种多维性(Mehrdimensionalität)特征。在众多不同的经验领地中,我的注意力首先集中在经验过程、经验活动本身,集中在发生的与转化的基本特征,看它们如何在陌异经验中起作用。我希望最终表明,我所谓的"丰饶的差异"到底是什么意思,在哲学和文学之间以及在跨学科的语境之中,我们已经看到这种"丰饶的差异"的身影。

我首先阐述有关亲熟和陌异的经验(第一节),并简要说明有关理解陌异性的基本条件(第二节),这些条件主要由内蕴于阐释学的概念所构成;之后,我考察"陌异经验"的本真领地(第三节),"遭际"(Widerfahrnis)的各种特征也归属于这个领地;接着,我对"水平—截面的经验意义与垂直—维度性的经验意义"(horizontal‐lateralem und vertikal‐dimensionalem Erfahrungssinn)之间的差异(第四节)作出插入性的论述,但不能对其加以详细的展开,其中要通过对主体概念的批判而引出伦理的和生存论(existen-

---

① Cees Nooteboom, *Im Frühling der Tau. Östliche Reisen*, Frankfurt/M: Suhrkamp, 1997, p.84.

tiale)的视角；之后，我谈论在其中差异化的基础经验得以表达出来的那些现象领地（Phänomenfeld）（第五节）。我所思考的跨文化样式（interkulturelle Zuschnitt）在以上诸节皆有体现，但在最后一节尤其清晰明白（第六节），有关那种最终聚集在"丰饶的差异"之场域中的东西。

一、亲熟和陌异最初的经验内容

只要想到陌异性，这已经处于一个概念性的理解视域之中，在其中，本己和陌异的次序结构被如此安排，以至于只要陌异之物在一种先行的一般性视角之下，或者处于一种辩证式的运动之中，它就永远可以被追踪、被概念性地理解，并由此而被"克服"（überwunden）。但是，对陌异之物的经验仍然处于特有的黯淡状态，它抽离于它的专门的现实性接触和现实性的相遇。如果我们现在进一步考虑陌异经验，那么，它首先表明，我们对于陌异之物（这里指的是陌异的文化）虽然以"陌异"的标签来接受，但也把"文化"的总体意义分派给了它。占据上风的是一种特有的总体风格，人们虽然不能具体地命名它，但却能以某种方式察觉它。如此一来，即便陌异的文化世界也可以被体验为一个"本己世界"，它恰恰拥有它的亲熟和它的本己特色，尽管它在一切中——几乎必须这么说——都保持为抽离、不可理喻以及无法通达。胡塞尔在其有关陌异性和陌异经验的现象学中，以诸如"在熟识样式中的不熟识状态"、"在本真的无法通达状态、无可理喻性样态中的可通达性"[1]、"原本不可通达之物所容许的可通达性"[2]等卓越的表述将这一点表达了出来。这是一种把"家园世界"（Heimwelt）和"陌异世界"（Fremdwelt）之间的差异——即如胡塞尔的术语所说——命名出来的尝试，它本身又是在共同构成那个"生活世界"。

众所周知，胡塞尔从所谓的"家园世界"和"本己文化"出发，以便由此通往陌异世界和陌异文化——这与从主体性通往主体间性的道路异曲同工。另外还能怎样呢？人们如此地习惯于[其本己]文化，以至于几乎化身为它；我们不仅拥有语言，能够说话，而且，我们从根本上完完全全就是这种语言，一种总体的文化生活就是在语言之中以及凭借着语言而共同说出、共同感觉以及共同感受到的。我们并不能够把自己从我们的文化之根——它体现在外貌、语言、基本信仰、宗教等等之中——抽离出来。因为如果我们没有这个文化之根，我们就不是我们之所是了，我们会是别样的，但这反过来只是重新关联到我们由之而是别样的东西。这一切所表达的就是那种对构成的归属性的人们所熟悉的经验，归属性让每个人在其个体结构中与自身同一，即使当他批判性地看待

① Edmund Husserl, *Zur Phänomenologie der Intersubjektivität.Texte aus dem Nachlass.Dritter Teil*：1929~35, Husserliana（以下简称 Hua）XV, Den Haag, 1973, pp.430, 631.

② Edmund Husserl, *Cartesianische Meditationen*, Hua I, Den Haag, 1950, p.144.

另外的人并突出自己的时候。一切陌异皆因不属于家园世界中的这个本己而成为陌异的。尽管如此,陌异者自然也有它"本己的"领域,在胡塞尔那里,首要地在身体的类比经验中所发生的东西正属于那种陌异者和陌异文化的领域。①

因此,陌异者以及陌异性唯独存在于与本己文化的关联之中,并且它当然最终关联到本己的自我。陌异性会被理解为"对一种关系的表达",这种关系把我重新掷回到我,甚至说,我就是作为这样的我才在时间中和空间中、社会性地和文化性地构成出来。因此,陌异经验构成性地属于自我经验或自身经验,它在一种"带着对于不可经验者的原则性指示的经验"中,让陌异者即便是作为原本不可通达者仍是可经验的;在这个意义上,胡塞尔可以说:"他者[也即陌异者],而非我,是第一位的人。"②

与此同时,我们不能在我们的自我后面继续后退,因此,某种通过个体的以及集体的习性带来的绝对性经验也四处蔓延。如果胡塞尔的分析首先致力于主体间性的构成疑难——我们可以说是在文化内(intrakulturell)的视域下——那么,在文化间(interkulturell)的发问下所产生的格局就会凸显为威姆尔(Franz Martin Wimmer)所称的"哥伦布综合征"(Kolumbussyndrom):它涉及的是人们从西方—欧洲文化及其历史的角度来接受非欧洲的文化而得以确定的"三种母型"。在此,本己之物永远被视为标准的和真实的,它从陌异者那里突现出来并宣称:在"人类学差异"中存在着对立于"野蛮之物"的"文明和文化之物",在"美学差异"中存在着对立于"异国情调"的"美",在"宗教差异"中存在着对立于"异教"的"信仰"。③

我想要引申出的是,本己之物的经验会得出一种绝对性的倾向,它与作为"本己"的"亲熟"具有紧密的联系。在自我的绝对化倾向中,本己和家园总是已经作为被给予者而被接纳,设为前提了,由此产生各种可能的普遍要求和全能幻想——人们支持的只是"那一个",说的只是"那唯一有效的真理"。但是,不同于这种自我的绝对化倾向,只有陌异者的出现、与陌异性的遭遇以及对它的接纳,才能让本己作为本己者和亲熟者而被经验到。换种说法:绝对设定和亲熟性之间的区别在于,后者指

---

① 胡塞尔关于他者与陌异者的类比经验的著名段落见《笛卡尔式的沉思》(*Cartesianischen Meditationen*, Hua I, Den Haag, 1950, § 50 ff)。也可参见:Klaus Held, *Heimwelt, Fremdwelt, die eine Welt*, in Phänomenologische Forschungen, Bd.24/25, 1991, pp.305–337; Dieter Lohmar, *Die Fremdheit der fremden Kultur*, in: Phänomenologische Forschungen, Neue Folge, Bd.2/2, 1997, pp.189–205。后者接续了胡塞尔的"个体和集体习性(Habitualitäten)",涉及家园世界和陌异世界这两者。但这一直是从家园世界包罗万象的"世界特征"出发的,家园世界总是已经为一切陌异经验准备好了一种"最低限度的熟识样式",以便能够在根本上经验到陌异性的意义内容。因此,必然要传达的是一种"对于陌异世界的意义—猜度",Lohmar也称其为一种"类比性觉知"(eine Art analogischer Perzeption)。对这种观点的评判性考察参见:Georg Stenger, *Philosophie der Interkulturalität—Erfahrung und Welten. Eine phänomenologische Studie*, Freiburg/München, 2006, pp.141–211, insbes. pp.157 ff., 189 ff.

② Edmund Husserl, *Zur Phänomenologie der Intersubjektivität. Texte aus dem Nachlass. Zweiter Teil: 1921–1928*, Hua XIV, Den Haag, 1973, pp.350 f., 418.

③ Franz Martin Wimmer, *Ansätze einer interkulturellen Philosophie*, in R. A. Mall und Dieter Lohmar (Hg.), Philosophische Grundlagen der Interkulturalität, Amsterdam/Atlanta, 1993, pp.29–40, hier 35 ff.

示一种构成的发生事件,它归功于陌异性的挑战。[1] 亲熟性是对陌异性的劳作,是收获,而非起点。确实,我们伴随着"亲熟者"和"亲熟性"而进入一个本己的现象领地,在此我并不做进一步的探究。但是,这一领地本身已经拟定了维度性的差异,诸如"与……亲熟"、"拥有信任"、"根基信任和元信任"等等路径早已指明了这类差异。[2] 可以坚持的是,亲熟并非直接被给予的,而是从其构成性而言需要陌异性作为持续的任务和挑战。

二、对陌异性的理解

以"解释学"为标记的思想传统大多是从批判纯粹的理性哲学和意识哲学概念而产生的。那里所处理的自我关联的、回溯到思想一般之本源和条件可能性的逻辑理性的诸种操作被放到它们的文本的并且因而也是构成性文化的视域前提中来审视,这些视域前提易见于语言、艺术、历史等之中。单纯的和纯粹的认识被认为是与理解的过程(Verstehensprozess)相绑定的,这种理解过程以生命之方式和生存论地被奠基和表达,并有待于进一步的解读和阐释。只要这里涉及的是视域条件、视域理解或者说视域展开,那么,在本己视域之外始终存在着"陌异视域",并且,在其本己的、不是本身就成为一体和合并在一起的因缘关系中保持着争议。因而,借此"意义关联"导向的"理解"也更多地不同于"认识理论"的进路,后者指向"实事关联"。换种表述:理性奠基和意义要求转移到了视域之打开和解读的过程中,这一点与通往思想经验和理解经验的步骤密不可分。从赫尔德到施莱尔马赫和狄尔泰,以至海德格尔和伽达默尔,这只是其中最重要的几站,他们的侧重点肯定各个不同,但也可以很好地描摹这一思想传统了。[3] 此外若回溯到解释学的理解概念,莫尔(R.A.Mall)也完善了一个可持续的、文化间性的理解构想,其中让陌异理解也有了一个本己的意谓:"意欲理解和意欲被理解相互共属,不可分割,它们是文化间性导向的解释学这枚硬币的两面。"[4]莫尔的"类比解释学"(analogische Hermeneutik)包含了带有双重印记的"反思—冥想态度",处理的是介于认识、理解和经验之间的关键衔接处,这些衔接处对于跨文化思想的构成作用

① 人们已经思考过童话对孩子的自我体验的构成性力量了,参见 B. Bettelheim, *Kinder brauchen Märchen*, München, 1993。

② 参见 Stenger, *Philosophie der Interkulturalität*, p.359 ff。

③ 参见 Georg Stenger, "*Fruchtbare Differenz*" als Leitfaden interkultureller Erfahrung–im Ausgang von Heidegger und Gadamer, in H.Vetter/M.Flatscher(Hg.), Hermeneutische Phänomenologie–phänomenologische Hermeneutik, Frankfurt a.Main/Berlin/New York et.al., 2005, pp.190–209。

④ R.A.Mall, *Philosophie im Vergleich der Kulturen. Interkulturelle Philosophie–Eine Neue Orientierung*, Darmstadt, 1995, p.2; Vgl.ders. *Essays zu einer interkulturellen Philosophie*, Nordhausen, 2003, pp.123–139; ders., *Hans-Georg Gadamers Hermeneutik interkulturell gelesen*, Nordhausen, 2005; sh.auch H.Kimmerle, *Das Eigene–anders gesehen. Ergebnisse interkultureller Erfahrungen*, Nordhausen, 2007.

日益显明。①

三、对陌异性的经验

胡塞尔现象学的基本洞见在于：为了不至于搁浅在径直说明的感知信念中，也即不至于搁浅在单纯被给予性的所谓实在性和经验物中，也即不至于搁浅在某种"感知的教条主义"之中，我们必须从中撤退，也即，必须"实施悬搁"（Epoché üben），以便获得主体与其相应的客体面之间的专门关联，即得到被给予性的各自当下的方式。瓦登费尔斯（Bernhard Waldenfels）把这个洞见展现为"一个过程"，"实事内容和通达方式在其中无可溶解地相互交叠"（unauflöslich miteinander verschränkt sind）。② 康德先验哲学中的洞见——方法同时指涉着实事——得以在此被严肃地对待，但同时得到扩展与深化。"'不同的感知就是感知不同的东西'，列维纳斯说得很清楚。"③因而，在对陌异的专题化研究之中，我们不会错过陌异经验的现象学。因为

> "制造经验"（Erfahrungen machen）就是遭受某物（durchmachen），而非制作某物（herstellen）。［……］经验意指对立于经验主义和理性主义思想的一个过程，在这个过程中，意义得以形成、清晰表达，并且在这个过程中事物获得结构和形状。即如梅洛-庞蒂所说，现象学将这个过程与一种处于萌芽状态（statu nascendi）的意义，而不是与一种制造式的世界的被给予性联系起来。④

因而，我会在发生的和谱系的基本动机中来考察陌异经验的现象，显示陌异经验在何种程度上以及以何种方式成其为陌异经验。在胡塞尔的"家园世界—陌异世界"以及梅洛-庞蒂的"身体间性"（Interkorporeité）的研究背景上，瓦登费尔斯做出了基础性的分析，对此我想要谈谈几个重要的方面。⑤ "文化间性"（Interkulturalität）这个词已经指出了一种"之间—域"（Zwischen-Sphäre），在这"之间—域"中，本己和陌异的居间特征以及本己文化和陌异文化的分离都出现了。就像人们一般所理解的普遍化追求和全球化追求一样，它们"设定了一种陌异经验为前提，但永远不能追上它"。本己和陌异

---

① 参见 Vgl.Hierzu Georg Stenger, *Signaturen "reflexiv-meditativer Einstellung", Zu Ram A. Malls interkultureller Hermeneutik*, in H.R.Yousefi u.a.（Hg.）, *Orthafte Ortlosigkeit der Philosophie.Eine interkulturelle Orientierung*, Nordhausen, 2007, pp.123–137。

② Bernhard Waldenfels, *Einführung in die Phänomenologie*, München, 1992, p.19。

③ Waldenfels, *Einführung in die Phänomenologie*, p.19。

④ Bernhard Waldenfels, *Topographie des Fremden.Studien zur Phänomenologie de Fremden 1*, Frankfurt/M., 1997, p.19。

⑤ 参见 Vgl.B.Waldenfels, *Grundmotive einer Phänomenologie des Fremden*, Frankfurt/M., 2006；Waldenfels, *Studien zur Phänomenologie des Fremden 1-4*, Frankfurt/M., 1997–1999。

并无固定的尺度，它们起源于在不同层面上呈现的界定和排除之过程。一方面，这一过程宣告出陌异经验的"吊诡特征"，"一种不可通达者的可通达性，不相属中的相属性，可理解性中的不可理解性"，它们点出了陌异经验的真正特性，每种关联（Bezug）同时也就是抽离（Entzug）。① 另一方面，"本己和陌异的交织（Verflechtung）"这样的现象显示出一个过程，它在多种多样的陌异性样式（Fremdheitsstile）和陌异性等级（Fremdheits-grade）之中生成，并且不能被归结到一个共同的分母上去。

为了进一步理解陌异经验，瓦登费尔斯区分了三种"陌异性等级"。② "日常的、普通的陌异性"常见于我们感觉到某种陌异的东西，或者某种仅仅是不同于我们的东西，比如旁边的邻居或者我们所拜访的另一座城市。关键是，这种陌异性是在一种"亲熟视域"之内（innerhalb）与我们相遇的，这种亲熟视域令我们不至于由于这种陌异性而被抛离出我们所熟悉的生活世界和秩序形式。［这可以被称为陌异性 I 型，］与之相区别的是"陌异性 II 型"，它是

> 构造上的陌异性，涉及所有在特定秩序之外能够遇到的东西，例如，我们不理解的陌异语言（即，外语），陌异的礼仪，或者是一种对我们来说含义和功能不明的微笑表情，或者一种往昔的、不再向我们传达什么意义的时代精神。③

这里首要被强调的是在一切陌异经验中所包含的抽离特性（Entzugscharakter）。最终，这种陌异性经验攀升为"彻底的陌异性"，这当然是最重要的层级，因为它的主要注意力集中在对秩序的"超逾"（Überschreiten）上，集中在"外在于"（außerhalb）每种秩序的东西上，因而也被称为"不同寻常者"（Außer-ordentliche）。然而，它仍然可以回溯到特定的秩序，在其中它区别于一种"绝对的、总体性的陌异性"，后者必须放弃其关联性，因而也在根本上放弃其被经验的可能性。由此，"彻底陌异者［……］只被理解为超逾于现存意义视域的冗余物（Überschuß）。［……］而一门完全不同于本己语言的陌异语言可以不再是陌异的；它可以作为单纯的嘈杂声而让相互理解的可能领域在其背后隐去。"④

这些被瓦登费尔斯称为"陌异之存有的攀升等级"（Steigerungsgrade des Fremdseins），它们会导入对陌异性本身的经验活动之中，它们显示的是陌异性的不同维度化。但首要的是弄清楚，"陌异性"并不简单地就是一个场域，而是一种经验活动，它以攀升的方式显示出陌异性如何自身构成。我们并非再次光顾这种经验以便能够判断它，而是，我

---

① 以上两处见 Waldenfels, *Grundmotive einer Phänomenologie des Fremden*, pp.111, 115 f.。

② B. Waldenfels, *Topographie des Fremden*, 35 ff; vgl. auch ders., "Das Eigene und das Fremde", in *Deutsche Zeitschrift für Philosophie* 43, 1995, pp.611–620.

③ Waldenfels, "Das Eigene und das Fremde", p.615.

④ Waldenfels, "Das Eigene und das Fremde", p.616.

们唯有在事实上带来这些陌异经验并且与它们相关涉，我们才成为陌异性的经验者。像梅洛-庞蒂所说，这需要我们拥有一种"思想方式，它要求我们改变自身。[……]我们要学习如何把属于我们的东西作为陌异的来审视，以及如何把对我们陌异的东西作为我们的东西来考察"①。因此，关键性的东西以及对陌异性的内在差异化或者说澄清不可或缺的东西就是经验活动本身。只有从本己和陌异的对抗（Konfrontation）和挑战出发，它才能被把握。更准确地说：把这种经验活动理解为挑战。因而可以得出，两者不能相互抵消，也不能用对等的或是类比的概念来加以把捉。由于它们是以"非对等"的方式相遇的，因此它们不能被完全抽离，因而。这一概念主要来自列维纳斯，想要人们注意这种不可能性，即，他者和陌异者既不能"从外部"去看，也不能如同他看自己或者他看我那样去看他。这里显示出一种本己特有的"之间"，一种对于对等和非对等、可比性和不可比性的"既不—亦非"（Weder-Noch）。我如何看他者，这与他者看我的方式绝不等同。在这种交互的"不能看"（Nichtsehenkönnen）之上没有更高等级的观看方式。这里留存的不仅仅是一种剩余（Rest），而且还留存着彻底的抽离（Entzogensein）。不过仍然具有一种"本己的优先性（Präferenz）"②，没有它则完全没有区分的可能性。

因此，这里有一种不可让渡的不对等性支配着，它早已触及作为个体的我们的每一个，最终甚至汇入"经验本身的陌异化"中。根据瓦登费尔斯，这种现象之格局到处都有显示，不仅在人格之间以及人格之内的关联中，还在文化之间和文化之内的关联中。存在着内部的和外部的陌异性："当我受到陌异者的搅扰、去理解陌异者以及对陌异者有所回答时，我对我自身是陌异的。谁若对陌异者惊讶，在它面前战栗，谁就没有掌握自身。"③关键的是，这里可以看到先于实体或实体性的、介于"本己"和"陌异"之间的构成事件，借此，那通往陌异者的"通道"才得以可能，这个通道在关键点上防范着个体的、人格的，以及历史的与普遍的构想。进一步而言，陌异经验显示，特定的秩序模型被打破，有一种剩余物包含于其中，它超逾各自当下的意义预值和合法性之上，并偏离于它们。因而，秩序和不同寻常者形成一个不可还原的或者说相互回溯的格局。如此，非政治寓于政治之中，就像苏格拉底以其哲学家式的生存方式希冀雅典人对其场域或者说秩序做出一种"奇特的无场域化"（eigentümliche Atopie），并因之使得希腊人的"本己"陌异化。其结果为我们所熟知：此即哲学发问或者说哲学诞生的场景。陌异经验表明其本身就是每一种生成过程的组成部分，同属于此的还有突破，以及"舍弃理所当然的假设、对亲熟的偏离、在陌异者之前的后退"。④

陌异经验的另一个基本特征在于，陌异者不在我们的支配之内，它降临（widerfahren）

---

① 引自 R.Dammann, *Die dialogische Praxis der Feldforschung. Der ethnographische Blick als Paradigma der Erkenntnisgewinnung*, Frankfurt/M.und New York, 1991, p.15。

② Waldenfels, *Topographie des Fremden*, p.74.

③ Waldenfels, *Grundmotive einer Phänomenologie des Fremden*, p.120.

④ Waldenfels, *Grundmotive einer Phänomenologie des Fremden*, p.131.

在"我们"之上，撕开一种"情感的维度"（pathische Dimension），这个维度让我们感觉到，在我们能够问和说之前，陌异者就发出一种我们要对其作出回答的要求。对陌异者的回答不仅仅是一种有意义的理解，不仅仅是一种规范引导的沟通一致。瓦登费尔斯保留了"回应性"（Responsivität）这一基本概念，它代表一种"可回答状态"（Antwortlichkeit），这种可回答状态先行地、不可撤回地把我们所做和所说的负责状态（Verantwortlichkeit）悬吊起来。

> 对于一种意向性地或者合规则地被构成的意义领域的超逾，在对一种陌异要求的回答中开始实行，这种陌异要求既不拥有一种意义，也不遵循一种规则，相反，它中断了通行中的意义和规则的形成，并开始了新的意义和规则的形成。我作出的回答，其意义归功于我所要回答者的挑战。①

这两者之间存在着一种不可逆转的落差、一种"回应的差异"，它抗拒一切试图消除"问与答之间的不对等性"的努力。

这些对于瓦登费尔斯的陌异经验分析之基本特征所做的版画式的提要应该突出两个方面：一方面是经验动机在构成上的前置性，它在某种程度上就是于此岸从单纯经验的和先验的属性中迁移而来，唯有这种属性才在根本上让陌异者在其陌异性中启航，并且作为陌异者而变得"可通达"。此外，即使我对于人们把这种陌异经验当作跨文化经验的单一范式提出过批评，但显而易见，这种在陌异经验中持续在场的"责任"（Verantwortung）对于跨文化的问题疑难具有原则性的重要意义。陌异经验包含一种特别的本成事件（Ereignis）之特征，一种回答之发生事件，我们也可以命名它为"回应的实践"。根据瓦登费尔斯，回应性正好对应于意向性所处的位置，这并非巧合。

四、水平—截面的和垂直—维度性的经验意义

这里对陌异经验的多层次性和多维度性作进一步的考察，但我在此仅能从两方面进行解说。② 一方面，回溯到海德格尔的"存有论差异"，它就是奠基于一切认识和理解活动的生存论的面向，另一方面，伴随列维纳斯所开启的"他者的他者性"的思考和意义之痕迹，它就是担负着一种先行于一切认识理论和本体论基本形式的伦理面向。两种构想虽然有各种分歧，但也是共同的，它们在其起源和次生意义上展示了作为普遍有效的和习惯上作为不可动摇的根基（fundamentum inconcussum）而设为前提的"主体概念"，这主体概念同时使人们得以注意到西方思想构造的边界。从这两种思想观点可

---

① Waldenfels, *Grundmotive einer Phänomenologie des Fremden*, p.57.
② 参见 G.Stenger 2006, pp.212-264, 303-459, 521-631, 866-881.

以得出一些思想路线,它们导向一种对于那些领地和关联的更为差异化的考察,对此我试图以"水平—截面的和垂直—维度性的经验意义"来加以把握。

五、差异性基础经验的现象领地

一方面,当我们意欲理解陌异者时,很有可能的是,我们同时已经承认接收了,也即收进与合并了陌异者。另一方面,在本己和陌异之间的工作进程和回答进程显示,这里关涉的是交互构成的变型过程,它恰恰是在文化间性的预兆中使得人们对文化上的每个专门的格局保持敏感,而这些格局反过来能够重新汇入一种相互间成果丰饶的对话中。于是,在此所关涉的也是一种每每加深的自我澄清(或者说启蒙)的经验,它学习把陌异经验把握为关于所谓"本己"和"亲熟"的构成性的挑战、机遇和敞开,而无须放弃延伸到基础经验和基础概念中的诸种差异。

(一) 感知/感性论

与西方—欧洲思想的一种基础直觉相符合:一切可见的东西能够被"感知",乃是因为它是作为"某物的某物",作为显现者、作为对象性和某种方式的"客体"而被统握的。正是由此而出现了可见与不可见、在场与不在场的裂隙。这一点产生了感知理论上的后果,即:一切被感知者永远是在一定的视角、侧显(Abschattung)和视域前提之下才能被感知的,并且也产生了这么一个视角转变,它从文艺复兴直到胡塞尔和塞尚都有发生,尽管恰恰是后两者才做了这个尝试。[1] 感知在此最终作为意识本身的基本参数而起作用,它是以中心视角的方式(zentralperspektivisch)被调校的。[2] 与这样一种"物的角度"不同的是,辻村公一(Koichi Tsujimura, 1922—2010)借助东亚著名的山水画家玉涧(Yü-chien,宋末元初,生卒年不详)和牧溪(Mu-chi,? —1281)启迪了另外一种感知方式,他命名为"环绕视角"(Circumspektive)[3],这大致是说,我们不能"平视"、"俯

---

① 参见 Georg Stenger, *Generativität des Sichtbaren. Zum Phänomen der Verflechtung von Phänomenologie und Kunst-Mit einem Blick nach Asien*, in R.Bernet/A.Kapust(Hg.) , Die Sichtbarkeit des Unsichtbaren, München, 2009, pp.169-190。

② 根据胡塞尔,"现象"永远只系着于"意向性"的意识效能,这样的现象是中心视角的;并且,恰恰当它围绕着对象进行"环绕"——以便使得指引关联的视域进一步展开——之时,更是依据中心视角原则被构成的。这种范式可以非常简单地直接对应于胡塞尔各种层面的感知分析:它们如何在感知—身体的意义发源中以及在其"被动综合"的分析中被展示,以及不仅在人格、伦理的视域,也在文化与历史的视域中构成。这里可以参考 L.Wiesing, *Das Mich der Wahrnehmung-Eine Autopsie*, Frankfurt/M., 2009。他从现象学感知传统出发并着重于回溯到此传统,但同时也对这种感知范式作出了决定性的翻转,他从感知本身出发将自身感知(Wahrnehmungsich)呈现出来。

③ Koichi Tsujimura, *Über Yü-chiens Landschaftsbild, In die ferne Bucht kommen Segelboote zurück*', in Abhandlungen der Braunschweigischen Wissenschaftlichen Gesellschaft 36, 1984, pp. 135-152; sh. auch den Teilabdruck in:R. Ohashi (Hg.):Die Philosophie der Kyôto-Schule. Texte und Einführung, Freiburg/München, 1990, pp.455-469.

视"或者"鸟瞰"式地感知，而是在同行（Mitgehen）和共赏（Mitsehen）中才能看见。"可见者"与"不可见者"、"浮现者"与"潜没者"、"确定者"与"不确定者"、"呈现者"与"隐退者"，都在持续的运动之中，它们交互着从对方那里运作出来，就像这种产生过程的"观察者"也在共同承担一样，即使"观察者"也把自己理解为"被看见者"，理解为一种观看活动的观看者和被观看者。这些例子很清楚地表明，这个承受性的基础原则首要来说到底是什么（可以参见那些"卷轴画"的主题①）。

这里流露的一种留白（Desiderat），它在西方思想和感知活动中当然也是为人所知的，但由于分析和认知理论传统占尽优势，它似乎隐退到了幕后。这里所说的是"精神的基础经验"，它在诸如"心境"（Herzgeist）、"风骨"（Wind-Geist）、"无状之状"、"无形之形"等场域（Topoi）之中被加以把握，并且它们处在可见与不可见之彼岸。两者是"精神"，但又都不是！"气"是能量的基本环节，是呼吸、是氛围（Fluidum）、是流动②。侘（wabi）以前的意思是贬义性的孤独、迷失、困窘和贫乏，现在从素朴性、单纯性和尖锐性上理解为完全独有的肯定性的基础特性；寂（sabi）起初的意思是孤独、衰老、朽坏、熟透。侘和寂相组合在日本美学和艺术观中被理解为独立的、几乎不能被把捉的场域，在其中，恰恰是不显眼的、素朴的东西，旁逸斜出的、中断碎裂的东西，看似残缺、失利的东西，展现出一种独特的无可比拟的"美"——这一切对文化—社会之自我理解都起到构成性的作用。

爬上苔藓的岩石、长出荒草的茅屋顶、骨节分明的松树，它们恍似随意而半途而废地挥洒在东亚山水画的墨迹线条中，由此而出现了一种"自画像"（Selbstbild，或"自我构象"），它们只在想象的艺术中被表达出来，所"显示"和"描述"的无非是那种"心境"和"心事"，即如它们对东亚的文化世界所起到的构成作用。与此相关的还有更为宽泛的基础场域，例如，幽玄（yugen）——它由表达深邃、奥秘的"幽"和表达黑暗、隐藏、秘学的"玄"所组成，这个词根据上下文的不同而意指"奥妙学说"、"事物的深度"、"事物的精细"、细腻、魔力等。此外，风雅（fuga）可进一步转写为"气氛"，它可有"风"组成的不同的双音词来达其大意。③ 这类"现象场"看似共同的东西是它们带有本己特色的抽离特征以及它们显而易见的"不可归属性"——从正面表述的话——在于其"总体性

---

① 欧洲的"木板画"具有透视的对角线，会聚焦于一个消逝点，而东亚—中国的"卷轴画"则完全不同，它们就像"在一个持续的过渡过程中展开的风景一样"。（F.Jullien, *Das große Bild hat keine Form , oder Vom Nicht-Objekt durch Malerei*, München, 2005, p.188.）

② 参见 Vgl.I.Yamaguchi,‚Ki' *als leibhaftige Vernunft.Beiträge zur interkulturellen Phänomenologie der Leiblichkeit*, München, 1997。

③ 此处参见 F.Jullien, 2005, p.62 f。这里可以进一步称作"风教"（feng-jiao），它表达的是一块土地上的风俗气氛以及"风—景"（feng-jing），它表达的是"风—度"、"风—姿"、"风—行"、"风—灵"、"风—感"、"风—响"等一切本己的、彻底横贯和内居于这些意义层面的东西。关于其日本语境参见 R.Ohashi, Der "Wind" als Kulturbegriff in Japan, in ders., *Japan im interkulturellen Dialog*, München, 1999, pp.23–39。

质"（Globalqualität）①，它虽然显现一切，但本身却并不显现。在诸如"图画—气息"、"现象—气息"（气—象）之类场域之中出现了气氛性的、但也是感性的总体性质。又比如风土（fûdo）——这是日本的基本词语，和辻哲郎（Tetsuro Watsuji，1889—1960）曾用它来展示天气和文化之间的构成性关联。② 所有在这里谈论的基础概念都从根本上表明了中日美学或感性学或者说对于"美"的理解，它们在一种各自确定的视角中将之命名为"精神事件"（Geistgeschehen）。可以猜想，只有通过这种精神事件才能把握和经验到具体概念的意义和意蕴。铃木大拙（Daisetz Teitaro Suzuki，1870—1966）曾就"禅"之道路这样说过："理解禅，就是理解精神是何等样者"③（也即：禅为心解）。尤其是艺术经验——在日本被称之为"艺道"（Kunstweg）——使这种现象清晰显明。人们在这种关联里谈论"之间"、谈论一种"滤膜结构"（Membranstruktur）或诸如此类的，它意指的是在"物"和"无物性"之彼岸的、来自于可见和不可见的自身结构化和自身生成（Selbsthervorgang）。④

这里实际上表明，亚洲的"经验"—文化和西方—欧洲—美洲的"反思"—文化的区别要有所显示的话，恰恰是在反思概念由于其内在的假说和前提总是已经被错过或忽略了的地方。西方思想也在开始越来越加强对于构成之道路和生成的发生事件（das generative Geschehen）的重视。正如西方思想在确保其经验的潜力，反过来，亚洲思想也在接纳反思概念的系统的可能性。

（二） 认识方式和语言形式

语言拥有生命形式之力和展开世界之力，这是自洪堡、赫尔德、海德格尔、伽达默尔、维特根斯坦、奥斯汀、哈贝马斯等以来我们就已熟知的。语言不仅展开一个世界，而且根据不同的语言层面（语法、句法、语义学、语用学等）甚至生成了（erzeugt）相应的世界，反过来，语言是从其文化世界之中出现的（hervorgeht），这一点还不是非常明晰。无论如何，引人注目的是，印欧语系的语言文化和语言结构已经形成了一种实体和主语为中心的语法；而日语的语法与之不同，它是以事件发生为中心构造的，因而更多地带有语境关联。"比如，在德语句子里，'球在滚'中的主语'球'是托底之物，它通过谓词'滚'而从属性上被进一步规定了。日语的相应句子则不同，'boru ga korogaru'（球在滚）中，谓词'滚'（korogaru）是本质性的，主语'球'（boru）只是前者进一步所规定

---

① Vgl.Hierzu H. Rombach，*Der kommende Gott. Hermetik - eine neue Weltsicht*，Freiburg i. Br.，1991，pp. 110-141，hier 116 f.

② 参见 T.Watsuji，*Fûdo-Wind und Erde.Der Zusammenhang zwischen Klima und Kultur*，Darmstadt，1992。

③ D.T.Suzuki，*Zen und die Kultur Japans*，Bern/München/Wien，1994，p.41.

④ 参见 Vgl.Etwa H. Belting/L. Haustein（Hg.），*Das Erbe der Bilder.Kunst und moderne Medien in den Kulturen der Welt*，München 1998；hierin insbes.R.Ohashi，*Zum japanischen Kunstweg-Die ästhetische Auffassung der Welt*，pp.149-162，sowie N.Hashimoto，*Schlüsselworte in der Lehre vom Kunstweg*，pp.163-169；R.Ohashi，*Kire.Das，' Schöne' in Japan.Philosophisch-ästhetische Reflexionen zu Geschichte und Moderne*，Köln，1994。

的特性。"①我们不难察觉主语中心性和事件发生中心性之间的差异。在日语中，"句子主词经常被省略"，如果我们考虑到动词和物主代词中显而易见的文本关联和场所绑定，那么，这表明了一种"完全不同的句子结构"，它的"核心在动词"。

> 日语句子的逻辑中位点是由作为描述过程和事件发生的动词来构成的，相对于它，其他一切的句子成分来说只拥有属性意义。也就是说，在日语中，现实性不是实体物、固定物以及自为存在的主体的集合——它们能够在事件和过程中交互关联，现实性首要地以及首先显示自身为一种事件之发生，它在自身中在其关联、方位和场所上进一步被规定和规定其他。句子主词对于谓词来说不是预先设定的，而是可以说在谓词中被发展、被卷入的，因而，主词在大多数情况下完全不必提及。②

因而，在日语中，句子的主词毋宁被理解为关联场所，仿佛在事件发生中一起产生的环节。③（这里我们本来还可以进一步讨论介于"语言游戏"、"生活形式"、"文化的生活形式"、"处境性"（Situativität）、"场所绑定性"（Ortgebundenheit）、"场所逻辑"等之间的关联。）

如果说像"主词"这样一种对西方思想来说如此核心的基础概念在日语中占据着一个次要的角色，那么，这对于相互理解以及在生活形式中一同输入的文化标准和规范等又意味着什么？在这些小小的例子中已经透露了文化的背景，它们只有通过各自当下的实践才能作为背景而出现，然后才能完全地获得其作为规范的性质。但在这一点成为可能之前，有一种特定的负责状态已经被说出，这种负责状态所回一答的是那种伴随着答案及其言说方才产生的东西。

---

① Vgl. H. Busche, *Kultur - Begriff und Erklärungsrahmen*, in Einführung in das Studium der Kulturwissenschaften, Kursband Fern Universität Hagen, 2004, pp. 3 - 33, hier 31.

② E. Weinmayr, Aspekte des Übersetzens zwischen Heidegger und Japan, in T. Buchheim (Hg.), *Destruktion und Übersetzung. Zu den Aufgaben von Philosophiegeschichte nach Martin Heidegger*, Weinheim, 1989, pp. 177 - 196, hier 191 f.

③ 参考 B. Kimura, *Zwischen Mensch und Mensch. Strukturen japanischer Subjektivität*, Darmstadt, 1995: 97 ff. 日语中有很多关于"我"的不同的人称代词，但是，因为几乎在每种情势、事件、关系结构中都有不同的"我"的用法，所以人们原则上将"我"省略；它也不影响动词变位，因为日语完全没有动词变位。Weinmayr 和木村（Kimura）一道提醒我们，马丁·布伯所使用的"你"在日语中多被译为"nanji"，此词带有贬义和不尊敬的意味，意指"在较低等级关系中的某人"。但布伯恰恰将"你"作为"敬重和尊敬的承认"的对等表达来使用，布伯最终将"上帝"作为"你"来称呼。因此，如果人们进行逐字逐句的翻译，那首先就已经设立了一种确定的、纯粹语言上的比较尺度，这对文化上的理解方式以及认识方式是不成立的。关于翻译问题的探究请参考 G. Stenger, Übersetzen übersetzen. Zur Phänomenologie des Übersetzens, in J. Renn/J. Straub/S. Shimada (Hg.), *Übersetzung als Medium des Kulturverstehens und sozialer Integration*, Frankfurt/M., 2002, pp. 93 - 122。

（三）道德行动

至于第三个要点，我想从中国古代思想史中抽出几个方面来论述，这些思想史的巨大意义直到今天依然没有丧失，甚至比任何时候都显得具有现实意义。大多数情况下，中国的圣贤所关心的不是概念性的、系统地阐明的事态与论证，而是"故事"、"报道"、逸事、箴言等。但是，现在看来并不仅仅是中国和东亚地区的人们才是这样的情况，在西半球也出现越来越多的支持者。他们认为这类文本具有源初的、真正的哲学洞见，除了这些之外没有更好的表达形式。在此，我想以责任（Verantwortung）为主导词来论述文化的前提和条件，尽管这个概念本身在中国思想中毋宁说居于次要地位，但它在诸如"仁"（Mitmenschlichkeit）、正义、忠诚、敬重、同情、"共同感觉"（信）（gemeinsamer Sinn）、"敬"（Würde）、"贵"（Wert）等基础概念的范围以及影了中总是一起出现的。

我们大概不必费神介绍庄子（哲学方面的道家思想，公元前4世纪）关于庖丁的故事，它属于中国思想中最令人瞩目的源泉。简单地说，这里讲的是庖丁为文惠王以刀解牛的故事，他手艺如此卓绝，以至于文惠王从中看到了正确的"养生"（Pflege des Lebens）艺术。庖丁经过长年累月的练习，不再根据特定的计划和技术来切割，而是让这把刀敏捷地进入牛的肌肉、骨头与肌腱的"有间"（Zwischenräumen）之中，以至于骨肉应声分离。他对刀运用得如此纯熟，以至于这把刀是"无厚"的。"良庖岁更刀，割也；族庖月更刀，折也。"①扼要地解释：与物之同行也就是一种对物的参与，是关键所在；唯有如此我们才能看见和发现这开敞以及独特的"之间—空间"，否则它是封闭的、不被人注意的。人们本身是封闭的，恰恰因为他们想要贯彻什么，想要同某物做斗争和推进。任何东西皆拥有其"道路"，即便是一头牛、一种材料、一种社会格局。

这样的"公牛—王公—厨子"格局使得平常的情形与尤其凸显的情势之间的纽带（Verknüpfung）。如果我们要从中得出"教诲"的话，我们是有能力与"道路"同行的，事物和道路在其中一起涌现，而庖丁和王公之间也加深了相互了解。总体来讲，这个故事所关涉的是正确的行动：不同于我们的行动理论中奠基的进路——这种进路需要一种特定的意图以及目标来构成行动——这里没有任何被设定的行动者或主体性。毋宁说，它在某种程度上是施为的（performativ），实践—协调的，这里所涉及的是某种特定的"精神建制"（Geistverfassung），它不在王公或庖丁的操控之中。"精神"（心神/心）随着（成功的）动作一起出现，并且可以说，它引导着庖丁的手。行动和生活的高级技艺在于：把引导让给生活本身，不要有计划地干涉某种随意而偶然运行的事件。走过去，而非去行动，因为一切已经在行动，因为一切已经在发生，人们把这种高级技艺称为

---

① Zhuangzi, *Dschuang Dsi. Das wahre Buch vom südlichen Blütenland*（《妙法莲华经》），（übersetzt und erläutert von R.Wilhelm），München，1992，p.54.

"无为"①。此处所保存的是一种对于物、人与自然的一种几乎不能再增强的责任,还有谁能够对西方的行动概念这种显而易见的差异与挑战视而不见呢?②

其次,我想讨论孟子(约前372—前289)的"道德行动"观的几个基本特征③。孟子思想在中国正在复兴,近来也在欧洲语境中引起积极的反响。这让人有些惊奇,因为孟子这个名字在儒家世界图像之中是与理性的、此岸关切的社会学说与道德学说,以及借助于宇宙论法则(基本概念:天—人)而产生的转化联系在一起的,而这一传统对西方人来说较为缺乏吸引力。④ 从另一方面来说,这方面的联结表明孟子思想对于人权、人的尊严以及道德概念等方面的讨论更能有所助益。⑤

孟子从三个核心概念——"推"、"及"、"扩"⑥——出发,进一步阐明了一种若"泉之始达"的道德的基础概念。⑦ 起初的台阶是"情势概念"(Situationsbegriff),它首先不是在一个大的框架内被设定的,而是作为入口起作用,它本身只是确定一个过程的"末端"(Endstück),而这个过程又会有进一步的发展。正如余连所论述的:

> 于我而言,最为有趣的[……]不是由孟子所推荐的道德形式的明细目录(尽管这一分类方式也很有特色:起头的是我们对于无可忍受的事情的反应,结尾是我们判断各种价值的能力,参见 Mong Dsi IV,A,27),而毋宁是这些意识形式在我们

① Vgl.auch F.Jullien,*Über die Wirksamkeit*,Berlin,1999,insbes.Kap.VI:121-144;vgl.ebenso H.Rombach,*Strukturanthropologie*,*Der menschliche Mensch*',Freiburg/München 21993,insbesondere Kap.V.7."Nichthandeln und,reines Geschehen'",p.363 ff.

② 更为详细和富有挑战性的分析参见 G.Wohlfart,*Die Kunst des Lebens und andere Künste*,*Skurrile Skizzen zu einem euro-daoistischen Ethos ohne Moral*,Berlin,2005。

③ 参见 Mong Dsi.*Die Lehrgespräche des Meisters Meng K'o*,(übersetzt von R.Wilhelm),München,1994。

④ 对儒家思想的阐释学读解以及由此所引发的有关跨文化理解的意义参见 S.Schmidt,*Die Herausforderung des Fremden.Interkulturelle Hermeneutik und konfuzianisches Denken*,Darmstadt,2005,尤其是其中的"第二部分":pp.109-218。

⑤ 参见 Vgl.H.Roetz,*Menschenpflicht und Menschenrecht.Überlegungen zum europäischen Naturrecht und zur konfuzianischen Ethik*,in K.Wegmann/W.Ommerborn/H.Roetz(Hg.),*Menschenrechte:Rechte und Pflichten-in Ost und West*,Münster,2001,pp.1-21;ders.,*Chancen und Probleme einer Reformulierung und Neubegründung der Menschrechte auf Basis der konfuzianischen Ethik*,in W.Schweidler(Hg.),*Menschenrechte und Gemeinsinn-westlicher und östlicher Weg*?,St.Augustin,1998,pp.189-208;G.Paul,*Menschenrechtsrelevante Traditionskritik in der Geschichte der Philosophie in China-Philosophische Überlegungen*,in G.Schubert(Hg.),*Menschenrechte in Ostasien*,Tübingen,1999,pp.75-108;H.-G.Möller,*Menschenrechte,Missionare,Menzius.Überlegungen angesichts der Frage nach der Kompatibilität von Konfuzianismus und Menschenrechten*,in Schubert 1999,pp.109-122;F.Jullien,*Dialog über die Moral.Menzius und die Philosophie der Aufklärung*,Berlin,2003。

⑥ Mong Dsi,*Die Lehrgespräche des Meisters Meng K'o*,Kap.I,A,7,p.47/52,散见于多处。参考《孟子·梁惠王上》:"故推恩足以保四海,不推恩无以保妻子。古之人所以大过人者无他焉,善推其所为而已矣。"《孟子·梁惠王上》:"老吾老以及人之老,幼吾幼以及人之幼,天下可运于掌。"《孟子·公孙丑上》:"凡有四端于我者,知皆扩而充之矣。若火之始然,泉之始达。苟能充之,足以保四海;苟不充之,不足以事父母。"——译者注

⑦ 参见 Mong Dsi,*Die Lehrgespräche des Meisters Meng K'o*,Kap.II,A,6,《孟子·公孙丑上》。

的内心体现出道德性的方式与方法。因为，孟子并没有说，它们如此这般建构起道德性，而是说，它们在我们内心皆有其"末端"。这种"端"，如注家朱熹所说，即如线头的末端。它始终隐藏在我们的内心，但对我们来说是不可见的，只有当这"端"凸显出来，它才对我们成为可见的。[……]这种以我们内部机能或"情感"（Gefühlen）而表达出来的自发反应，例如同情或羞耻，仅仅是"端"而已，从我们的内在道德性中凸显出来。这种自发反应作为"提示"（Hinweise）而使我们拥有道德意识，它仅仅是揭示者，去除了遮盖。当我们产生羞耻反应或同情反应之时，就会在经验层面上突然迸发（erblüht）道德性。[……]我们的同情反应或者羞耻反应所展现的仅仅是有待于展开延拓的潜能的出发点。①

　　每个情势（注意：是真实的情势）包含一整个"情势潜能"（Situationspotential），它会展开某种独有的影响力，如果我们跟随其踪迹的话。不是这样的情形：某种思想、策略和理论面向一种情势化了的被给予之物渐显出来并得以运用（也即：理念—实在，模式—事实——这是典型的"西方"思想方式），而是：情势作为关键节点起作用，它发现和释放出在其中早已有之的趋势，这种趋势既可朝前也可向后。主体处于行动着的情势之后，或者更准确地说，主体把自己理解为这一过程的部分环节。因而，行动不是一种干涉，不是产生行为或创造行为——[在西方思想中，行动]需要一个"意志"作为开端，但在中国语境中则缺乏与之直接相关的标志或概念。

　　[在中国思想中，]行动是与现实性的各种大多数被加以调整的潜能一起同行，现实性是"发生事件"（Geschehen），它作为发生事件而与独有的"实效性"（Wirksamkeit）一起被看见。但恰在此处释放了一种转化的过程，就像前面已经说过的，它朝前或向后接纳一切现成在手的元素，并对它们作出解释。这一转化过程从来不会是"实在的"，可以说它是持续的，也即拥有一种"永恒绵延"（ewige Dauer）。在此，道德被理解为一种同时是内在亦是外在的成熟过程，它是某种成熟所带来的"结果"（Ergebnis），而非某一积极计划与行动之起点（Ausgangspunkt）。

　　有意思的是，这种行动之发生事件的"实在化"依赖于在何种程度上这一整体过程被经验为"担负着的"（tragend）（比较诸如"凤"、"龙"之类的图像式符号的意义），也就是说，一切可理解性的前提性地基以及我们的思想和动作本身的来源并非通过像"存在"、"理念"之类基础概念所规定的，而是持续地处于流变之中。这里所触及的是深层结构（Tiefenstrukturen），它澄清的是在哲学的、宗教的、政治的、社会的以及日常—生活世界领域中的种种特定的联结（Konnex）（例如天／人—地／自然／社会之间的紧密联结）。它也可以用来解释"平衡"的主题，其中之一就是像"阴—阳"这样的在自身之中受到驱动的均衡补偿（Aus-gleich）的关系。它通向一种需要赢获而非定前的和谐，用

---

①　Jullien, *Dialog über die Moral. Menzius und die Philosophie der Aufklärung*, Berlin, 2003, p.51 ff.

西田几多郎的话来说，一种"非连续的连续的"和谐。

六、结论："丰饶的差异"

对我而言，亲熟和陌异之间的张力场（Spannungsfeld）可以放在多种多样的层面加以详尽的探讨，并且也必须如此。在这篇文章中，我仅仅涉及少数几个方面。认真对待"陌异经验"，也是意识到，亲熟者并不尽然亲熟，正如陌异并不全然保持陌异一般。借由陌异经验实现一种朝向本己的回归，本己从自身而言是易碎的，通过亲熟和陌异之间的交往，复又出现的新的可能性。亲熟和陌异自身并非起点，而是持续的、交互成长着的学习过程。只有在亲熟对我们来说变得陌异的地方，它才能向我们敞开，敞开于一切能够想象的领域。陌异性和陌异经验成为跨文化对话及其转化过程的灵丹妙药。

令我尤其感兴趣的是处理不同的基础结构以及那些不可否认的文化差异的方式与方法，为了能够在一种对双方来说都是富有成果的对话中赢获这种方式与方法，这需要超越简单化的普遍主义与相对主义观念。为此，我们所需要的不仅是对方法论的、系统的，还有对基础概念的澄清工作，以便让它们能够在文化世界、生活世界之中以及跨学科地联结起来。复杂性的加剧是不可回避的，它是贯穿于每种文化之中的文化内的、文化间的、跨文化的以及深层结构的标记的一种外部显像，反过来，这种复杂性可以朝向一种丰饶的、互相敞开并且认可的对话文化而敞开自身。与之相应的，要注意非对等性，敏感于差异，认真对待场所性的处境，以及认知的、美学的以及道德上的偶然性；与之相关的是洞察那些具有创造性的可能性。这种可能性从陌异[性]经验而来，重要的是把每个本己都抛回到自身，以便更加深入地——例如以批判的、修正的方式——在自身中理解自身。既不过分悲观也不过分乐观的解决方案在于：尝试不同的道路，以便让文化世界为彼此而敞开，无论从内部还是从外部。积极意义上的自身启蒙同时意味着深化，反过来，它使得唤醒交互的攀升可能性成为可能。因此，我谈论一种"丰饶的差异"①，它必然在所有的维度上发挥作用，包括文化世界和思想世界之间的截面的、水平的以及垂直的视角。

---

① Stenger, *Philosophie der Interkulturalität*, 见多处。

论王阳明一体之仁思想中的个体性

——兼论舍勒的"同一感"观念

卢盈华①

内容提要:本文探讨在儒家心学中一体之仁模式之中是否存在个体边界与自我意识问题,并与德国现象学家舍勒的"同一感"观念做出比较。万物的本性共同地源于天之所赋,共同地具有良知并相感通。就万物同源、生命相通、克去私欲、仁爱的无限开放之视角而言,确实不存在个体间的界限。然而,在对价值之践履的动态过程来看,王阳明并未取消个体间的区别。如何实现精神、道德价值,如何践履心的主宰能力,如何致良知,每个人展示出其独一的人格。"万物一体"模式与舍勒思想中取消个体性的"同一感"观念具有显著的不同。

关键词:王阳明 舍勒 一体之仁 个体性 同一感 爱

本文是笔者《儒家思想中同情、爱与仁之体验》的姊妹篇②。在那篇文章中,笔者得出如下结论:在儒家传统中,仁初步表现为恻隐与同情,而仁根本上是爱的体验。仁这种体验模式是儒家传统内具体的博爱,其基础是万物之中天赋的作为灵明精神之良知的感通。从存有论来看,一体之仁是差等之爱的建构。从认识论和道德实践来看,差等之爱是认知和培养一体之仁的线索与途径。在本文中,笔者着重探讨儒家心学一体之仁模式之中的个体性问题,并与德国现象学家舍勒(Max Scheler,1874—1928)的"同一感"观念做出比较。

一、一体之仁与爱

作为仁的爱,并不是差等之爱,而是在一体观下的博爱(或曰仁爱)。如孟子所言,"亲亲而仁民。"(《孟子·尽心上》)这一点在宋明儒学中得到了更明确的表述。程明道说:

---

① 卢盈华,美国南伊利诺伊大学哲学博士,华东师范大学思勉人文高等研究院副教授。主要研究领域为中国哲学、现象学、伦理学。本文是作者所主持的国家社科基金青年项目"儒家心学中的道德情感现象学研究"(16CZX034)的阶段性成果。
② 卢盈华:《儒家思想中同情、爱与仁之体验》,见《中国诠释学》第15辑,山东人民出版社2017年版。

医书言手足痿痹为不仁，此言最善名状。仁者以天地万物为一体，莫非己也。认得为己，何所不至？若不有诸己，自不与己相干，如手足不仁，气已不贯；皆不属己。故博施济众乃圣人之功用。仁至难言，故止曰："己欲立而立人，己欲达而达人，能近取譬，可谓仁之方也。"欲令如是观仁，可以得仁之体。

学者须先识仁，仁者浑然与物同体，义礼知信皆仁也。①

这里的问题是：王阳明所阐发的"一体之仁"，究竟是同情，还是爱？是被动的、对价值盲目的，还是主动的、创造性的？儒家的仁是否如基督教的博爱和佛教的慈悲那样，能够克服世俗私爱的有限性？

王阳明说："见孺子之入井，而必有怵惕恻隐之心焉，是其仁之与孺子而为一体也……"（《大学问》）②一体之仁虽然以恻隐、伤痛所展示的同情初始地表现出端倪，但并非仅仅止于此。一体之仁乃是以深度的爱和是非之心最终得以实现。王阳明说：

> 明明德者，立其天地万物一体之体也，亲民者，达其天地万物一体之用也。故明明德必在于亲民，而亲民乃所以明其明德也。是故亲吾之父，以及人之父，以及天下人之父，而后吾之仁实与吾之父、人之父与天下人之父而为一体矣。实与之为一体，而后孝之明德始明矣。亲吾之兄，以及人之兄，以及天下人之兄，而后吾之仁实与吾之兄、人之兄与天下人之兄而为一体矣。实与之为一体，而后弟之明德始明矣。君臣也，夫妇也，朋友也，以至于山川鬼神鸟兽草木也，莫不实有以亲之，以达吾一体之仁，然后吾之明德始无不明，而真能以天地万物为一体矣。夫是之谓明明德于天下，是之谓家齐国治而天下平，是之谓尽性。③

王阳明这里明确地指出一体之仁的深层实质是爱，"亲民"不仅仅是被动地感到同情，更是主动的亲近、关爱。分别来说，由恻隐引导立万物一体之体，由爱以达万物一体之用。建立在爱之上的恻隐（及其克制）是真实无偏的恻隐（及其克制）。终极来讲，体用不二，深层的爱与其所建构的恻隐共同构成了万物一体的感通模式。事实上，朱熹也将爱与仁联系在一起。不过阳明的主张与朱熹的二元论不同。朱熹将爱看作"用"，乃是从作为"体"的理中衍生而来。④ 朱熹和程颐担心人们会将爱认作理本身，主张仁只是爱之理。（《仁说》）⑤而对于阳明来说，将爱的行为看作理本身，并无不妥。我们需

---

① 《二程遗书》卷二上。
② 《王阳明全集》，吴光等编校，上海古籍出版社1992年版，第968页。
③ 王阳明：《大学问》，见《王阳明全集》，吴光等编校，上海古籍出版社1992年版，第968—969页。
④ 朱熹的性（理）情（气）不离不杂说，虽然也反对将二者分离，但在本质上二者却是不同的。而阳明则认为理就在于心的有序活动本身。
⑤ 朱熹：《晦庵先生朱文公文集》第67卷（《朱子全书》第二十三册），上海古籍出版社2010年版，第3280页。

要区分爱的活动之有序模式和无序模式,而无须设定一个与用本质上分离的体。

王阳明之所以力反朱熹认定"新民"才是《大学》中的原有文字,与他反对以知识、学问作为道德实践之基础,而主张从既先天又可经验的道德情感来阐明我们的理想道德体验是相关的。《说文解字》写道:"亲,至也。"虽然词源的含义与王阳明思想中的含义不尽相同,"亲民"中原初的"至"的主动含义得到了保留。在孟子的"亲亲而仁民"之表述中,人们对人民的仁虽然不只是被动的同情,但这种爱不及爱父母之深度。而在王阳明"亲民"的解释中,主动爱的范围扩展到了所有人民的领域。这二者并不存在根本矛盾,在功夫次第上"亲民"开始于"亲亲"。而即便亲民中的爱,在具体深爱之程度上,也是不及亲亲之爱的。从这个角度也可以说"仁民"。《传习录》卷三记载了一则对话:

> 问:"大人与物同体,如何《大学》又说个厚薄?"
>
> 先生曰:"惟是道理,自有厚薄。比如身是一体,把手足捍头目,岂是偏要薄手足,其道理合如此。禽兽与草木同是爱的,把草木去养禽兽,又忍得。人与禽兽同是爱的,宰禽兽以养亲,与供祭祀,燕宾客,心又忍得。至亲与路人同是爱的,如箪食豆羹,得则生,不得则死,不能两全,宁救至亲,不救路人,心又忍得。这是道理合该如此。及至吾身与至亲,更不得分别彼此厚薄。盖以仁民爱物,皆从此出;此处可忍,更无所不忍矣。《大学》所谓厚薄,是良知上自然的条理,不可逾越,此便谓之义;顺这个条理,便谓之礼;知此条理,便谓之智;始终是这条理,便谓之信。"①

孟子更多地从爱的深度方面上来理解"亲",故而谈"亲亲"。而王阳明更多地从爱的主动方面来理解"亲",故而谈"亲民"。尽管他们使用不同的词汇,所表达的却是没有多大分别的。

此外,这段话也印证了万物一体的实质在于爱。正是由于爱的存在以及爱的差异,人们有时要克制恻隐之心,如为了父母生命健康,要舍得供养肉类。万物之间有"厚薄",要"舍得",这说明爱比恻隐更为根本。

二、一体之仁与同一感在个体性上的差异

在探讨一体之仁模式下的个体性之前,我们先简述舍勒对于"同一感"的论述。这可以有效地帮助我们在对比之下,澄清一体之仁的特征。

舍勒在《同情的本质与形式》一书中,澄清与同情和爱相关的感受。其中关于与同情

---

① 《王阳明全集》,吴光等编校,上海古籍出版社1992年版,第108页。

（Sympathie）相关的感受，他区分了四种类型：（1）共同感受（Miteinanderfühlen/community of feeling）；（2）共感（Mitgefühl/fellow-feeling）；（3）感受感染（Gefühlsansteckung/emotional infection）；（4）同一感（Einsfühlung/emotional identification）。其中共感是真实意义上的同情，一个人参与和分享另一人的喜悦和悲伤。在同一感中，一个人依附于他人到如此程度，以至于丧失了个体性，而依照另一人或一个群体而生活。同一感是情感感染的极致，它也不是真实的共感。在同一感中，有两种对立种类的体验：原发的（idiopathic）与他向的（heteropathic）。① 在前一种情形下，一个人剥夺了另一人（或一个群体）的自我意识，使其同化于自己。在后一种情形下，一个人被催眠和上枷锁，使其自己同化于另一人或一个群体。

舍勒随后讨论了形上学同一化。形上学一元论（metaphysical monism）将所有的人还原为一个基本的单位或本质，比如性驱动（弗洛伊德）、意志（叔本华和尼采等）。尽管这些理论在打破隔绝个体的狭隘边界方面具有其积极意义，但是个体的独特性和尊严也被形上一元论消解了，因为它忽视了每个个体之间不可化约的区别。

在认识论的意义上，舍勒认可同一感是共感的引导线索。同一感发生在任何活的有机体中。同一感奠基（found）了共感，共感则建构（ground）了同一感。就认知实践而言，较易于体验到的同一感是了解共感的线索，是实践的起点（而非归宿）；而就其发生与存在而言，同一感出现时，共感作为其依据已经隐含地出现了。在存有论的意义上，一旦我们认识到共感的含义——它预设了他者的被给予性——那么我们便认识到共感建构了同一感。在同一感的体验中，人们没有认识到他者的被给予性，而事实上他者已经被给予，正是如此，同一感才得以作为初级模式的共感发生。

简而言之，相较于同情与爱，同一感是共通感受的初级模式。爱预设了不可还原的绝对的个体，而同一感中个体性和人格性的含义非常微弱。从易于体验与有助于培养同情和爱而言，同一感是有益的；而从操控和盲目的意义来讲，它又是危险的。唤醒同一感有重要意义，它是进至人格爱的前提，然而止步于同一感却是不足的。② 那么，儒家心学，尤其是阳明心学中的万物一体模式，是否就是舍勒意义上的同一感呢？

一体之仁的发生，乃是由于仁者与天地万物可以感通。我们所要探讨的问题是：仁者与万物的感通是否将他者还原为自我？抑或是将自我还原为他人？还是自我与他人之间不存在绝对的界限，可以被共同还原为某种存在？如果是前一种情况，这种学说将是一种自我中心主义或利己主义。如果是第二种情况，自我便陷入丧失了自我意识的

① 参见 Max Scheler，*The Nature of Sympathy*，trans.，Peter Heath（New Brunswick and London：Transaction Publishers，2008），pp.18-19。编者注：在舍勒之前，胡塞尔讨论过"同感"（Einfühlung），施泰因（Edith Stein，1891—1942）则区分了"同感"与"同一感"。

② 参见张任之：《舍勒与宋明儒论一体感：一项现象学的与比较宗教学的探究》，《世界宗教研究》2017年第4期。

同一感中。如果是第三种情况，它将是舍勒所批判的形上的一元论。程颢字面上表述出"莫非己也"，似乎具有还原他者为自我的倾向。然而，"一体"、"同体"的表述已然既否认了将此"体"认作他人的，也否认了认作自我的。区分此体究竟是谁的，是不可能的；对于一体观的论者来说，也是不应当的。由于不属于任何一个具体之物，此"体"也可被看作"无体"。正是根据这种诠释，黄玉顺教授认为：

> 舍勒所说的具有"爱的秩序"的"爱的共同体"，作为人格的共同体，乃至上帝秩序，本质上是主体性存在者的世界；而儒学所说的"一体之仁"尽管也有这层意思，却具有一种更为本源的观念层级。儒学所说的"一体之仁"，固然具有伦理学的观念层级，例如，原创时代孔孟儒学之后的那种"性→情"观念，此"情"即是伦理意义上的主体性的道德情感；并且具有本体论的观念层级，例如本文所述的阳明心学的"大人之学"，仁爱被理解为作为本体的良知；然而在儒学，尤其是孔子和孟子的儒学中，"一体之仁"首先乃是一种前伦理学、前本体论的事情，乃是一种前哲学、前形而上学的事情，这是更其本源的"情→性"观念。这里，"一体之仁"是说的在本源情境中的共同存在、共同生活的情感显现；在这种本源情境中，主体性、对象性都还没有生成，乃至任何物、任何存在者都还没有显现出来。这样的"一体"恰恰正是"无体"：这是真正本源的"形而上"——"神无方而易无体"。①

在原始儒学和所有的宋明儒学之间是否存在"情→性"与"性→情"之间的对立，是值得商榷的。事实上，程颢和王阳明并非先抽象地预设一个本体，建立一个形上学的架构，而后将道德情感看作由此本体而生，如同朱熹的进路那样。情与理的关系，恰如感受与价值的关系。情与性的关系，正如感受与理想（合"理"）人格性的关系，而人格性既在于理在人行为中的具体化，也在于情的普遍化与扩充。"性即理"，表达了真性在于体现和践履较高的精神价值。② 情与性（或理）两者之间相互关联，并非其中之一在存有论上居先，而另外一物由它而生。在现象学的明察中，本质预设了现象学直观，而现象学直观也预设了本质的存在。无感受则无以指明与确证价值的客观性，而无客观的价值则无以衡量感受的有序性。王阳明写道：

> "生之谓性"，"生"字即是"气"字，犹言气即是性也。气即是性，人生而静以上不容说，才说气即是性，即已落在一边，不是性之本原矣。孟子性善，是从本原上说。然性善之端须在气上始见得，若无气亦无可见矣。恻隐、羞恶、辞让、是非即是

---

① 黄玉顺：《论"一体之仁"与"爱的共同体"》，《社会科学研究》2007 年第 6 期。

② 参见 Lu Yinghua，"The A Priori Value and Feeling in Max Scheler and Wang Yangming，"*Asian Philosophy*，24:3（2014），pp.197–211。

气，程子谓"论性不论气不备，论气不论性不明"。亦是为学者各认一边，只得如此说。若见得自性明白时，气即是性，性即是气，原无性、气之可分也。①

人的超越本性与情所属的气所代表的经验性本不相分离，性、理即体现于有序之气的活动（纯气、元气）。在情与性的相互关联上，程颢、王阳明与孔孟是一致的；他们至多在侧重上有所不同。在澄清此点之后，我们可以将"一体之仁"视为儒家心学的整体的一种体验模式来处理，而不是看作某个哲学家独一的理论。在黄玉顺教授看来，在"一体之仁"中，主体性和对象性尚未生成；因而并无自我与他人之间的分界。陈立胜教授也持类似的观点：

> 在上述对"恻隐之心"的生命体验的描述之中，儒者着力强调的是吾人之身与他人之身、天地万物之身的一体相通性。在这种一体相通性之中，"我"对他者的痛苦的体验全然是切己、切身的体验，其中并未凸显人我之分别、利他与利己之辨析的旨趣。②

这种解释有其文本和哲学上的理据。然而，我们不能排除其他合理的诠释，据此认定儒家拒斥个体性。打破人我、主客对立，确实是中国哲学的特色，牟宗三称中国哲学的特色是"圆而神"，区别于西方的"方以知"。③ 不过，这种解释是否陷入了舍勒所批判的形上的一元论？儒家的这种存有论模式，与道家的"万物与我为一"如何区分（《庄子·齐物论》）？本文认为，不同于佛教对于主体和客体之固化同一性（自性）的打破，也不同于道家对主体和客体的浑化融蚀，儒家虽然不将人看作原子的存在，亦不将主客对立起来，却也在特定意义上确保了主体性与个体人格。

孔子曰："我欲仁，斯仁至矣。"（《论语·述而》）又说："为仁由己，而由人乎哉？"（《论语·颜渊》）孔子此处肯定了个人的道德自主能力。孟子更谈到本心对于义的偏好甚于生命（《孟子·告子上·十》），而偏好是一种个体的合意感受。他也描述了良知良能中包含的有序的道德情感（《孟子·尽心上·十五》）以及对个体人格的尊重（《孟子·公孙丑上·二》）。由于人性的完成在于对四端之心的扩充，人格可以被理解为仁义礼智的行为之统一。这些都表达了个体性与主体性的确立及其所具有的自主能力。《中庸》写道："是故君子戒慎乎其所不睹，恐惧乎其所不闻。莫见乎隐，莫显乎微。故

① 王阳明：《传习录》卷二《启周道通书》，见《王阳明全集》，吴光等编校，上海古籍出版社1992年版，第61页。
② 陈立胜：《恻隐之心："同感"、"同情"与在世基调》，《中国哲学》2011年第12期。
③ "我们的感性与知性所搅扰而扭曲的人生与宇宙不是人生与宇宙之本来面目。这是人生与宇宙之僵滞。"牟宗三：《现象与物自身》（《牟宗三先生全集》卷二十一），台北：联经出版事业股份有限公司2003年版，第30页。

君子慎其独也"(《中庸·第一章》)。对人所不知不察而已所独知察觉之迹象保持警惕谨慎，预设了个体道德意识的明察和自我纠正能力。①《大学》将修身作为齐家和平天下的根据，对自我德性的培养优先于对社会的治理。总之，在原始儒家那里，个体的独一性与主体性得到了肯定。牟宗三将"挺立道德主体"归为儒家的特质，并以康德诠释儒家，也正可以在原始儒家中找到依据。

三、不可化约的自我之个体人格

王阳明是否取消了个体的意志、品格、爱恨等行为？王阳明在《大学问》中这样论述一体之仁：

> 大人者，以天地万物为一体者也。其视天下犹一家，中国犹一人焉。若夫间形骸而分尔我者，小人矣。大人之能以天地万物为一体也，非意之也，其心之仁本若是，其与天地万物而为一也，岂惟大人，虽小人之心亦莫不然，彼顾自小之耳。是故见孺子之入井，而必有怵惕恻隐之心焉，是其仁之与孺子而为一体也。孺子犹同类者也，见鸟兽之哀鸣觳觫，而必有不忍之心，是其仁之与鸟兽而为一体也。鸟兽犹有知觉者也，见草木之摧折而必有悯恤之心焉，是其仁之与草木而为一体也。草木犹有生意者也，见瓦石之毁坏而必有顾惜之心焉，是其仁之与瓦石而为一体也。是其一体之仁也，虽小人之心亦必有之。是乃根于天命之性，而自然灵昭不昧者也，是故谓之"明德"。小人之心既已分隔隘陋矣，而其一体之仁犹能不昧若此者，是其未动于欲，而未蔽于私之时也。及其动于欲，蔽于私，而利害相攻，忿怒相激，则将戕物纪类，无所不为，其甚至有骨肉相残者，而一体之仁亡矣。是故苟无私欲之蔽，则虽小人之心，而其一体之仁犹大人也；一有私欲之蔽，则虽大人之心，而其分隔隘陋犹小人矣。故夫为大人之学者，亦惟去其私欲之蔽，以明其明德，复其天地万物一体之本然而已耳。非能于本体之外，而有所增益之也。②

王阳明这里所说的一体，是就身体、生命的层次而言的。"形骸"无分"尔我"。身体和生命具有广泛的意义：不仅仅所有现实生命的存在可与我相通，瓦石等物也被赋予了生命。一块石、一泓水、一粒沙也可体现精神的价值，③与人发生情感的互动，而不只是被作为客体来掌控，故而说，它们也是"活的"。人与万物感通的依据，不只在同类的

---

① 当然，慎独功夫并不是完全依靠自力，《中庸》中的慎独体验也显示了鬼神的作用。

② 《王阳明全集》，吴光等编译，上海古籍出版社 1992 年版，第 968 页。

③ 参见 Anthony Steinbock, *Phenomenology and Mysticism*：*The Verticality of Religious Experience*（Bloomington and Indianapolis：Indiana University Press，2009），introduction。Steinbock 认为元素的存在可以体现神圣。

人、不只在动物之具有知觉、不只在草木之具有现实生命,乃根于"天命之性"。物的本性共同地源于天之所赋,共同地具有良知并相感通。就万物同源、生命相通、克去私欲的视角而言,确实不存在个体间的界限。此外,就爱的开放性之无限而言,就恻隐作为引导而言,我们也可以阐明万物一体。

然而,在对价值的践履之动态过程来看,王阳明并未否定个体间的区别。大人与小人的区别,恰恰在于是否能体认一体之仁。如何实现精神、道德价值,诸如通过如何践履心的主宰能力,如何致良知,每个人展示出其独一的人格性。

王阳明多处谈到良知本心之存有和发用在于"自家":

> 人只要成就自家心体,则用在其中。①

此处王阳明肯定了个体自身的心体之存在和自我成就心体的能力。

> 大抵吾人为学紧要大头脑,只是立志,所谓困忘之病,亦只是志欠真切。今好色之人未尝病于困忘,只是一真切耳。自家痛痒,自家须会知得。自家须会搔摩得。既自知得痛痒,自家须不能不搔摩得;佛家谓之方便法门,须是自家调停斟酌,他人总难与力,亦更无别法可设也。②

这里阳明肯定了自我的"知"道德不足之能力与意志力,立志与道德践履主要依靠自身的努力。具体地说,是对天理良知的实现。

> 尔那一点良知,是尔自家地准则。尔意念着处,他是便知是,非便知非,更瞒他一些不得。尔只不要欺他,实实落落依着他做去,善便存,恶便去。他这里何等稳当快乐。此便是格物的真诀,致知的实功。若不靠着这些真几,如何去格物?③

作为对精神价值的明见性,良知是主观方面的道德准则和道德实践的动力,对应于客观方面的天理所代表的精神价值。良知包含了爱、偏好、价值感受、四端之心等先于价值的行为和对价值的意向。④

> 心者身之主宰,目虽视而所以视者心也,耳虽听而所以听者心也,口与四肢虽

---

① 王阳明:《传习录》卷一,见《王阳明全集》,吴光等编校,上海古籍出版社 1992 年版,第 21 页。
② 王阳明:《传习录》卷二·启问道通书,见《王阳明全集》,吴光等编校,上海古籍出版社 1992 年版,第 58 页。
③ 王阳明:《传习录》卷三,见《王阳明全集》,吴光等编校,上海古籍出版社 1992 年版,第 92 页。
④ 参见 Lu Yinghua,"The A Priori Value and Feeling in Max Scheler and Wang Yangming," 2014。

言动而所以言动者心也，故欲修身在于体当自家心体，常令廓然大公，无有些子不正处。主宰一正，则发窍于目，自无非礼之视；发窍于耳，自无非礼之听；发窍于口与四肢，自无非礼之言动；此便是修身在正其心。然至善者，心之本体也，心之本体那有不善？如今要正心，本体上何处用得功？必就心之发动处才可着力也。心之发动不能无不善，故须就此处着力，便是在诚意。①

心体是自家之心体；修身、正心、诚意，乃至于致知、格物，主要是个体自家之事。个人对超越之性（真性）和天理的践履，塑造了他自身的个体之性。个体的人格性是动态地形成的，而不是一成不变的。王阳明说："盖不睹不闻是良知本体。戒慎恐惧是致良知的功夫。学者时时刻刻常睹其所不睹，常闻其所不闻，功夫方有个实落处。久久成熟后，则不须着力，不待防检，而真性自不息矣"。② 个体之性（即个体的践履之过程的统一）就在修身、正心、诚意、致知、格物等具体行为的统一中展示出来。在对这些行为的践履中，个体的人格性的伟大与卑劣之分便显示出来（大人与小人），个体间的分际也在这些行为中显示出来。

四、结　语

儒家个体性的标志在于对价值的实现之践履，而不在于欲望，亦不在于生命之相通。舍勒亦肯定生命的相通、"一体"：

> 另一方面，存在着这样的行为者，它支配形式与生命的反应之发展，比如自发的运动，表达的言语和活动。我们仅仅在意识的生命层次部分地和不充分地觉知到这种力量（比如，在所感到的生命和死亡的力量中，在对各自的特定冲动中）。但是，这种力量我们必须设定为真实的，以便解释在生命进程中确切地非机械的事物，它们可以被客观地研究。现在我们认为这是一个单独的、自身相同的现实，不过我们当前的论点是，在本质、存在和运行上，就人格结构来说，它与精神是相当不同的。③

就对个体精神人格的坚持而论，王阳明的一体之仁与舍勒所论的取消了自我意识的同一感有着显著的不同。一体感是被剥夺了个体人格的同化于他人，以更为直接地感到"他者"的感受，属于生物之本能；而一体之仁的恻隐中，人们则在坚持个体人格

---

① 王阳明：《传习录》卷三，见《王阳明全集》，吴光等编校，上海古籍出版社 1992 年版，第 119 页。
② 王阳明：《传习录》卷三，见《王阳明全集》，吴光等编校，上海古籍出版社 1992 年版，第 123 页。
③ Scheler, *The Nature of Sympathy*, pp.75—76.

时,直接去切身地体会他人的痛苦。吊诡的是,此时,人们又清楚地知道这是他人的痛苦,进而为他人而痛苦。我不是利己地将他人还原成我的处境与感受,而是设身处地地考虑对方的实际处境与感受。从最真切的体验来说,人们将他人的痛苦全然体验为自己的,是不可能的。对自己的疼痛只有自己的意识是最真实可靠的,同理他人的疼痛意识我也不能完全直接感受到。无论说辞如何高妙虚玄,人我疼痛之区别在生物学上也是不能被抹杀的。即便是无自我意识的同一感,也是在意识上近似地代入他者,仿佛是同一个身体,而毕竟是两个身体。比同一感更高意识层次的一体之仁,更不可能将他者与自己的躯体相等同,在本源上直接完全地感受他人的痛苦。

既然一体之仁容易招致误解,为何宋明儒大力提倡它?这乃是源于它可以避免一些道德误导。如果只提倡爱,人们容易陷入爱的偏私性中。如果只提倡同情,人们容易仅仅将痛苦看作他人的,没有任何切己的感受。而如果提倡同一感,则人们又丧失了人格的独立性。在一体之仁的模式中,人们先自发地去体会他人的痛苦,获得一些切己感受(不能全然获得)。是为恻隐。同时不止步于此,而将此痛苦归还到他人的具体遭遇中,为他人解决困难,这避免了利己主义的误区。是为同情。恻隐是同情的初步强烈表现,而同情是恻隐的本质与归宿。而这些得以发生的根源动力则在于爱。相比于从无己亦无他,或人我消弭于同体的角度来诠释一体之仁,笔者侧重从有己亦有他,先重己后重他的交互角度去诠释,以更好地保全人格性与个体性。此外,若说人们乃是有意识地将他人的痛苦体会为"非己"亦"非他"的同体之痛,仍可商榷,盖此同体之痛在一定意义上仍是自己切身地感受到的,因此不如说体会为自己的更平实。

一体之仁同时传达了爱模式下的个体性与同一感所包含的一体性,却避免了同一感的盲目性以及偏私的爱所蕴含的负面含义。感通不只是痛苦之感通,一体之仁的本质是具体的博爱,它是真实同情的基础。之所以痛苦之感通被重点描述,是因为表层的恻隐同情是道德践履的起点,易于实践。在真实同情也缺失的时候,才需要唤醒同一感。而同一感仍需进至同情与爱,道德实践才是理想有序的。

对儒家自我、主体的诠释具有以下的进路:社会性的关系自我(淹没于关系网的无我);普遍性的义务自我(与康德接近);消融于一体中的无个体大我(与道家接近);主客具无自性的无我(与佛家接近)等。笔者认为,儒家(尤其就心学而言)的自我观念保持了个体人格的不可化约为他者外物的独特性,万物一体并没有消弭个体人格。不过,这种个体并不是原子式的孤立自我,也不是普遍的理性存在者。儒家的自我本身便是活动性的,本心良知自身就具备外发的趋向,如爱、恻隐等总是指向他者。在广义上,这种活动也可以被看作关系性的。不过这种关系不是世俗关系学意义上的人际关系与社会关系,而是更为本质的人格间的活动。初始的自我人格的根基在于心的初始道德活动,这方面具有普遍性;而自我现实人格的独特性就体现在行为者对价值进行践履的动态统一中。换言之,自我人格或个体同一性(identity)是在实践的过程中不断生成的。

现代性语境中的庄子与苏格拉底

孙冠臣①

内容提要:在回溯人类思想源头的过程中,通过将庄子与苏格拉底对置,探讨两种不同思想路径在人类面对现代性危机中所能够发挥的作用,尤其是它们对现代人的自我救渡之相关性。庄子思想的本质在于"逍遥"与"养生",其言说方式是三言(寓言、重言、卮言);苏格拉底思想的本质是"知识",其言说方式是逻各斯、理性、逻辑论证。两种不同的文脉传承皆是对人类自由本质的表达,都是对人之有限性的一种超越。外求知识,内求养生,二者的融会贯通就成为应对现代性危机的一种可能。

关键词:庄子 苏格拉底 现代性 自我救渡

一、重新认识庄子与苏格拉底的必要性

在思考"现代"抑或"后现代"的语境中,现代人的"身份"着实尴尬:尼采称其为"颓废者"(décadent),海德格尔以"常人"(das Man)概念指涉其非本真的存在方式,阿伦特甚至用"恶之平庸"(the banality of evil)来讨论民众的生存状态②。利奥塔曾针对他的《后现代的状况》(1979)解释说,"后现代"这个概念只起着一个"警世告示"的作用,它是用来表明:在"现代性"之中存在着某种正在"颓废"的事物③。利奥塔研究后现代的主要对象是高科技社会中的知识状况,其主题涉及科学—技术的状况和地位,技术专家的政治地位,当今知识与资讯的控制等,颓废的事物就来自于支撑科学知识和后工业社会的计算性思维,这种计算性思维被两千多年前的庄子称为"机心"(《庄子·天地》)。

第二次世界大战以后,西方与东方的思想界先后加入现代性危机的讨论中,现代性问题虽然已经在少数人的口中成为"专名",但作为他们分析对象的"颓废者"、"常

---

① 孙冠臣,兰州大学哲学社会学院教授。本文受"中央高校基本科研业务费专项资金"资助,项目编号:16LZUJBWZD016。

② 编者注:中文文献中多以"平庸之恶"翻译阿伦特的用语(the banality of evil),究其词义,应为"恶之平庸"。

③ 转引自高宣扬:《当代法国思想五十年》(第2版)下册,中国人民大学出版社2016年版,第392页。

人"、"民众"却自觉或不自觉地追求并享受着现代性所带来的种种好处：消费丰富且花样翻新，个人意识膨胀且受法律保护，各种价值和幸福触手可及且可以永不满足。如果说对"民众"而言，现代性也存在着危机的话，那也只是由于大工业生产和商业消费文化所带来的副产品，比如环境污染问题、假冒伪劣问题、通货膨胀问题，但这些问题总是被归咎于资本家或者政府的"良心"问题以及"技术进步"的问题。现代人作为颓废者，却又不甘于平庸，转而寻求持久的刺激和激情，热衷于"极限"、"纹饰"和"表演"，一切罪责都隐含着深层次的社会责任，通过挖掘深层次的社会责任与"集体罪责"来寻求自己的清白无辜。然而，对于不甘于"平庸"，不甘于"颓废"的人来说，最急迫的问题不是通过彰显个人、个性跳出社会，摆脱历史，而是寻求对现代性问题的理解和追溯，通过理解表达对现代性的反抗，通过追溯实施对现代性问题的诊断。

对现代性的"反抗"如果仅仅停留于对"启蒙"的反动，对技术的抵制以及对资本的"诅咒"，那么，颓废者必然会继续颓废下去。在现代性的诊断中，尼采、海德格尔敏锐地发现，现代性的病因早在苏格拉底那里就种下了。我们必须重新追溯、认识苏格拉底。中国的现代性问题比较复杂，不仅涉及古今之争，还涉及中西之争，虽然不至于怪罪到苏格拉底头上，但也与肇始于西方的现代化路径具有本质性的关联。随着中国现代化道路的不断推进以及走向世界、融入世界的脚步越来越密集，与现代性问题相伴生的中国性问题也冒了出来，中国性问题的核心在于中国在融入世界的过程中自我身份丢失的问题、自我认同的问题以及世界如何认识和理解中国的问题。为了探讨"中国性"与"现代性"问题的本质相关性以及中国在现代化过程中如何走出"现代性"危机以及如何有效避免"现代性"中存在着的"颓废"，我们将在追溯与理解中把庄子与苏格拉底对置（Auseinandersetzung）①。

"庄子与苏格拉底对置"的目的不只是为了比较东西方文化，而是通过这种对置更好地理解和诊断现代性。在现代性语境中回溯到庄子和苏格拉底，回溯到东西方各自思想文化的源头，不仅有助于理解发端于不同思想文化源头的两种文化路径，理解各自代表着人类世界两种不同思想文化的历史，而且可以寻求两种不同的历史传承在现代性语境中是否具有汇通的可能性。一方面，它们代表着两种不同思想文化的未来；另一方面，我们可以洞察到，两种不同思想文化皆是对人类的本质——自由——的表达，都是对人的有限性的超越。

二、苏格拉底的"德性"

西方哲学—科学传统受到希腊—希伯来两希文明母体的养育，希腊指的古希腊哲

---

① 编者注：作者所使用的"对置"概念来源于海德格尔的 Auseinandersetzung。关于这一术语的解释，参见马琳：《海德格尔论东西方对话》，中国人民大学出版社2010年版，第156—161页。

学,以柏拉图主义为其典型代表;希伯来指的是犹太教—基督教传承,如果我们赞成尼采的论断,将基督教看作是民众的柏拉图主义的话,那么,整个西方哲学—科学传统可以一言而蔽之为"柏拉图主义"。柏拉图主义的本质特征在于两个世界的理论:一个是感性世界,这个世界只有意见,既存在又不存在,是影子和假象的世界;一个是超感性世界,这个世界属于存在,知识的世界,也是真实的世界。相应地,柏拉图一方面区分了知识和意见(doxa):知识是关于"是"或"存在"的,意见是关于既存在又不存在的事物的①;另一方面区分了灵魂和肉体。这些区分同时意味着等级的划分:超感性世界是真实的世界,认识超感性世界里的原形、理念、本相、至善的知识是真理;灵魂比肉体高贵,早在坠落到世间被肉体玷污之前,灵魂就在天国里认识了这些真知识。由此,正义与幸福必然由灵魂的和谐所规定,也就是说,灵魂必须统摄肉体(欲望)。柏拉图主义所确立的上述知识之路的源头在苏格拉底那里,苏格拉底开创了西方理智主义的传统,其言论就隐藏在柏拉图的对话与色诺芬的回忆录中。接下来,通过整理与分析他的几个关键命题,我们揭示其思想本质、言说方式与风格。

(1)苏格拉底的求知欲:根据《斐多》的记载,苏格拉底对凯伯斯说:

> 当我年轻的时候,对所谓自然的知识特别感兴趣。我想,如果我知道了每件事的产生、持存和消亡的原因该多好!……我原以为,无论在别人或我自己看,都清清楚楚知道了的,现在我却怀疑起来,我老在想,以前原以为认识了的,却原来一无所知,特别是关于人的成长的原因更是如此。(96a—d)②

在这段引文中,关键的是获得知识就是认识事物的"原因"。众所周知,第一哲学就是认识世界本原(arche)的学说,对原因的追问最后在希腊哲学的集大成者亚里士多德《物理学》中得到体系性的呈现。苏格拉底的求知欲因此成为"爱智慧"(philosophia)的最好体现和表达。

(2)德尔菲神庙的铭文与神谕:位于科林斯湾北岸的德尔菲(Delphi)神庙的墙上有一条箴言是:"认识你自己"("自知"),还有一条是"不要过分"(或称"毋过")。在《普罗泰戈拉》中,苏格拉底在历数包括泰利斯、梭伦、契罗在内的古代七贤后说:

> 他们都向往、热爱并学习斯巴达文化,因而他们的学识被认为具有同类的性质,他们的语言简洁易记,便于相互流传;他们还一起到德尔菲的阿波罗神庙去,向

---

① 柏拉图关于知识与意见的区分显然是受巴门尼德区分存在者存在与非存在存在两条道路的影响。不过,在巴门尼德那里,存在者存在之路通向真理之路,非存在者必然存在的道路并没有指向意见之路,而是指出这条道路不通,因此与柏拉图的"意见"是有区别的。

② Plato, *Complete Works*, edited with introduction and notes by John M. Cooper(Indianapolis: Hackett publishing company,1997),p.83.

神奉献自己的智慧,刻下了脍炙人口的铭文"自知"和"毋过"。(343b)①

苏格拉底的贡献在于将这两条铭文确立为一种哲学原则或一条哲学路线,把"自制"、"自知"、"理智"、"智慧"与"知识"联系起来,"自知"就不仅是品德上的谦虚和克制,而首先是知识上的真伪可靠与否。在《申辩》中,苏格拉底为自己辩护说,他的一个朋友到德尔菲神庙去问神,得到的神谕竟是苏格拉底是雅典城邦"最有智慧的人",苏格拉底认为神不会说谎,这条神谕的唯一解释是:苏格拉底之所以是最有智慧的人,是因为只有他自知自己无知(20d—21d)。

(3)苏格拉底最重要的命题:"唯知识者才有德性(arete)",这个命题的核心要义究竟是善与德性的问题(伦理问题),还是存在与真理问题(知识问题)?这完全可以放到古希腊存在与善二元区分的语境中争论,但在这里我们并不打算展开这场争论,而是将注意力集中于这个命题所带来的后果上。苏格拉底从"知识就是德性"出发,推出了"无人自愿为恶"的论断,因为唯有知识者才有德性,所以,无知即是罪恶。显然,在苏格拉底这里,知识、真理与美德、幸福就是一体的。他实际上用这个命题确立了一个知识万能的信仰,这种信仰在弗朗西斯·培根"知识就是力量"那里获得了它的近代表达,后来被尼采称为"理论乐观主义"或"科学乐观主义"。尼采说:"苏格拉底乃是理论乐观主义者的原型,他本着上述对于事物本性的可探究的信仰,赋予知识和认识一种万能妙药的力量"②。

苏格拉底的理论乐观主义信仰使得他最有资格成为唯智主义哲学传统的祖师爷,只有这种信仰才成功建基了西方形上学的传统,这种传统被尼采不客气地称为"形上学的妄想":"以因果性为指导线索的思想能深入到最深的存在之深渊,而且思想不仅能够认识存在,而且竟也能够修正存在"③。西方科学的本质特征之一就在于寻找事物的因果链,因果说明或论证是科学/理论的基本认识途径和手段。尼采认为:"自苏格拉底以降,由概念、判断、推理组成的机制被当作最高的活动和一切能力之上最值得赞赏的天赋而受到重视"④。

三、庄子的"逍遥"

庄子的思想直接承接老子的"大道",老子对"道"的态度很明确——不可说——"道可道,非常道",尽管如此,老子对"道"还是"强字之曰道","强为之名曰大",说了许多,而且不但说了"道",还配之以"德"——"道生之,德形之,畜之,成之",进而,"道

---

① Plato, *Complete Works*, p.774.
② 尼采:《悲剧的诞生》,孙周兴译,商务印书馆2012年版,第112页。
③ 尼采:《悲剧的诞生》,孙周兴译,商务印书馆2012年版,第110页。
④ 尼采:《悲剧的诞生》,孙周兴译,商务印书馆2012年版,第112页。

生之,德畜之,长之育之,成之熟之,盖之覆之"。这种表面上的矛盾实际上揭示了老子力图在可说与不可说之间寻求一种应和"道"的可能性。因为"形而上者谓之道,形而下者谓之器",大道无形,人有形,而且人也无法突破有形和有限的命运,只能以有形来接应无形,于是,大道在人手中只能被把握为法则、原理、概念和招式,因此,每当有限和有形的人试图用概念、范畴、原理来言说大道时,大道、真实者就蜕变为真理、表象、现象甚至假象了,这也是老子"非常道"之"非"的含义。如果这样理解老子的"道"是成立的,那么我们无论如何都不能无谓地将老子的"道"比附为苏格拉底的善或美德,这不仅是因为老子的"道"首先并不是知识论意义上的,而且也因为老子的"道"与苏格拉底的"知识"不在一个层次上。

如果非要在他们之间寻求一种关联的话,苏格拉底的"知识"和"善"只能放在人用概念把握"道"之后的层次上,站在老子的立场上,只能属于"以德配天"的层次。但即使这样退而求其次,将老子的"德"与苏格拉底的"美德"、"德性"比附在一起,也是误入歧途的做法:"德"从得,是对道的把握与践行,属于个体从道那里获得的部分。具体而言:如果说道的本意指的就是道路,《尔雅·释宫》说:"一达谓之道路,二达谓之歧……"也就是说,只有一个方向的路,叫做道。而德/得则是对天道运行的感悟和把握,并行走在大道上,践行之,这也是以德配天的含义。但世间多歧路,唯一笔直且又恒常的大道哪有那么容易找得到,因此,在天下行走,只要走得通,就可以成为一条道路,但这条道路属于人道,是德对道的运用和践行,并不是天道本身。巴门尼德比柏拉图更早地区分了两条道路:"第一条是:存在物是存在的,是不可能不存在的,这是确信的途径,因为它通向真理;另一条则是:存在物是不存在的,非存在必然存在,这一条路,我告诉你,是什么都学不到的。因为你既不能认识非存在(这确乎是办不到的),也不能把它说出来。"[1]如果存在之路为大道,非存在之路则为歧路了。虽然余英时曾将庄子的"超越之境"与柏拉图的两个世界理论进行比较,并将庄子和柏拉图同等看待,柏拉图是西方的"出世观念之父",庄子则是中国的"出世观念之父",但那是一种静态的结构性比较,我们应该承认,苏格拉底和柏拉图并没有采取实践性的"以德配天"这种迂回道路,而是直接将人类通过概念所获得的"知识"看作真理,站在柏拉图的立场上,知识/真理本身就存在于超感性世界之中,然后通过他的"分有"说和"回忆"说来沟通两个世界。因此,这种强行关联是成问题的。

庄子的思想不仅承接了老子的大道,尤其是对天道之"用"亦即"德"的理解,更是推向了一个新高度,而且还彻底摒弃了老子圣人思想中的权威主义以及天道的威严和严酷,主张众生平等,各自寻求天地间的大自在,确立了中国人骨子里的"逍遥"。庄子的"逍遥"是从天道出发而言人,人走在道上,道也是人走出来的。因此,人道与天道合二为一,即为逍遥。庄子的思想并没有止步于此,在他看来,不仅有天道、人道,还有蝼

---

① 《古希腊罗马哲学》,北京大学哲学系外国哲学史教研室编译,商务印书馆 1982 年版,第 51 页。

蚁道,万物皆有其道,"以道观之,万物齐一",各自都在自己的道上,各自有着自己的逍遥。只有"游心于淡,合气于漠,顺物自然而无容私焉,而天下治"(《庄子·应帝王》)。这才是天地之大自在,与老子所说的"生而不有,为而不恃,长而不宰,是谓元德"也是一脉相承的。

另外,面对恒常而又恍惚的大道,庄子又说:"吾生也有涯,而知也无涯。以有涯随无涯,殆已;已而为知者,殆而已矣。"(《庄子·养生主》)他的意思大致是说,我们的生命是有限的,而知识是无限的,以有限的生命去追随无限的知识,会很累、很疲惫。在庄子看来,依靠义理、概念、"师心"自用,上下求索是不智、不真和"执而不化"的,因此,要回归养生之道,不是刻意去追求知识,而是守住本心,顺道而行,返璞归真。与养生之道相应的得道途径则是"心斋"或"坐忘":"惟道集虚。虚者,心斋也。"(《庄子·人间世》)"堕肢体,黜聪明,离形去知,同于大通,此谓坐忘。"(《庄子·大宗师》)苏格拉底虽然也"自知自己无知",也认识到知识是无限的,而人是有限的,但他却没有走向养生之道,而是明知不可为而为之,提出了求知、哲学这种生活方式,虽然人是有限的,面对无限的知识,我们还是要追求的,这就是爱智慧的生活方式,对哲学的爱欲。显然,苏格拉底所倡导的爱智慧的生活方式(哲学)不是庄子的养生之道。苏格拉底带领西方人走向了科学知识的道路,庄子则带领中国人走向了逍遥之道、养生的大道。完全是两条不同的道路。

进一步说,苏格拉底所奠基的西方传统将"真理"看作是知识的最高层次,它反映着实在,对存在者整体、世界提供了一整套的理解和解释,是一套原理系统;而庄子所奠基的中国传统将"真"看作是人的而不是命题的最重要的品格——"精诚之至"的"真人",在庄子看来,先有"真人",后有"真知",《庄子·大宗师》说:"且有真人而后有真知"。真在这里显然不是认知者与被认知者之间的一种关系,而是一个自我实现的人所拥有的品格——大自在、自由。"古之真人,不知说生,不知恶死;其出不欣,其入不距;翛然而往,翛然而来而已矣。不忘其所始,不求其所终;受而喜之,忘而复之,是之谓不以心捐道,不以人助天。是之谓真人。"(《庄子·大宗师》)不过,学界一般把庄子的"逍遥"解释为庄子的自由观。从庄子"体道悟生"、"安命通达"、"顺应自然"、"无为而治"和"至人无己"等方面注疏庄子通达逍遥的路径。"自由"作为西方文化独有的一个概念,如果不顾及其"启蒙"的文化内涵,只从"哲学"上来说,那么,人的自由的本质是人的解放,也是从有限向无限的超越过程,西方哲学在超越路径上曾有本质路径和实存路径可选择。如果必须要把庄子的"逍遥"纳入自由的本质中,那么,庄子的逍遥路径应该可以与西方的实存路径大致相通。

四、苏格拉底的问答

相对于中国以德配天的说话方式,古希腊对这个世界有两种言说方式——逻各斯

（logos）和密托斯（mythos）——逻各斯是通过讲"道理"来言说世界，遵守逻辑规则，注重论证和根据，是理论性的和抽象的言说；密托斯是通过讲"故事"来言说世界，遵守事件的发生顺序，重注情节和情感，是诗性的和具象的表达。按照亚里士多德的理解，有多少种言说"存在"的方式，就有多少种"存在"，因此逻各斯和密托斯作为两种言说方式同时也意味着两种存在方式。善于逻各斯言说的，被古希腊人称为智者、哲学家，比如泰勒斯、赫拉克利特、巴门尼德、德谟克里特等；善于密托斯言说的，被称为诗人，比如索福克勒斯、品达、赫西俄德、荷马等。苏格拉底两种言说方式都擅长，他既擅长于讲理，其讲理的能力远超当时的智者学派，又善于讲故事，他讲故事的能力也不亚于当时的悲剧诗人。不过，在苏格拉底那里，他所讲的故事都是服务于讲道理的，而且他一贯地疏远诗人，并批评荷马在史诗中塑造的众神形象，他的亲炙弟子柏拉图甚至在其《理想国》中宣布要从城邦中驱逐诗人。可以说，从苏格拉底和柏拉图开始，逻各斯成为哲学的唯一表达方式。理性之光闪耀大地，众神开始退隐。

哲学作为神话的反动，哲人可以战胜诗人，苏格拉底之问功莫大焉。苏格拉底之问在西方哲学史上可以简称为："是什么？"——善是什么？正义是什么？美德是什么？知识是什么？勇敢是什么？……——苏格拉底"是什么？"之问本质上是对前苏格拉底哲学家对世界"本原"、"始基"考察的继续和深化，从对"自然"（physis）的追问拓展到对真实（aletheia）、知识（episteme）本身的追问上来。苏格拉底的"是什么？"之问，既是对"是"/"存在"的追问，问的是存在者的"什么"，即本质（essentia），也是一种"定义"的探讨，探讨范畴、概念的意义，即对范畴、概念的逻辑定义。比如在《泰阿泰德篇》中苏格拉底问泰阿泰德"知识是什么？"，泰阿泰德就不能用"几何"、"算术"是知识来回答，因为"几何"、"算术"属于具体的知识门类，而不是知识本身。因此，苏格拉底"是什么？"之问既开启了第一哲学的"本质"之问，是柏拉图理念论的前站；又昭示了哲学从逻辑概念探讨各范畴意义的路径，是亚里士多德"种"、"属"定义法的前辈。

苏格拉底曾回忆说，他母亲（助产士）每天的工作就是帮助别人迎接一个新生命的降生；而他所从事的工作也是受到神的指示，帮助别人审慎的考察灵魂，迎接灵魂的觉醒。他的问答法——精神助产术亦称辩证法——就是通过"是什么？"之问帮助别人从"有知"到"无知"和从"无知"到"有知"的认识过程，或者更准确地称为从梦中醒来的过程——柏拉图也把这种灵魂觉醒过程称为获得知识的过程。据《普罗泰戈拉》记载，普罗泰戈拉作为一个智者曾坚信自己懂得美德是什么，并坚持认为美德是可教的，但在苏格拉底的一系列问题之后，普罗泰戈拉却不得不走向自己原先立场的对立面：美德不是知识，成为不可教的了，这可以说是在苏格拉底的问答中，从有知到无知的过程。据《美诺》记载，一个从未受到过教育的童奴在苏格拉底的精神助产术的帮助下，竟然能够解答几何学作图的问题，在这个故事中，苏格拉底充分展示了他作为一个精神接生婆用问答的方法帮助别人把已经孕育的知识生产出来，虽然这个案例属于柏拉图的"回忆说"范畴，但也是一个典型的从无知到有知的过程。

可见,苏格拉底的知识之路,亦即追求美德、追求至善之路,也是寻求定义的道路,当然传到柏拉图这里就成为寻求真相(idea/eidos)或理念之路了,尽管真相或理念这个词在柏拉图那里有多重含义,但主要含义都指向形式、种、类、原型等作为基底的客观实在的东西,真相或理念是单一的、不变的、真实的、纯粹的、永恒的、可共分享的东西,一言以蔽之,也就是本原和本质。兴起于20世纪70、80年代的法国后现代主义思潮的主要代表人物据此也把尼采所批评的柏拉图主义总结为"逻各斯中心主义"、"本质主义"与"基础主义",大加批判。

五、庄子的三言

尽管学界对"哲学的希腊性"这一论断聚讼纷纭,但哲学起源于古希腊,哲学的基本问题与古希腊的言说方式有密切关联,还是得到了广泛认可。不可否认的是,"逻各斯"的言说方式直接规定了哲学—科学的表达风格,并将哲学—科学与文学—艺术区分开来。有趣的是老、庄也探讨了"道"与"言"的关系,这应该算是轴心时代大哲们共同思考的一个问题了,而且毋庸置疑,老、庄所确立的言说方式也直接影响了中国文化的表达风格。

庄子对道与言的讨论要比老子详尽充实得多,他不仅关注道与言的关系,而且也详细讨论了心智与言[1]、言与是非的关系。在《齐物论》中,庄子首先区分"天籁"、"地籁"、"人籁"。针对语言即"人籁",庄子分析了心智不同,生存状态就不同,认知也不同。"大知闲闲,小知间间;大言炎炎,小炎詹詹。"不同的心智水平,直接决定了认知层次。"缦者、窖者、密者。小恐惴惴,大恐缦缦。"而且喜怒哀乐等情绪也影响着形形色色的"人籁"。所有的语言都是人言,不同于地籁,更不是天籁,而只是对物的特别言说,因此是没有定论的,"夫言非吹也,言者有言,其所言者特未定也。"更何况人人都以"成心"为师,也就是说,人人都有"先见",才会产生言语纷争和是非之辩,庄子问:"道恶乎隐而有真伪?言恶乎隐而有是非?道恶乎往而不存?言恶乎存而不可?"实际上,"道隐于小成,言隐于荣华"。所以,才有儒墨之是非。

虽然老、庄都主张"大象无形,道隐无名",道不可闻、不可见、不可言,"大道不称,大辩不言",但庄子还是采用迂回的方式即通过"三言"来道说,"三言"因此不属于辩是非的"小言",而是一种应和天籁的"大言",在可说与不可说之间、在"未尝言"与"未尝

---

[1] 感谢仲辉博士在审阅此文时,提醒我注意庄子《齐物论》中涉及心识与语言的部分虽不起眼但很重要,可以与亚里士多德《尼各马克伦理学》中关于灵魂的讨论相对照。希腊人的灵魂观与认知密切关联。柏拉图的灵魂三分说、回忆说都直指认知,尤其在亚里士多德那里,灵魂一方面是认知的神秘来源,另一方面也决定着不同的认知功能。亚里士多德将灵魂分为有逻各斯的部分和没有逻各斯的部分,有逻各斯的部分又被区分为知识的部分(epistemonikon)和推理的部分(logistikon)。灵魂中有三种东西主宰着实践与真:感觉、努斯和欲求,灵魂肯定和否定真的方式有五种:techne,episteme,phronesis,Sophia,nous。不过这里仍需要严格区分中国的"魂魄"与希腊人的"灵魂"概念,两者不可混同。

不言"之间,在"惚兮恍兮"、"窈兮冥兮"中揭示道生万物、道法自然。庄子"以谬悠之说,荒唐之言,无端崖之辞,时恣纵而不傥,不以觭见之也。以天下为沈浊,不可与庄语。以卮言为曼衍,以重言为真,以寓言为广"(《庄子·天下》)。简而言之,寓言即通过寓言故事来暗示虚冥无形的道;重言则是借古人言,重说耆艾之言,让世人聆听道的召唤;卮本是古代的一种酒器,圆而中空,满则倾,空则仰,顺其自然,庄子看到了"大言炎炎,小言詹詹",人云亦云的人言长期处于一种"道隐于小成,言隐于荣华"之中,"道"被语言遮蔽了,庄子采用卮言来表达"得意忘言",祛除"人言"对道的遮蔽,因此,"卮言日出,和以天倪"。

汉语"道"除了道路这层含义之外,本身就还有道说的意思,庄子的"三言"是否就是道的道说,我们尚不能确定,但从现代性危机的角度去解庄子的"三言",则可以让我们眼前一亮:(1)"以寓言为广"说的是"以与世俗处",庄子说:"寓者庸;庸也者,用也;用也者,通也;通也者,得也。"(《庄子·齐物论》)寓在现代汉语中则衍生出寓居、栖居的意思,它指示着人的一种现实生存状态。而在庄子这里,无论是神话人物、幽冥鬼魅,还是飞禽走兽、奇人异士,都表达着一种"寓诸无竟","相忘于江湖"的生存境界。(2)"以重言为真"之重言既有"借重之言"的含义,也有"重复之言"的意思,借重耆艾之言,重复长者之言,目的则是为了聆听耆艾、长者对道路的指引,因此,庄子的重言更是一种聆听,通过聆听来通达"天地与我并生,而万物与我为一"(《庄子·齐物论》)的境界。(3)"卮言日出,和以天倪,因以曼衍,所以穷年。不言则齐,齐与言不齐,言与齐不齐也,故曰无言。言无言,终身言,未尝不言,终身不言,未尝不言。"(《庄子·寓言》)卮言不借助于耆艾,也不寓寄于他物,而是满则倾,空则仰,不执守于一时一地一物,顺应天道,随机应变,"言者所以在意,得意而忘言"。因此,卮言不在于言,毋宁是在于不言、无言。语词破碎之处,虽无物存在,但大道会从隐匿中显现。可见,庄子的卮言不是不言,而是通过"不言"、"无言"破除"言障",破除"是非",破除"有无",从而真正通达语言的本质——道说——在澄明与遮蔽之际把世界端呈上来。

相对于苏格拉底的问答,强调论证的力量、辩的力量,庄子虽然在《齐物论》中指出了"辩无胜"、"辩无是非",但纵观《庄子》一书,经常出现讨论辩论的场景,比如《逍遥游》中庄子与惠子的"有用"、"无用"之辩,《德充符》中"有情"、"无情"之辩,《徐无鬼》中"是非"之辩,《秋水》中"知"与"不知"之辩等,这都说明,庄子除了在"道"的层面上主张"无言",而在求"是"求"然"的知识层面上,还是重视言与辩的。《庄子·齐物论》明确规定了言与辩的地位:"夫道未始有封,言未始有常。为是而有畛也。请言其畛:有左有右,有伦有义,有分有辩,有竞有争,此谓之八德。六合之外,圣人存而不论;六合之内,圣人论而不议;春秋经世先王之志,圣人议而不辩。故分也者,有不分也;辩也者,有不辩也。"因为道没有边界,而言又没有定准,因此,言与辩是无法触及道的,但辩依然是以"是"为目的的"八德"之一,众人之辩是为了"相示",显露、炫耀自己的观点,展示自己,即使如此,辩也有不能触及的地方,"辩也者,有不见也"(《庄子·齐物论》)。

由此可见,在苏格拉底、柏拉图推崇理念、概念的时候,庄子已经深刻认识到了语言的困境;同样的,当巴门尼德努力区分是(存在)与非(不存在)的时候,庄子已经指出是非之辩是没有意义的。因为物不可分,言不可辩,人们所持的是非与区分并非物之本然,而是人道对天道的偏离。

六、现代人的自我救渡成为一个问题

现代性危机根源于苏格拉底—柏拉图主义的哲学—科学传统,在理性/理智至上原则的基础上,两个世界的理论最终被废除,统一在科学技术的统治之下。因此,现代性危机也与西方的"虚无主义"密切相关——"上帝死了",人成为一般主体,世界成为图像。理性精神构建的世界与世俗世界合而为一;图像的时代与表演的时代是一个时代;商品拜物教与宗教原教旨主义共生。一方面在精神上感伤传统的断裂;另一方面在肉体上追求激情和刺激,喜好恶趣味,对神经施暴,通过麻醉剂、酒精或毒品寻求欢娱和解脱,人在感官刺激和享受中腐蚀了精神的力量。尼采曾尖锐地批评现代人为"神经官能症患者",是"颓废者"。并将这种颓废归因于苏格拉底:"哲学家们的确是希腊文化的颓废者,是对古典趣味的反动,是对高贵趣味的反动! 苏格拉底的德性得到传布,是因为希腊人开始失去德性了"①。

现代性危机的反思运动、后现代思潮因此也有其天然的局限性:它们擅长于敏锐地揭露西方传统文化的本质主义、逻各斯中心主义、集权主义,对由宏大叙事、大写的真理、理性知识体系形成的庞然大物之威压提出了自己独特的反抗和自我救渡,却没有提供人之自由、解放、从有限向无限超越的第三条路径选择。

以知识路径为主导的西方,尼采是第一个大力主张生命之保值增值的人;尼采贬斥西方传统的知识与真理,推崇悲剧艺术、酒神精神,认为艺术比真理更有价值;尼采批评西方传统形而上学语言的局限性,他认为,生命、生活不是建立在概念和推理基础之上的知识所能准确表达的;尼采自己的表达风格也与传统形而上学不一样。以上种种成为学者们将尼采和庄子联系起来的根据,甚至人们普遍把尼采看作是开启现代性问题的第一人。尼采试图向众人传播"超人"学说来实现颓废者的自我救渡,但作为柏拉图主义的颠倒者,传统形成上学的完成者,"超人"能否真正带来颓废者的自我救渡就成为一个问题。因为超人是对以往之人、末人的超越与过渡,超人虽代表着"大地"的意义,但这里的大地与大众却没有任何关系,作为颓废者的大众恰恰是其要超越的对象,而不是其拯救的对象。海德格尔继承了尼采的"超人"学说,率先对现代性问题进行了深入的开创性思考,讨论了形上学之克服的问题,超越西方传统形上学表象式思维的认知模式,提出思想要施行返回的步伐。思想要回行,当然不是回到苏格拉底,而是回到

① 尼采:《权力意志》,孙周兴译,商务印书馆 2007 年版,第 1418—1419 页。

前苏格拉底思想家那里去,通过这种回行来期待并准备着思想的另一开端。但遗憾的是,这种思想的回家之旅在现代欧洲并没有带来多少影响和响应,而"思想的另一开端"在概念的清晰性、指标的确定性上都没有达到可理解的程度,对现代人的自我救渡而言,思想的深刻性、启发性有余,可操作性、普及性严重不足。面对欧洲的现代性问题,海德格尔只是说:"哲学将不能引起世界现状的任何直接变化。不仅哲学不能,而且所有一切只要是人的思索和图谋都不能做到。只还有一个上帝能够拯救我们。"①

海德格尔也曾一度一厢情愿地将目光投向东方,寻找自我救赎的灵感和启示,但第二次世界大战以后,随着技术逐步确立对这个星球的全面统治,现代性危机已经不可避免地从西方蔓延且覆盖了东方,中国在现代化的进程中不仅没有拒绝这种现代性危机,反而把它当作"富贵病"趋之若鹜,当作为了伟大复兴可以接受的微不足道的负面效应,当前的哲学困境是人们正普遍满意地、饥渴地消费着现代性所带来的种种好处,现代性危机的探讨只停留在象牙塔的专业学术讨论会上,如果没有自觉到沉沦、没有自觉到颓废,自我救渡不仅是一个伪命题,而且围观者一边"眨眼"(尼采:代表着表象认知/假相),一边会说:"你才颓废,你全家人都颓废……"

自20世纪70、80年代法国哲学家对现代性危机的讨论在90年代传入中国以后,中国的现代性问题的讨论也随之进入高潮,伴随着现代性问题的讨论之深入,"传统的断裂"、"虚无主义"等问题也进入中国学者的视野,甚至将哲学问题的分析与思考带入政治语境,将中国的现代化道路、中华民族的伟大复兴与现代性问题联系起来,也提出了中国传统文化的复兴与现代化,在这个过程中,我们是否需要一种小心谨慎的态度,笔者认为,现代性首先并不是一个时间概念,毋宁说,它是一个文化批判概念,通过这个概念形成个体欲望与普遍价值、此刻与永恒、初生与传统之间的对峙。在这个语境中,中国传统文化的现代化就是一个很含混的概念,一旦将现代性语境转换为现代化语境,现代性就丧失了批判与反思功能,增加了继承与发展的效应。可以确定的一点是,传统的现代化不是一种返回,而应该是面向世界与未来。为此,我们把庄子强行纳入到现代性语境中却惊奇地发现:庄子早在两千多年前就批判了技术理性:"吾闻之吾师,有机械者必有机事,有机事者必有机心。机心存于胸中则纯白不备。纯白不备则神生不定,神生不定者,道之所不载也。"(《庄子·天地》)而庄子所追寻的理想人格是以"至人"、"神人"、"圣人"为代表的生命境界,所向往是以"逍遥游"、"藐姑射之山,有神人居焉"(《庄子·逍遥游》)为代表的超然物外、不同流俗的化境,他是一种出世的思想姿态,而苏格拉底则代表着一种明知不可为而为之求知态度,这种态度是西方独有的理论态度,并不能简单地比附于孔孟之道的积极入世姿态,而且我们能够从苏格拉底执着的求知姿态中深刻地感受到他寻求超越、寻求解放的强烈意图。当然,我们也不应忽视庄子思

---

① 海德格尔:《讲话与生平证词》(1910—1976),孙周兴、张柯、王宏健译,商务印书馆2018年版,第799—800页。

想的复杂性和开放性:一方面,如果庄子的逍遥游与现代性危机正相关,且成为颓废者自我救渡的一种可能性,那么解决现代性危机的策略是蜕变成为一种避世、出世姿态?还是将庄子的任势而游、倚天乘时而游的逍遥游等同于随波逐流、"和其光,同其尘",甚至游刃有余于庙堂与山野之间? 由此而来的后果则是,"现代性"这个概念所应该具有的"警世"作用和反思意识,就被这种"逍遥"、"大自在"消解掉了。另一方面,庄子思想始终注重滋养、开拓、完善人内在的心灵世界,而且还提供了超迈流俗、达到这种境界的独特的养生路径,这种养生路径恰恰可以成为对抗苏格拉底理智主义开创的技术世界带来的现代性危机中的"颓废"(机心)因素,在寻求超越的路径选择中,作为一种带有浓郁东方文化底蕴的实存路径之选择。

通过以上初步和粗浅的对置,我们看到了一种传承与会通的可能:与余英时的观点相左,我们并不认为苏格拉底与柏拉图具有中国传统意义上的"出世观念",尽管他们开启了西方传统意义上的超越路径。毋宁说,苏格拉底所开启的西方知识路径是现实世界的最佳选择,既然现代性危机是由这种知识路径所带来的,那么,对现代人而言,一方面依然坚持知识—技术路线积极创世,同时又避免让人颓废的"机心";另一方面又确立以自我实现为目的,在人生历程中兼顾庄子的逍遥之境,在积极创世的过程中保持"致虚极,守静笃"。知识与自由二者的融会贯通就成为现代人自我救渡(超越)的一种可能。

超越康德式的二元论哲学

——牟宗三的自我坎陷与海德格尔的另一启始

马 琳①

内容提要:本文对牟宗三的良知坎陷说与海德格尔的另一启始说的思想前提与理论分梳作出比较研究。两位思想家一致认为传统文化必须由内部转化自身,才能获得在现代世界更新与发展的原动力,并十分重视从理论建构的高度为传统的转化提供依据与导向,试图协调思想传统与现代科学之紧张关系,揭示二者可能具有的关联。而在文化会通问题上,两者的立场则十分不同。牟宗三虽然坚持中西文化可以会通,但他对会通所作的层次之分,与他所作的中西之分大致相应,把科学与民主视为专属于西方,把心性之学归结为中国特产,这和他的坎陷说一样显示出康德式的二元对立;并且,他的运思方式未免受到海德格尔所描绘的传播于全球的集置这个魔障的操纵。海德格尔则强调思想的同根同源在传统转化中所起的决定性意义,他认为使东西方对话成为可能的前提条件是西方传统首先独立地完成自我转化。然而,在主张西方传统的自我转化的同时,海德格尔比牟宗三更加深入地探索了现代性的问题,反思了科学与技术的本质。

关键词:牟宗三 海德格尔 良知坎陷 另一启始 文化会通 康德式二元论

牟宗三(1909—1995)是当代新儒家的著名代言人,他的思想不仅对新一代儒家学者具有重要影响,并且近年来西方学界也对他的著述愈加关注②。在他那一代的新儒

---

① 马琳,比利时鲁汶大学哲学博士,中国人民大学哲学院《哲学家》副主编。代表作有 *Heidegger on East-West Dialogue:Anticipating the Event*(New York/ London:Routledge,2008),*Fundamentals of Intercultural and Comparative Philosophy*(New York:State University of New York Press,2016),*Beyond the Troubled Water of Shifei: From Disputation to Walking-Two-Roads in the* Zhuangzi(co-author,同前 SUNY,2019)等,在 *Continental Philosophy Review*、*Journal of the British Society for Phenomenology*、*Philosophy East and West* 等国际国内期刊上发表论文 60 篇。

② 近年来所出的关于牟宗三的西文研究专著有:Sébastien Billioud, *Thinking Through Confucian Modernity:A Study of Mou Zongsan′s Moral Metaphysics*(Leiden:Brill,2012);Antje Ehrhardt Pioletti, *Die Realität des moralischen Handelns:Mou Zongsans Darstellung des Neokonfuzianismus als Vollendung der praktischen Philosophie Kants* (Frankfurt am Main:Lang,1997)。还有一部牟宗三的《中国哲学的特质》的法文翻译:Mou Zongsan, *Spécificités de la philosophie chinoise*, traduit par Ivan Kamenarović et Jean-Claude Pastor (Cerf:Patrimoines,2003)。

家中,牟宗三的著述被视为最富于论辩性,同时也是最为系统的,并且,他与西方哲学家的交涉也最为广泛,曾评论过康德、维特根斯坦、罗素、怀特海、黑格尔以及海德格尔。本文讨论一个尤其基本的问题:牟宗三与海德格尔如何看待传统的自身转化以及与之息息相关的文化会通问题?对于这个核心问题,他们分别建构起良知(或者说道德理性)的自我坎陷说与相对于早期希腊思想的第一启始的另一启始(der andere Anfang)说。

我们知道,牟宗三在 1968 年读到海德格尔的《康德与形上学》与《形上学导论》两部书之时,写了《智的直觉与中国哲学》①,在其中,他批评海德格尔摒弃了康德的自由意志与物自身的概念,把存有论误置于时间的范域之中,他认为这是康德的内在性的存有论。与此相反,牟宗三认为自己在康德的超越性的存有论的基础上发展出了一种道德形上学,而海德格尔恰恰错误地捐弃了康德的超越性的存有论。

牟宗三对康德的挪用以及他与其他西方哲学家的关联曾受到学者们的质疑,我们不拟介入这些讨论,其中一个理由是:我们所要探究的这两个概念都是在 20 世纪 60 年代末牟宗三直接评论海德格尔之前即发展成熟的。另一个理由是:笔者认为,牟宗三与海德格尔的传统转化观及文化会通问题这个论题应当是任何有关这两位哲学家的思想其他层面的比较研究的前提条件,我们的入手点是对自我坎陷说与另一启始说的思想前提与理论分梳作出剖析,以助于对文化传统转化以及比较哲学问题作出更为深入的思索。

一、牟宗三对中西哲学所作的对比

牟宗三时常把中西文化及其哲学相互对比。于他观之,中国文化的核心是生命的学问,中国哲学所关心的是生命。所谓生命,牟宗三指的不是自然意义上的生命,而是道德、理性意义上的生命。"[中国文化]首先把握'生命',而希腊则首先把握'自然'。[此乃]一个道德政治的把握"。② 西方哲学所关心的是自然,是对现象界的客观性的认识。"他们有'知识中心'的哲学,而并无'生命中心'的生命哲学"。③

其次,牟宗三强调,中国文化是"综合的尽理之精神"下的文化传统;而西方文化则是"分解的尽理之精神"下的文化传统。心、性、伦、制乃道德生命之所发,皆是理性生命,故可曰"理"。尽理乃尽心、尽性、尽伦、尽制之统称。"尽心尽性是从仁义内在之心性一面说,尽伦尽制则是从社会礼制一面说。其实是一事。尽心尽性就要在礼乐的礼制中尽,而尽伦尽制亦就算尽了仁义内在之心性"。④ 尽心、尽性、尽伦、尽制四者"上下通彻,内外贯通",此谓综合。"其所尽之理是道德政治的,不是自然外物的,是时间的,

① 参见牟宗三:《智的直觉与中国哲学》,台北:联经出版事业股份有限公司 2003 年版,第 6—7 页。
② 牟宗三:《历史哲学》,台北:学生书局 1988 年版,第 164 页。
③ 牟宗三:《生命的学问》,台北:三民书局 1984 年版,第 35 页。
④ 牟宗三:《历史哲学》,台北:学生书局 1988 年版,第 167 页。

不是认识的或'观解的'（Theoretical）。这完全属于价值世界事,不属于'实然世界'事"。① 与此相比,西方文化则可概括为"分解的尽理之精神"。分解具有三义:一曰抽象,二曰偏至,三曰概念。对自然的客观考察需要抽象之原则,而但凡抽象皆具片面性,所以生偏至。偏至于某一面,则形成确定之概念。分解的尽理所囊括的大体是超越而外在之理。具体而言,以逻辑数学科学为主要内容。牟宗三认为基督教精神也是以暌隔、偏至为其主要特征。

中西文化之间的第三个宏观差异在于:西方文化的基本精神是以气尽理,而中国文化的基本精神是以理生气。以气尽理,谓"顺生命之凸出而尽量用其才情气者",即,以其才情气扑向对象而在具体对象中尽理而成就哲学、宗教、艺术、文学、科学、社会政治形态等文化成果。② 然而,西方文化只知顺之理,不知逆之理,逆以呵护、润泽、安顿生命之学问尚付阙如。中国文化之发展则取逆之理,即"以理生气"。此谓"由生命凸出之常情途径转了一念,逆回来先由德性以涵润生命与才情气,而不欲使之多表现"。③ 中国的儒释道三家皆由逆转中开出,讲究涵养润泽生命之源泉,调护才情气。

从以上牟宗三对中西文化及哲学所作的比较来看,他把二者视为具有恰好相反特征的思想整体,对中国文化作出十分肯定的评断,褒扬之辞颇多;对西方文化则常常以中国文化为参照而加以贬抑。不过,在贬抑的同时,牟宗三仍然主张学习西方的科学与民主。在1958年与唐君毅、徐复观、张君劢联名发表的《为中国文化敬告世界人士宣言》中,在哀叹中国文化"花果飘零"的同时,仍然强调向西方学习。在《道德的理想主义》一书中,牟宗三称,儒学要转入第三期,"端赖西方文化之特质之足以补吾人之短者之吸纳及融摄"。④

问题的关键是,如何向西方学习。牟宗三极为反对以胡适为代表的所谓的"全盘西化论",对时起时伏、形形色色的"中学为体,西学为用"（最早为张之洞提出）的主张也难以接受。他试图找到既肯定向西方学习的必要性,又能为中华传统的延续性、一致性和完整性提供保障的理论依据。他找到的解决方案是道德理性自我坎陷说。

---

① 牟宗三:《历史哲学》,台北:学生书局1988年版,第167页。本文中的引文,圆括号中的中英文词语或注解均为原文所有,方括号中为笔者所加。

② 参见牟宗三:《道德的理想主义》,台北:学生书局1992年版,第217页。

③ 牟宗三:《道德的理想主义》,台北:学生书局1992年版,第220页。

④ 牟宗三:《道德的理想主义》,台北:学生书局1992年版,第3页。颜炳罡认为牟宗三对待科学与民主的观点经历了一个历时性的转变。在20世纪40年代,他的主要论点是把西方的科学与民主当作异质的文化融合与吸收。从50年代起,他开始从中国文化自身生成的角度来理解科学与民主（颜炳罡:《牟宗三学术思想评传》,北京图书馆出版社1998年版,第88页）。笔者以为,这两个不同的论点并非时间上的演变的问题,而是一直共存于牟宗三的理论架构的内部,从而给其理论之融洽带来了困难。

二、牟宗三的自我坎陷说与中国传统之转化

牟宗三的道德理性的自我坎陷说是汉语学术界常见争论的话题之一。认同与辩护者认为此说一方面肯定了中国文化传统的基本价值;另一方面揭示了中国文化传统转型的潜能,因而是一套极富开创性、建构性的理论学说。批评与质疑者则或以为此说缺乏现实的可操作性,或以为此说中的内圣与外王的关系不具备逻辑关联的有效性①。下面我们首先来看坎陷这个词语的来源。

坎陷一词,可见于《周易》之言"坎,陷也"。高亨注曰:"坎为水,水存于洼陷之处,故坎为陷"。坎卦之卦象,上下两爻为阴,中间为阳,有上下贯通之意。因此,坎陷具有"陷落,开发,开出,自我否定"等意思。②牟宗三在早期著作中把坎陷当作一个认识论的术语来说明理性思维在构成知识过程中的辩证发展。依他之见,良知,又称知体明觉,是一个"天心灵明",至简至易。"然而它未始不知有险阻。知有险阻而欲克服之,它必须转为知性。故知险知阻中即含有一种辩证的申展。故其自我坎陷以成认知的主体(知性)乃其道德心愿之所自觉地要求的。这一步曲折是必要的。经过这一曲,它始能达,此之谓'曲达'"。③牟宗三把良知的自我坎陷视为道德理性的必然要求,视为良知充分实现自身的必经之途,并称:这种必要为辩证的必要,这种曲达是辩证的曲达……这样开知性即名"辩证的开"。④良知之坎陷,在牟宗三看来,是良知贯彻自己的必经之途。经过坎陷的良知暂为识心,与物相对,之后将会归于良知的天心天理。

李明辉认为,坎陷即是自我否定义。他认为坎陷不外乎英文 self-negation 的对应词,不一定与《易经》有关⑤。刘述先则明确地把坎陷说的根源归于《易经》⑥。笔者以为,由于牟宗三对《易经》十分熟悉,他的第一部著作《从周易方面研究中国之元学与道德哲学》即是关于《易经》的专著。因而在创构坎陷说时很有可能借鉴了该词在《易经》中的含义。即便牟宗三在使用坎陷一词之际未曾想到上述的语义关联,这并不妨碍研究者参照中国传统经典及牟宗三本人的著作对之加以阐述发挥,借此使坎陷之说更为明了。从 20 世纪 50 年代起,牟宗三开始使用此术语来解释中国文化如何实现自身的转化。他认为,以前讲外王,由内圣直接推衍出来,以圣君贤相一心妙用之神治为外王的极致。但这只是外王的直接形态。现在讲的外王则是科学与民主。这不能从良

---

① 方朝晖的《牟宗三"自我坎陷说"述评》列举了认同与辩护及批评与质疑自我坎陷说的主要代表人物,载 http://confucius2000.com。

② 参见周振甫:《周易译注》,中华书局 1991 年版,第 105—106 页。

③ 牟宗三:《生命的学问》,台北:三民书局 1984 年版,第 122—123 页。

④ 牟宗三:《生命的学问》,台北:三民书局 1984 年版,第 122—123 页。

⑤ 参见李明辉:《当代儒学之自我转化》,台北:"中研院"文哲所,1994 年。

⑥ 参见刘述先:《当代中国哲学论:问题篇》,River Edge(USA):八方文化企业公司 1996 年版,第 53 页。

知,从内圣中直接推出来,而必须经过一个曲折,间接地实现。①

在 20 世纪 60 年代出版的《政道与治道》中,牟宗三运用坎陷之说详述中国传统文化之自我转化的理由与模式。据他看来,西方的科学与民主政治是理性之架构表现的成果,而中国文化则是理性的运用表现。理性的运用表现指德性的"智慧妙用",譬如宋明儒者的"即用见体"之说。此二者,牟宗三称,即是"综合的尽理之精神"(中国)和"分解的尽理之精神"(西方)的别称。牟宗三在此著中强调科学与民主并非与中国传统文化完全没有丝毫关联。相反,二者具有一种辩证的联系。虽然道德理性在其作用表现中并不包含架构表现中的科学与民主,但是,"依其本性而言之,却不能不要求代表知识的科学与表现正义公道的民主政治"。② 由于成就科学与民主的理性之架构表现之本性与道德理性的作用表现相反,道德理性必须否定自身,才能实现与其本性相忤逆的科学与民主。牟宗三写道:

> 凡真美善皆为道德理性所要求,所意欲。科学代表知识,也是真之一种。道德理性虽曰实践理性,意在指导吾人之行为,其直接作用在成圣贤人格,然诚心求知是一种行为,故亦当为道德理性所要求,所决定……既要求此行为,而若落下来真地去作此行为,则从"主观活动之能"方面说,却必须转为"观解理性"(理论理性),即由动态的成德之道德理性转为静态的成知识之观解理性。这一步转,我们可以说是道德理性之自我坎陷(自我否定):经此坎陷,从动态转为静态,从无对转为有对,从践履上的直贯转为理解上的横列。③

牟宗三的坎陷之说,以反对"五四"以来流行的"全盘西化论"为发论背景,意在维护中国文化传统的持续性及其在现代世界的有效性。在此前提下,同时为科学与民主在中国文化领域中发展提供恰切的理论依据。他试图用坎陷这一辩证原理构造出两者"内在之贯通,有机的统一",从而将科学与民主的问题内在化为一个独立发展的文化传统的自身的更新与转化的问题。④ 然而,在他思想的出发点,道德理性与科学民主始终被视为具有截然相反的性质,两者始终都是以二元对立的术语加以描述。这反映在上述他把二者作为中西文化的本质特征而加以尖锐对比之中。思想前提中的相互隔绝与理论所欲达成的贯通给他的论辩带来了难以克服的矛盾。

牟宗三对良知坎陷过程的描述,与黑格尔的绝对精神所必经的主观精神、客观精神

---

① 参见牟宗三:《人文讲习录》,见《牟宗三先生全集》第 28 卷,台北:联经出版事业股份有限公司 2003 年版,第 123—124 页。

② 牟宗三:《政道与治道》,台北:学生书局 1993 年版,第 57 页。

③ 牟宗三:《政道与治道》,台北:学生书局 1993 年版,第 57 页。

④ 参见牟宗三:《人文讲习录》,见《牟宗三先生全集》第 28 卷,台北:联经出版事业股份有限公司 2003 年版,第 137—138 页。

和绝对精神三阶段辩证发展历程的思想十分相似。有的学者认为坎陷理论与黑格尔哲学毫无关系①。这似乎难以令人完全信服。尽管由于黑格尔不承认中国有哲学，牟宗三批评他"专横鄙陋"，但这一批评是有限度的。他认为黑格尔关于"东方文化是文化的儿童期"和"东方世界只知一人是自由的"等论断是从文化总体上来下的结论，所针对的重点是政体与法律，从这方面来看，他认为黑格尔的评论"并非全无道理"②。牟宗三"入虎穴得虎子之本领"一语（见下一段引文）与黑格尔"理性的诡谲"之说相似。他本人在1954—1956年的《人文讲习录》中讨论道德理性坎陷为理性的架构表现而开出科学与民主时，直接引用黑格尔"理性的诡谲"来阐明这一道理。"［道德理性］必须让开一步，把'所'与'物'推出去，凸显出来，与自己成一主宾对列之局，才能转出理性之架构表现。此即要与自己逆，要自我坎限，不可一味顺。……此逆的意思用到历史文化上，黑格尔有'理性的诡谲'一名词，他说上帝利用人之自私自利以成其道。此即上帝（理性）之诡谲"。③

道德理性坎陷而与物为二的情形，依此论辩，似乎成了道德理性实现自身，或者说（若采用目的论较弱的话语）显现自身的手段和方法。牟宗三写道："坎陷其自己是为了别以从物。从物始能知物，知物始能宰物。及其可以宰也，它复自从坎陷中涌出其自己而复会物以归己，成为自己之所统与所摄。如是它无不自足，它自足而欣悦其自己。此入虎穴得虎子之本领也。此方是融摄知识之真实义。"④如此，理性坎陷为识心而与物相对，认识事物，便难有本己价值，而只有工具价值。这样，学习科学与民主的目的似乎只有实用价值，而无本己价值。再者，既然天心灵明，至简至易；坎陷自身，知物宰物；会物归己，摄所归能是道德理性自身发展的三阶段，这未免易引起"泛道德主义"的批评。然而，牟宗三的自我坎陷说还有一个更大的问题。

与黑格尔不同的是，牟宗三强调作为客观精神的科学与民主的独立性。在上述引文中，牟宗三强调道德理性和科学与民主具有内在的关联，然而，科学与民主的因素并不涵括在道德理性之中。二者的关联仅仅是由道德理性"要求"科学与民主而建立起来的。如此看来，这样的关联很难说是内在的。而对黑格尔的辩证法来说，通过否定而产生的新事物，其构成因素必然已经部分地包含在被否定的旧事物之中。笔者无意于用黑格尔来批评牟宗三，只是提示一下二者所说的辩证法的一项基本区别。

牟宗三写道：

① 参见刘述先：《当代中国哲学论：问题篇》，River Edge(USA)：八方文化企业公司1996年版。
② 牟宗三：《中国哲学的特质》，见《牟宗三先生全集》第28卷，台北：联经出版事业股份有限公司2003年版，第88页。
③ 牟宗三：《人文讲习录》，见《牟宗三先生全集》第28卷，台北：联经出版事业股份有限公司2003年版，第140—141页。
④ 牟宗三：《从陆象山到刘蕺山》，台北：学生书局1979年版，第251—152页。

在此[即道德理性的]一转中,观解理性之自性是与道德不相干的,它的架构表现以及其成果(即知识)亦是与道德不相干的。在此我们可以说,观解理性之活动及成果都是"非道德的"。(不是反道德,亦不是超道德)。因此遂有普通所谓"道德中立"之说。①

从这些阐明可以看出,在道德理性坎陷之后,它即转化为(西式的)观解理性。牟宗三对此阶段理性与事物相对从而认识事物、主宰事物的描述与他对西方文化以观解理性为主体的理性的架构表现完全一致。坎陷似乎成了一个中国文化经由西方文化的转折而臻完美的过程。这一过程的两端是中国文化,其间嵌入了一个西化的阶段。虽然牟宗三声称反对西化,强调中国传统的持存。然而,溯其学说的条理,却难以避开这一悖论。尽管牟宗三借用黑格尔的一些关于辩证法的话语来解释其坎陷说,然而我们的分析表明他的思维倾向呈现得更多的则是康德式的二元论。

三、海德格尔论哲学与技术之西方性

与牟宗三相似,海德格尔也坚信,哲学、文化传统必须由自身内在的转化才能开导出属于自己的新天地。海德格尔的言谈与其对哲学及科学技术的独特的观点有着密切的关联。依他之见,哲学在本质上纯属于西方。所谓"西方/欧洲哲学"是一具有绝对真值的套套言。这一术语并不意味着除了西方或欧洲哲学之外,尚有其他不同的哲学形态,例如东方哲学、亚洲哲学或者中国哲学。哲学这个词语究其起源为希腊词语φιλοσοφία。这个希腊词语,海德格尔说,是西方历史文明的"出生证明"。② 依其本性,哲学必然地出现在希腊。存有首先向希腊人显身,西方历史及哲学由此展开。这一历史事件,海德格尔称为"第一启始"[der erste Anfang]。"启始"一语与"开始"[Beginn]有着本质上的区别。"开始"多与日常时间意义相关联,而"启始"则特指具有本真时间或历史意义的事件发生。③

有关学者通常把海德格尔描述为一位试图以诗化哲思对抗科学技术及其所代表之精神的哲学家。然而,这只是海德格尔思想的一个表面。与牟宗三相似,他试图对属于哲学的理性思辨以及貌似与之忤逆的科学技术作出一个统一的解释,以为西方传统的自我转化提供理论依据。在海德格尔看来,西方现代科学技术的兴起与西方哲学理念

---

① 牟宗三:《政道与治道》,台北:学生书局1993年版,第58页。

② Heidegger[1956],*What Is Philosophy*? Bilingual edition, translated by Jean T.Wilde and William Kluback, New Haven:College and University Press, 1968, p.35.方括号中的年份表示海德格尔撰写该文稿的时间。

③ 现行的海德格尔中译本中通常把 Anfang 翻译为"开端",但是,海德格尔却赋予了 Anfang 与 Beginn 这两个词语以不同意义的哲学内蕴。因此,笔者把 Anfang 翻译为"启始",而把 Beginn 翻译为"开端",以示两者之区别。

的发生发展息息相连。科学技术以哲学理念为前提,是理性对存有之反思的具体实现。他写道,"哲学究其本源具有西方性[*abendländisch*]。哲学一词涵括了西方世界的整个历史。技术仅只是从哲学中诞生。[世界上]只有一种技术,它具有西方性。它别的不是,只是哲学的承继"。①

从词源上说,技术一词源于希腊语 τέχνε(*techne*),意思是"制作某物的方法,技巧"。海德格尔否认这一通常释义,主张其真实含义是"揭蔽"。早在 1924—1925 年讲授柏拉图的《智者篇》时,海德格尔即把 techne 与 a-letheia 相关联。在"克服形上学"中,海德格尔写道,"τέχνε 是以希腊方式经验到的知识,它把存有者带至显现,即,它把那在场的如其所是地携带出来,具体而言,把它从遮蔽中带进它在其中显现的揭蔽;τέχνε 从来都不是制作行为之义"②。他认为,必须从这一含义上理解希腊人使用 techne 一词既指称技艺,又指称精细的艺术的特别意义。技术的本质就是"揭蔽的命定"[*das Geschick der Entbergung*]。在现代性纪元中,人们错误地理解和解释其中的揭蔽之义,把自然和存有物当作具有确定特性的、可计量的总体。海德格尔使用"集置"这个词语(Ge-stell)来表示把所有的存有者都变为完全的可得性与纯粹的可操纵性这样一种扩张性垄断的现象。现代技术把实在性揭蔽为持存(Bestand),持存或"可计算的资源"等用语表示的都是一切事物的呈现方式都处于揭蔽的促逼支配之下。在技术的持存中,集置作为揭蔽之命运而居有着,它是"所有确定方式的集聚之整体",这一点与那居有着的揭蔽相一致③。集置比所有的原子能与整个世界的机械工具,比组织、交通与自动化的功能更为真实。

人们遗忘了技术的本质,听不到存有在技术本质中对人发出的召唤,认识不到人的本质从属于时间发生性的揭蔽。这种"险厄"(Gefahr)自身与技术本质密切相关。海德格尔甚至说,"揭蔽的命定,即技术的本质,就是这种险厄。这不是一般的险厄,而是一种特定的险厄"④。这一特定的险厄除了涉及以上所说的人听不到存有在技术本质中对人发出的召唤,还涉及技术本身隐藏了其作为存有揭蔽的本质。从更为宽阔的视野来看,可以说,存有在其显身的同时引发了这一遮蔽之险厄。而最大的险厄在于,恰恰是这一遮蔽之险厄本身被遮蔽、掩盖、隐而不彰。克服这一遮蔽之险厄唯有可能在其自身内部实现。海德格尔所谓的险厄是存有得到揭蔽的关键性、必要性的时刻,

① Heidegger[1943],*Heraklit*, in *Gesamtausgabe* 55, Frankfurt am Main: Vittorio Klostermann, 1979, p.3. 在海德格尔的著作中,*abendländisch* 一词常被赋予一种本真的、形上学的含义,有别于普通的地理、政治、文化的意义,因此笔者译为西方性,以示区别。本文所引用的海德格尔著作由笔者译作中文。

② Heidegger[1936—1946], "Überwindung der Metaphysik," in *Vorträge und Aufsätze*, *GA* 7, 2000, pp. 67-98,46;着重号来自原文。

③ 参见 Heidegger, *Seminare in Le Thor*[1969], *GA* 15(1986), p.366。

④ Heidegger[1953], "Die Frage nach der Technik," in *Die Technik und die Kehre*(Tübingen: Neske, 1962), pp.5-36,[1953], pp.27/331.

它是技术的本质性发生,它蕴含着"可能兴起的拯救力量"①。他曾数次引用荷尔德林的诗句②:

> 险厄处于何处
> 何处就生长着拯救的力量

海德格尔解释道:"拯救"(retten)意为"把某物带回其本质,以便把本质第一次如其所是地带入其所属的显现之中"③。拯救的力量在险厄所在之处生根并且增长。当人们思考技术的本质的时候,他们认识到集置即是揭蔽之命运,人的本质则依照其命定必然地从属于揭蔽,必然要向揭蔽自由的召唤敞开。命定(Geschick)一词中的 schick 意思是发送,海德格尔把存有也描绘为发送,于是在技术的多样现象与存有史之间建立起一种内在的关联。

总之,在技术之中,存有者全体得到揭蔽,同时,技术也是存有作为真理之揭蔽的原初的意义可以得到恢复的地方。现代世界的救赎唯有通过对使其成为现实性与垄断性的技术与艺术的本质自身进行本源式的思索,使得作为存有之存有敞明开来。如果说遮蔽之险厄是较为诗化的语言,那么海德格尔作于 1936 年至 1938 年的第二部哲学巨著《哲学献集》中的第一启始与另一启始则是表述同一意思的独具风格的哲学概念。

四、海德格尔的第一启始与另一启始说

就狭义而言,第一启始(der erste Anfang)所指涉的是前苏格加底哲学家原发性思想的发生;就广义而言,第一启始包括到尼采为止的整个形上学传统。从词源学上讲,德文 Anfang 由 an-和-fangen 两部分组成,an-表示"在,趋近",-fangen 表示"攫住,抓住",海德格尔认为这种词源学分析支持了他的论点:原初性的思想家并不倚赖自身而开创出思想的启始,相反,他们被启始所攫住、所抓住。用他的原话来说,"思想家是被开端所开启的,被启始所启出(An-gefangenen)的;他们被启始攫住,并被聚集于其中"④。

希腊哲学家对存有之真理的体验是通过 phusis 和 a-letheia 这两个中心概念而获得的,即通过对 phusis 在 techne 之中的威力增长、对 a-letheia 的挫败,以及对存有与思维之分流(即 phusis 与 logos 之分流)等现象的经验。对存有之真理的原发性体验标志着第一启始开启的决定性时刻,这同时亦是希腊思想诞生之际。这种体验是对从属于存

---

① Heidegger,"Die Frage nach der Technik"[1953],pp.33/337.

② Heidegger,"Die Frage nach der Technik",p.41.

③ Heidegger,"Die Frage nach der Technik"[1953],p.29.

④ Heidegger,*Parmenides*[1942/43],*GA* 54(1982),p.11.

有的在场的体验,对存有作为隐遁之发生的体验。希腊语中关于真理的词语α-λήθεια(a-letheia)即指涉存有之真理在发生的同时亦隐遁这种两面性。海德格尔把 a-letheia翻译为 Unverborgenheit(揭蔽),它包含着揭蔽之前对遮蔽的经验。根据他的观点,尽管希腊人经验到遮蔽,但他们未能认识到论其本质它从属于存有之真理,这并不是说希腊思想有缺陷或是无能。相反,这种"未能"源于存有史的必然性,它符合第一启始中存有自我开启的模态。海德格尔宣称,"唯有那独特的(das Einmalige)才是可以加以回溯与重复的。唯有它在自身内承载着返回到它那里并承继其启始性(Anfänglichkeit)的必然性"①。

对于海德格尔来说,"第一启始经验并定立存有物的真理,而没有探究真理本身",而"另一启始经验存—有自身的真理,并探究真理之存—有,以便首先为'存—有'(Seyns)的生成式摆动(Wesung)奠基,使存有物作为原初真理之真而跃发出来"②。我们应当注意,第一启始与另一启始两者均是唯一的,均是单数,两者均由彼此的本质性关联而获得其意义,而在其中,海德格尔似乎更多地强调第一启始的先行地位。在《哲学献集》开篇第一节,海德格尔写道:

> 思想的"另一"启始之所以如此命名,不是因为它的形成与迄今存有的哲学中随意挑出来的任何一种有所区别,而是因为它一定是依照与那唯一的第一启始之关联而成其为唯一的另一启始(er der einzig andere aus dem Bezug *zu* dem einzig einen und ersten Anfang sein muss)。从一个启始跨越到另一启始中的思之风格亦已然由一个启始给另一启始之派定所决定的。③

十分清楚,海德格尔的另一启始(der andere Anfang)之所以称为"另一",这并不是将它区别于其他任何哲学流派,而是强调它是从与第一启始的内在关联中获得其有效性的。并且,从第一启始跨越到另一启始的思之风格亦是由第一启始给予另一启始之"派定"(Zuweisung,allotment)所决定的。

从第一启始到另一启始的运动,海德格尔称为"跃出"或"跨越"[*Übergang*]。这一过程是一否定的过程。海德格尔所使用的否定一词,与一般意义上的否定不同。一般意义上的否定含有摒弃、贬抵、消除、置于一边之义。这只是外在的否定。从第一启始到另一启始的否定,海德格尔说,是一"跃离"[*Ab-sprung*]。这一跃离同时又是跃入。它肯定它所跃离的第一启始,同时又撑开这一跨越运动本身。如此,否定是一超越了一

---

① Heidegger[1936—1938], *Beiträge zur Philosophie(Vom Ereignis)*[1936—1938], *GA* 65(1989), p.55.着重号来自原文。本节所探讨的"启始"观主要来自《哲学献集》,在作于 1940 年的《论启始》这部"非公共"的文稿中,海德格尔从存有史的视角对"启始"作出了进一步的探讨。Heidegger, *Über den Anfang*, *GA* 70(2005).

② Heidegger[1936—1938], *Beiträge zur Philosophie*, p.179;着重号来自原文。

③ Heidegger, *Beiträge zur Philosophie*, p.5;着重号来自原文。

般意义上的肯定的运动方式。这是生成性式[ursprüngliche]的否定。否定的跨越运动源自第一启始的独特性。由于其本质上的揭蔽中的遮蔽,第一启始呼唤着另一启始。生成性式的否定运动并不把第一启始置之于后,相反,否定运动之展开恰在于"凸显第一启始及其作为启始的历史,并把在第一启始中所显现的置回启始之占有之中"。①

以上是海德格尔对另一启始之否定的跃出运动的独特的解释。② 他用复杂而独特的思辨语言所表述的传统转化观较之牟宗三具有更为强烈的保守意蕴。西方哲学的启始,在他看来,源于对本真存有的召唤作出回应。在之后的发展中,存有自身被人遗忘,但这种遮蔽之所以可能,技术世界之所以发生发展,正是由于存有在第一启始之时的自我显身。人们与所承继的文化传统息息相关,不可能丢弃自己的传统。因此,人们不能单纯地把技术世界诅咒为恶魔的创造而加以摒弃。相反,人们必须追问被遗忘的,从未提出过的技术本质的问题,从中经验到其作为存有揭蔽的命定的本质,以及人类作为对存有揭蔽的回应者的本质。对传统的更新,只有一道可行,即回溯与激活在第一启始中已经显现的真理,即存有自身的显现。这一回溯与激活的运动,海德格尔称为"另一启始",或就其方式言之,"生成性式的否定"。海德格尔写道:

> 另一启始所以称之为此,不是因为它的构成方式有别于其他任意选择的哲学,而是因为它必然地是根据它与同样是唯一和仅有的第一启始之[内在的特定的]关联的唯一的另一启始。从第一启始跨越到另一启始的思想风格也是已经由第一启始给予另一启始的馈赠所决定的。③

另一启始具有与第一启始同样的唯一性和排他性。二者之间具有同源同构的内在关联。就回溯与激活在第一启始中显现的存有之真理而言,海德格尔并不认为东方思想或其他异质文化能起任何推进作用。另一启始几乎没有为东西文化会通留下任何余地。这样,不管"生成性式的否定"运动被刻画得如何灵动飘逸,富于化凝固僵滞为洒脱豁达的点睛之力,它的灵动与活力始终是限制在第一启始与另一启始之间的不可替代或补充的亲族承接关系的范围之中。

五、牟宗三与海德格尔论文化会通问题

牟宗三与海德格尔在年龄上只相差二十年,可以说是同代人。两位哲学家都生活

---

① Heidegger, *Beiträge zur Philosophie*, p.178;"跃离"[*Ab-sprung*]中的 *Ab* 在原文中加有斜体着重。

② 海德格尔所谓的"克服[*überwinden*]形上学"是针对具体的哲学形态,对这一否定运动所作出的更为具体的说明。形上学是第一启始所凝结,所规范化、固定化的产物。对这一传统的更新,赋予其新的活力,只能通过对传统本身进行否定,任何其他异质的文化传统不可能对其起到关键性的作用。

③ Heidegger, *Beiträge zur Philosophie*, p.5.

在世界激剧变化,本土国家政局动荡,传统所珍视的人文价值体系日趋颓败,虚无主义盛行的年代。使他们的思想充满魅力的首先在于其思想的勇气,在于其持守自我信念的精神。他们具有相似的时代焦虑和对哲学思考出发点与目的的选择。他们都一致认为传统文化必须由内部转化自身,才能获得在现代世界更新与发展的原动力;他们都十分重视从理论建构的高度为传统的转化提供依据与导向;他们都试图协调思想传统与现代科学之紧张关系,揭示二者可能存有的关联,但两者对于这个问题的思路呈现出较大的差异。

在文化会通问题上,两者的立场更是不同。牟宗三对于哲学的界定甚为宽泛,包括了文化传统中的一切反思与理解。希腊哲学只是哲学的一种风格,不能被当作其他文化传统中是否具有哲学的标准。牟宗三表面上似乎比海德格尔更看重东西方文化会通问题,然而,他是运用康德的二元论哲学来证成向西方学习的必要性与可能性的。他认为,只有康德的经验的实在论和超越的观念论才能提供使东方哲学与西方哲学相会通的间架。这个间架符合《大乘起信论》所说的"一心开二门"。二门,即真如门和生灭门。牟宗三把真如门比作康德所说的智思界(noumena),把生灭门比作康德所说的感触界(phenomena)。① 中国哲学长于智思界,即超越界,而短于感触界。西方哲学则相反,长于感触界,而短于智思界。二者各擅之胜场恰好相反。只有厘清智思界与感触界这两个世界才能讲中西哲学之会通。由于中国哲学短于感触界,它应当向西方学习,开出科学与知识论。牟宗三说,

> 在 noumena 方面,中国哲学很清楚而通透,康德则不通透,那就以我们通透的智慧把它照察出来,使康德哲学能再往前进。……在知识方面,中国哲学传统虽言闻见之知,但究竟没有开出科学,也没有正式的知识论,故中国对此方面是消极的,消极的就要看西方能给我们多少贡献,使我们在这方面更充实,而积极地开出科学知识对这方面的发展。这样中西哲学的会通,才能使两方更充实、更向前的发展。②

相应地,西方哲学短于智思界,没有心性之学,应当向中国学习,开出生命之学和综合的尽理之精神。对于中国哲学如何开出科学,牟宗三提供了一套详尽的道德理性自我坎陷说,而对于西方哲学如何从观解理性开出心性之学,除了"再从根上消融一下"一类比较含糊的说法以外,牟宗三并没有在理论上充分地说明西方哲学能否通过观解理性自我坎陷,或者说自我提升或超越(因为观解理性次于道德理性),而转出以中国

---

① 参见牟宗三:《中西哲学之会通十四讲》,见《牟宗三先生全集》第30卷,台北:联经出版事业股份有限公司2003年版,第230、95页。

② 牟宗三:《中西哲学之会通十四讲》,见《牟宗三先生全集》第30卷,台北:联经出版事业股份有限公司2003年版,第84页。

心性之学为范本的生命之学。

如果我们把牟宗三所叙述的文化会通图景与他的自我坎陷说进一步联系起来,可以看出道德理性实现自我坎陷之后的情况——在其中理性对物相对从而获取知识——与牟宗三对以理论理性的架构表现为特征的西方文化的描绘两相吻合。自我坎陷的过程似乎同时成为中国文化经由西方文化的旁道而最终成就自身的历程。中国文化处于这一历程的两端,中间陷入一个西化的阶段。我们在本文第二节已经看到,牟宗三所描绘的科学与民主通过坎陷而现身的图景是相当机械的,犹如希腊戏剧中突然被推出来解围的神一样(deus ex machina)。因此,牟宗三并没有真正地解决中国传统与西方传统究竟是如何通过坎陷而融汇在一起这个问题,这两者更像是外在地联结在一起的。尽管牟宗三坦言反对全盘西化,然而他的坎陷说却并没有提供一个真正的出路。

牟宗三的辩护者认为坎陷之后的良知和科学与民主仍具关联。大体而言,良知隐退于后,并不干预科学与民主。倘二者发生冲突,良知即发挥作用以矫偏①。然而,即使道德理性在坎陷之后至会物归己之前仍然时隐时显地对科学与民主起导引作用的话,那么道德理性与科学民主的二元对立并没有被消融,因为按照牟宗三的思路来看,它们具有根本相异的精神。而在另一方面,牟宗三把在西方文化中集中体现的科学与民主归结为"用",把在中国文化中集中体现的道德理性归结为"体",而在坎陷之后这一阶段此二者彼此对立,就此格局而言,牟宗三的理论与中体西用之说似乎也相去不远。因而,牟宗三的道德理性自我坎陷说并未能提供一个在理论上融洽的文化传统自身转化的范式。

显然,牟宗三是运用康德的二元论来建构起中西传统的对比性的,从而他关于向西方学习的话语具有不少问题,其中之一是:他把科学与民主视为非历史性的、可以未加改变地输入中国的具有特定的规定性的实体。与他相比,海德格尔的思考显得更加深刻。我们知道,海德格尔把哲学限制于希腊/西方传统,这显示出浓厚的文化本位主义的倾向,然而不可否认,他关于第一启始与另一启始的话语比牟宗三的说法在义理上更加圆融。关于与东方进行对话的问题,海德格尔的基本立场是西方传统应当首先不依赖于东方因素而实现自身转化。在1966年与《明镜》杂志记者的访谈中,他表示:

> 我相信,只有在现代技术世界起源的同一个地方,[西方传统的]转向[Umkehr]才能做好准备[sich vorbereiten]。这种转向不能通过采纳禅教或其他东方的在世经验而发生。思想只能通过与其具有同一起源、同一特性的思想才能转化。②

---

① 参见王大德:《牟宗三先生良知坎陷说之诠释》,李明辉主编,见《牟宗三先生与中国哲学之重建》,台北:文津出版社1996年版,第399—412、411页。

② 海德格尔[1966],Spiegel-Gespräch mit Martin Heidegger(23.September 1966),in *Gesamtausgabe* 16(2000),p.679.

在本文第四节我们也看到,海德格尔认为西方传统的新启始只能从自身内部开启出来,由于他珍视西方哲学传统的独特性,强调思想的同根同源在传统转化中所起的决定性意义,每当他论及东西方对话问题,他从来没有忘记提到其前提条件是西方世界在没有异质文化因素的干涉的情况下首先通过与希腊世界进行对话而获得自我转化。在《科学与反思》一文中,他写道:

> 无论是哪一位在当今时代敢于问询地、反思地(由此他已经积极地界入了相关问题)对我们每一小时都在经历的震惊世界的大事之深刻性作出回应的人,都必须不仅仅关心现代科学的知性欲求完全主导着我们的当今世界这一事实,他必须同时考虑,对当今世界之存有物的反思,只有通过凭借与希腊思想家及其语言的对话而触及我们的历史存有之本源,才能[真正地]发生与持续。这一对话尚在等待其启始。它几乎还根本没有准备好,然而,它是我们与东亚世界不可避免的对话的前提。①

从另外一个角度来看,由于海德格尔坚持西方传统的自我转化同时亦是对现代性与技术的来源的反思与检讨,他的思考维度比牟宗三宽广许多。他洞察到科学与技术中所包含的现代性思维的危机,由于哲学与技术具有内在的关联,为了拯救西方传统,我们必须思透现代技术的源泉,并且我们也不可能把现代技术抛掷一边,海德格尔试图阐发古代希腊世界中关于 techne 的不同观念,试图从技术内部寻求到"转向"(Kehre)的可能性。

此外,我们应当注意,海德格尔关于第一启始与另一启始的话语是在 20 世纪 30 年代所表述的。另一启始着重于哲学的更新的问题,而"转向"则着重于对现代技术的反思的问题,但两者都涉及西方传统的自我转化。尽管海德格尔并没有改变他对东西方对话问题的基本立场,但在第二次世界大战之后,由于集置的不断扩张与膨胀,他开始考虑东方思想资源是否可以对克服集置助一臂之力。然而,海德格尔始终把东方的作用局限于实存层面。

在现代世界,对自身文化传统进行回溯与重新阐释,应无可非议。但是我们绝不应当因此而对其他文化采取回避(即便这一回避是暂时的、策略性的),而偏守自家传承之一隅,等待遥遥无期的本土文化获得完全复兴的时辰。

六、超越康德式的二元论哲学

在本文中,我们探讨并比较了牟宗三的自我坎陷说与海德格尔的另一启始说。我

---

① Heidegger[1953], Die Frage nach der Technik, in *Die Technik und die Kehre*, Tübingen: Neske(1962, 5-36), p.41.

们看到,牟宗三的坎陷说旨在为吸纳科学与民主建立理论框架。出于某种考虑,他把坎陷呈现为道德理性自身的内部运作。然而,由于他毫无疑虑地把科学与民主当作西方的特产,无论是从其起源还是从其发展来说,那么坎陷的过程似乎同时亦是中国传统向西方开放的过程。因此,即使牟宗三在有些地方把坎陷描绘为某种准辩证的运作过程从而为其披上一层黑格尔式的哲学外衣,但是,他所谓的坎陷的两个阶段实际上与康德所区分的智思界与感触界、超越界与知识界更加吻合。换言之,尽管牟宗三强调坎陷是道德理性的自身展开,但是坎陷的两个阶段——即坎陷之前与坎陷之后——却呈现出二元对立的特征。同样的二元对立也体现在他对中西传统的对比之中。

牟宗三关于文化会通问题的康德模式始终是外在的,一方面,他预设了在输入(西方的)科学与民主的同时,(中国的)道德理性——严格地说只能称之为良知,因为道德理性这个概念来自康德哲学——可以保持其内核与特性;在另一方面,无论牟宗三如何严厉地批评西方文化的主客观对立、偏至与片面性,他似乎想当然地把这种模式当作获取知识并且最终实现科学与民主的唯一道路,而科学与民主则具有普遍的形式与意义。毋庸置疑的是,知识的赢获能否有另外一种(非西方的)模式,究其本原,通常被视为理论性的科学是否实际上是从通常被视为实用性的技术所派生而来的?① 李约瑟卷帙浩繁的《中国科学文明史》的一个基本动机即是展示:出于其重视与自然界事物的和谐关系,道家思想在长远的中国历史上一直对科学的发展起着有效的推动作用,这种科学尽量避免对自然的损害,而对中国式科学的发展起着阻碍作用的则是儒家思想。②

更加值得追问的是:中国能否直接地移植西方的民主制度?在这个问题上,章太炎(1869—1936)的思想为我们提供了一个很好的例子。章太炎反对直接采纳西方的政治制度,他认为,民主宪政始起于法国,美国对它进行了修订,当前中国应当创造出第三种民主政治,没有某种普遍有效的政治制度,政治制度应当适合中国的民情。③

我们不禁感到,牟宗三的运思方式未免受到海德格尔所描绘的集置这个魔障的操纵,尤其是受到在康德哲学那里达到顶峰的西方二元论哲学的影响。牟宗三的坎陷所产生出来的是与道德理性相异的东西,与此相比,海德格尔关于西方传统的自我转化的话语在理论上更为严谨、更具备说服力,因为另一启始植根于在古希腊现身的第一启始之中。这种话语的一个薄弱之处是:我们对哲学史的考察说明,所谓的哲学在希腊从零开始、从虚无中诞生的说法是一种神话,历史上并没有纯属于希腊的哲学的绝对的开端,希腊人从诸多其他民族(包括埃及和中亚民族)那里吸收了丰富的哲学资源。④ 在

① 参见拙文《海德格尔论现代性纪元中科学与技术之逆转关系》,《学术月刊》2015 年第 6 期。
② 参见 Joseph Needham, *Science and Civilization in China*(Cambridge:Cambridge University Press, 1954 ——)。该书从 1954 年起出版。李约瑟请冀朝鼎题署的中文名作《中国科学技术史》。上海人民出版社曾于 2001 年至 2003 年间推出过一版五卷简编本,题为《中国科学文明史》。2014 年版重新定名为《中华科学文明史》。
③ 参见《章太炎政论选集》,中华书局 1977 年版,第 537 页。
④ 参见拙文《哲学起源于希腊说置疑》,《学术月刊》2007 年第 2 期。

我们现在界定为西方哲学的整个历史发展中一直都有相似的与其他文化互动的现象。

在本文开头,我们曾提及牟宗三批评海德格尔错误地把存有论置于时间与内在性范域之中,或称"形上学的误置"。笔者认为,海德格尔从存有物、现象世界与人类有限性出发的实事性的现象学更加适合于当今这个祛魅的世界中人类的生存状态。这种实事性的现象学的问题在于海德格尔把某些实存层面上的(西方)因素当作是具有绝对的存有论意义,从而排除了其他的实存因素的存有论意义。牟宗三主张一种置于智思界的康德式(或者也可以说儒家式)的超越形上学,这一版本的超越形上学的构成因素可见于第一节中他对中国传统的描绘中。虽然牟宗三强调中国传统重视生命的学问,但他把"生命"界定为儒家的道德与政治生活,这种生命与作为科学研究对象的自然物相对。因此,牟宗三所谓的"生命"是人类中心的、与物相对的,并且,他以儒家为中心的对中国传统的诠释没有真实地反映出中华传统发源于不同历史阶段的所有思想源流。这是新儒家所具有的普遍弊病,已经受到一些学者的批评。例如郭齐勇批评他们(包括牟宗三)"过分抬高了儒家,特别是儒学中心学一系的价值,相对贬抑了中华文化多样发展中的其他资源的作用,相对贬抑了外来文化对中华文化发展中的多重作用"。①

当前,值得我们思考的是如何超越康德式的二元论哲学,把中国关于生命的学问真正地置诸与物相交融的实事性之中,从多元的文化和哲学观出发来谈中西会通,从具体的层次上来观看中西方对相似问题的回答,这是当今多元文化、多元哲学时代的大势所趋。

---

① 郭齐勇:《熊十力思想研究》,天津人民出版社 1993 年版,第 366 页。

【中国哲学】

论儒家之柔

李茂森①

内容提要：本文通过分析"儒，柔也"之定义，认为儒家之柔的含义不是软弱或优柔，而是使人生长，因此与"儒"相关的儒术、儒家、儒学、儒教等思想和实践的基本原则是促进人的生长，为民谋福利，让人们生活得更好。因此，"儒"字包含了"人之生存所必需"的意思，这意味着，在造字之初，柔的生养性本质就贯穿于儒家的礼乐思想和制度，意味着儒家思想具有社会治理和社会教化的职能。借此基本价值导向，我们能够发现儒家思想在理论和实践发展中的偏差，纠正某些学术阐释的谬误。本文介绍了胡适、郭沫若、钱穆和陈来等学者的观点。

关键词：儒 柔 生养 礼乐

从现有的文献资料上看，"儒"字不是在孔子之前就广泛使用的汉字。东汉许慎的《说文解字》把"儒"解释为："儒，柔也。术士之称。从人，需声。"②这说明儒家思想的理论和实践到东汉已经形成了较为确定的特性和特征，并为后人所认可。这里的关键问题是如何理解"柔"。《说文解字》对"柔"的解释是："柔，木曲直也。"③清段玉裁《说文解字注》进一步解释为："《洪范》曰：'木曰曲直。'凡木曲者可直，直者可曲曰柔。《考工记》多言揉。许作煣，云'屈申木也'，必木有可曲可直之性，而后以火屈之申之，此柔与煣之分别次弟也。《诗》'荏染柔木'，则谓生木。柔之引伸为凡脃弱之称，凡抚安之称。"④《说文解字注》对"儒"的释义也更全面："郑《目录》云：'《儒行》者，以其记有道德所行。儒之言优也，柔也，能安人，能服人。'又，'儒者，濡也，以先王之道能濡其身。'《玉藻》注曰：'舒儒者，所畏在前也。'术士之称。术，邑中也，因以为道之称。《周礼》：'儒以道得民。'注曰：'儒有六艺以教民者。'《大司徒》：'以本俗六安万民，四曰联师儒。'注云：'师儒，乡里教以道艺者。'按，六艺者，礼、乐、射、御、书、数也。《周礼》谓'六德''六行''六艺'，曰'德行道艺'。自真儒不见，而以儒相诟病矣。"⑤

① 李茂森，中国人民大学哲学院副教授、伦理学与道德建设研究中心研究员。
② （汉）许慎：《说文解字》，九州出版社 2001 年版，第 449 页。
③ （汉）许慎：《说文解字》，九州出版社 2001 年版，第 329 页。
④ （汉）许慎撰，（清）段玉裁注：《说文解字注》，凤凰出版社 2007 年版，第 443—444 页。
⑤ （汉）许慎撰，（清）段玉裁注：《说文解字注》，凤凰出版社 2007 年版，第 642 页。

古人没有脱离古代汉语的微言大义,似乎对儒家之柔的理解没有太大的偏差,而现代学者则对儒家之柔进行了多种解释,甚至是曲解。本文认为儒家之柔的内在含义是生长,并外延为使人生长、抚养、教养和教化的意思,在特定的历史条件下发展为儒家的礼乐思想和制度。这种解释对于正确理解和发展儒家思想具有根本性意义。

一、现代学者对儒家之柔的解释

现代学者对儒家之柔的解释,大多沿袭了《韩诗外传》、《广雅》和《说文解字》等工具书意义上的解释,往往把柔和弱、懦、优联系起来,在具体释义上有正解亦有曲解,有弘扬亦有贬低,有赞成亦有质疑。限于篇幅,本文主要介绍胡适、郭沫若、钱穆和陈来的观点。

胡适在《说儒》(1934年)一文中认为儒家之柔是当初(周初)为儒之人的一种历史性人格,柔是柔弱的意思。他根据《说文解字》等文献,认为"凡从需之字,大都有柔弱或濡滞之义"①。不过,其推理更多地是来自所谓的历史反思,其观点可摘录为以下六点:

(1)"儒"的第一义是一种穿戴古衣冠,外貌表示文弱迂缓的人。②

(2)从儒服是殷服的线索上,我们可以大胆的推想:最初的儒都是殷人,都是殷的遗民,他们穿戴殷的古衣冠,习行殷的古礼。这是儒的第二个古义。③

(3)希腊的知识分子做了罗马战胜者的奴隶,往往从奴隶里爬出来做他们的主人的书记或家庭教师。北欧的野蛮民族打倒了罗马帝国之后,终于被罗马大主教的长袍教士征服了,倒过来做了他们的徒弟。殷商的知识分子——王朝的贞人、太祝、太史,以及贵族的多士——在那新得政的西周民族之下,过的生活虽然是惨痛的奴虏生活,然而有一件事是殷民族的团结力的中心,也就是他们后来终久征服那战胜者的武器,那就是殷人的宗教。④

(4)这种宗教需用一批有特别训练的人。卜筮需用"卜筮人";祭祀需用祝官;丧礼需用相礼的专家。在殷商盛时,祝宗卜史自有专家。亡国之后,这些有专门知识的人往往沦为奴虏,或散在民间。因为他们是有专门的知识技能的,故往往能靠他们的专长换得衣食之资。他们在殷人社会里,仍旧受人民的崇敬;而统治的阶级,为了要安定民众,也许还为了他们自己也需要这种有知识技能的人,所以只须那些"多士攸服奔走臣我多逊",也就不去过分摧残他们。这一些人和他们的子

---

① 《胡适文集》第5册,北京大学出版社1998年版,第7页。
② 《胡适文集》第5册,北京大学出版社1998年版,第7页。
③ 《胡适文集》第5册,北京大学出版社1998年版,第8页。
④ 《胡适文集》第5册,北京大学出版社1998年版,第13页。

孙,就在那几百年之中,自成了一个特殊阶级。他们不是那新朝的"士";"士"是一种能执干戈以卫社稷的武士阶级,是新朝统治阶级的下层。他们只是"儒"。他们负背着保存故国文化的遗风,故在那几百年社会骤变,民族混合同化的形势之中,他们独能继续保存殷商的古衣冠,也许还继续保存了殷商的古文字言语。

(5)儒是柔懦之人,不但指那蓬衣博带的文绉绉的样子,还指那亡国遗民忍辱负重的柔道人生观。

(6)"儒"本来是亡国遗民的宗教,所以富有亡国遗民柔顺以取容的人生观,所以"儒"的古训为柔懦。到了孔子,他对自己有绝大信心,对他领导的文化教育运动也有绝大信心,他又认清了那六百年殷周民族同化的历史实在是东部古文化同化了西周新民族的历史(西周民族的新建设也都建立在那"周围于殷礼"的基础之上),所以他自己没有那种亡国遗民的柔逊取容的心理。"士不可以不弘毅:任重而道远",这是这个新运动的新精神,不是那个"一命而偻,再命而伛,三命而俯"的柔道所能包涵的了。①

针对胡适的这些观点,郭沫若1937年发表了《驳〈说儒〉》(原题《借问胡适——由当前的文化动态说到儒家》)一文,似乎主要是批判胡适的学风,认为自己才是提倡这些观点的先驱,因此在史学考证方面提出了对六个问题的不同见解后认为:

> 中国文化导源于殷人,殷灭于周,其在中国北部的遗民在周人统制之下化为了奴隶。在春秋时代奴隶制逐渐动摇了起来,接着便有一个灿烂的文化期开花,而儒开其先。这是正确的史实。这种见解我在十年前早就提倡着,而且不断地在证明着。《说儒》的出发点本就在这儿,虽然胡适对于我未有片言只字的提及。但是从这儿机械式的抽绎出这样一个观念:儒是殷民族的奴性的宗教,得到孔子这位大圣人才把它"改变到刚毅进取的儒";更从而牵强附会地去找寻些莫须有的根据;这却不敢说是"青出于蓝而胜于蓝"的。②

关于儒家之柔,郭沫若这样认为:

> 这是走到末路的祝宗卜史之类的贵族们的大可怜相。这些便是"儒"的来源了。儒之本意诚然是柔,但不是由于他们本是奴隶而习于服从的精神的柔,而是由于本是贵族而不事生产的筋骨的柔。古之人称儒,大约犹今之人称文绉绉、酸溜溜,起初当是俗语而兼有轻蔑意的称呼,故尔在孔子以前的典籍中竟一无所见。

---

① 以上三段见《胡适文集》第5册,北京大学出版社1998年版,第47、13—14、15页。
② 《郭沫若全集》历史编第一卷,人民出版社1982年版,第456页。

《周礼》里面有儒字,但那并不是孔子以前的书,而且是经过刘歆窜改的。①

　　1954 年,钱穆发表了在抗战期间撰写的《驳胡适之说儒》,直接在五个方面否定了胡适的主要观点。钱穆冠之这五个方面的标题是"驳最初儒皆殷人皆殷遗民之说","驳儒是柔懦之人为亡国遗民忍辱负重的柔道观说","驳儒为殷遗民穿戴殷代古衣冠习行殷代古礼说","驳儒以相丧为本业及孔门师弟子皆为殷儒商祝之说","驳老子是一个老儒是一个殷商老儒之说"。关于儒家之柔,钱穆则认为"据《论语》与《周易》,儒家论人事皆尚刚,不尚柔。质之东周殷族风尚,既无柔儒之征;求之儒家经典明训,亦无主柔之说。胡文所举,全无实际。臆测之辞,不攻自破矣。"不过,钱穆在《释侠》一文曾写道:"徐叔重《说文》以'柔'训'儒',后人不察,遂乃以儒家为尚柔,因目儒者为文士;而墨子之徒见谓可以赴汤蹈火,因遂疑儒、墨有文、武之列,此亦臆测悬想,未能深穷夫古者儒、墨之真相也。"如何从"柔"字上探究儒家的真相? 钱穆在这里没有给出一个建设性的答案。但在《古史辨》第 4 册(1933 年)的"钱序"中,钱穆认为:"《说文》:儒,柔也。术士之称。柔乃儒之通训,术士乃儒之别解。后人不辨《说文》句读,以术士与柔两语并说。不知柔非美德,老子正言若反,故乃舍高趋下,弃刚从柔。儒家固不以柔为道。儒只是术士,不论刚柔也。术士者,犹云通习六艺之士耳。"②钱穆在这里也放弃了通过柔字去探求儒家之本质的方法。

　　陈来的《古代宗教与伦理:儒家思想的根源》的第八章"师儒"后来也以题为"说说儒——古今原儒说及其研究反省"的论文发表,很好地梳理和分析了相关问题。读者很期望在这篇文章里找到儒家之柔的权威解释,"柔"字在这篇文章里大概出现了 17次,但是作者没有对"柔"字提出明确的解释或结论。针对如何理解儒家之柔,作者实际上有自己深思熟虑的看法。在该书的导言部分解释如何理解儒家思想的根源时,作者写道:

　　　　近代以来,因古文字学的发达,字源学的研究不仅有长足的进步,对各人文学科也有程度不同的推进作用。但就思想史的研究来说,字源学考索的限制,也不能不加以认识。半个世纪以来"说儒"、"原儒"为名的论著不少,其中以字源学研究为主导。用字源学的方法讨论商周甲金文是否有"儒"字及其在古文字早期的意义,无疑是有学术价值的。但是,这种对"儒"字的考释在理解儒家思想的根源方面却有很大局限性。这不仅是因为,对古文字的考释破译,专家的意见亦每多不同,而且这种字源的研究往往游离了儒家思想探源的方向,甚至产生误导的作用。古文字学家把甲骨文中的一个字释为"需",认为是求雨的巫祝,并认为这就是儒

────────────

① 《郭沫若全集》历史编第一卷,人民出版社 1982 年版,第 458 页。
② 罗根泽:《古史辨》第 4 册,上海古籍出版社 1982 年版,"钱序"第 1 页。

的起源。这样一种研究和结论究竟对理解儒家思想的起源有何意义,是很值得怀疑的。①

后来在《儒服·儒行·儒辩——先秦文献中"儒"的刻画与论说》一文中,陈来基本上否定了考察儒教之柔的意义,认为应该从更加有据可查的儒家言行等价值导向来理解儒家思想,并且结论性地写道:

> 近代以来有些学者试图以《说文》的"儒,柔也"来理解早期儒家,而这十六项儒行,从总体上看,没有任何"柔"的特点,相反,和孟子所说的"大丈夫"的人格尤为接近。这也可以说明,以柔论儒基本上是错误的。其实,《说文》之柔,只是就"濡"字的根源而言,所以《说文》也说明"儒"其实是一种术士,也就是一种主张儒术的士(墨也是术士,是主张墨术的士)。应当说,《儒行》篇才最能代表早期儒家对"儒"的解释和理解。②

这个观点似从钱穆。他们的观点与其说是对儒家之柔的否定,不如说是对"我注四书,四书注我"等某些研究弊端的失望。古人似乎对某些古汉字的内涵或某个事件的发生背景心照不宣,没有做出明确的阐释,后人若缺乏这种素质或知识,则往往忽视古汉字的微言大义或武断地做出一些结论,容易产生误解和曲解。譬如,《礼记注疏卷第五十九·儒行第四十一》篇中确实有这样的语句:"儒之言优也,柔也。能安人、能服人。……但《儒行》不同,或以逊让为儒,或以刚猛为儒,其与人交接常能优柔,故以'儒'表名。"③如果后人把这种解释理解为儒家靠优柔的话语去感动人和说服人,甚至把儒家之柔解释为和稀泥,没有是非标准,把儒家理解为文弱的书生,这些理解显然是片面的。这些解释或许揭示了某些历史现象和社会实践中的问题,但不能一概归结为儒家思想的本质或定义。

二、如何正确理解儒家之柔

要正确理解儒家之柔,我们至少要讨论这个字由内向外的三个方面,即儒家之柔的内涵、外延和在特定的社会历史文化生活中的表现。一般对儒家之柔的理解主要是外在的第二个方面和第三个方面,如早期的《韩诗外传》、《广雅》和《说文解字》对儒的解释,各书对儒家之柔的解释用字有差异,用意实际上是相通的。这在清段玉裁的《说文

① 陈来:《古代宗教与伦理:儒家思想的根源》,生活·读书·新知三联书店1996年版,第14—15页。
② 陈来:《儒服·儒行·儒辩——先秦文献中"儒"的刻画与论说》,《社会科学战线》2008年第2期。
③ 李学勤主编:《十三经注疏·礼记正义》,北京大学出版社1999年版,第1577页。

解字注》中有较好的总结，上文也引用了该书对"儒"的释义："郑《目录》云：'《儒行》者，以其记有道德所行。儒之言优也，柔也，能安人，能服人。'又，'儒者，濡也，以先王之道能濡其身。'《玉藻》注曰：'舒儒者，所畏在前也。'术士之称。术，邑中也，因以为道之称。《周礼》：'儒以道得民。'注曰：'儒有六艺以教民者。'《大司徒》：'以本俗六安万民，四曰联师儒。'注云：'师儒，乡里教以道艺者。'按，六艺者，礼、乐、射、御、书、数也。《周礼》谓'六德''六行''六艺'，曰'德行道艺'。自真儒不见，而以儒相诟病矣。"引文中的这些作者从柔的内涵意义出发，以柔释儒，同时以儒明柔，看到了柔的外延性功能和特征是教化人民，使人温和善良学会生活，这就是儒家的实践，而在第三个方面的历史传承意义上，认为儒的思想来源于尧舜禹等先王之道，儒的实践者承担了教导乡里之民的职责，即所谓"儒以道得民"。

本文认为儒家之柔的内涵至少有以下三点：

（1）柔的造字之意为初生，引申为生长。《说文解字》对柔的解释是："木曲直也。"对木的解释为："木，冒也，冒地而生。"①柔的本义是植物初生而嫩。《诗》中有言"手如柔荑"，毛传释为："荑，茅之始生也。本之于荑，取其有始有终。"②荑可以泛指草木的嫩芽。"手如柔荑"是比喻女子白嫩的手。按照一般的生长规律，生物之柔发展到一定阶段则变为刚，或生物主体的刚柔相摩、刚柔相推、刚柔相配都意味着生命的运动规律和社会的伦理法则，如《周易·说卦》云："昔者圣人之作《易》也，将以顺性命之理，是以立天之道曰阴与阳，立地之道曰柔与刚，立人之道曰仁与义。"③儒家之柔应该隐含着生长、生养和教化的意思。

（2）从生长主体的柔引申为使对象主体发生有机变化或改变的意思。《说文解字注》解释"柔"为："《洪范》曰：'木曰曲直。'凡木曲者可直，直者可曲曰柔。《考工记》多言揉。"这里的柔可以解释为一种柔软的物理特性，也可以解释为加工成型的意思。其内涵是强调有机变化，是指这种改变要符合被改变对象的特性，结果是有利的，是生成性的，不是破坏性的。古人把木之曲直和人格联系起来，可见儒家的"柔"是促进人的生长，强调通过礼乐教化的作用使新一代茁壮成长。古人认为"木之曲直"是人的品性自然成长的状态，所以往往把直作为一种德性要求，要求人们直而不曲、贵直不贵谀、正直不随邪、思无邪等。

（3）柔意味着生命成长，尤其是指人类的抚养和生活。《说文解字注》进一步解释"柔"为："《诗》'荏染柔木'，则谓生木。柔之引伸为凡耎弱之称，凡抚安之称。"这里的耎弱可以相当于软弱，但不是道德或心理评价意义上的软弱，而是生物出生或生长期的柔弱状态。抚安的对象可以指人类个体，是指抚养成人，但抚安天下、抚安四夷的对象

① （汉）许慎：《说文解字》，九州出版社2001年版，第313页。
② 李学勤主编：《十三经注疏·毛诗正义》（上、中、下），北京大学出版社1999年版，第175页。
③ 李学勤主编：《十三经注疏·周易正义》，北京大学出版社1999年版，第326页。

更主要是指群体，基本意思是使之生存生活，使人安居乐业。怀柔，便是此意。"怀，安也。柔，和也。"古文常用怀柔百物、怀柔百神、怀柔异类等词语。怀柔是"好生之德"。从某种比兴或狭义的意义上，古典文献中往往把柔视为坤德，重视女性的生育和抚养职能。

以柔的生养性本质为前提，我们可以简单地考察儒家思想中以柔为其内涵的三个概念。

一是儒。《说文解字》中把"儒"归为"人部"，说明"儒"具有与人相关的社会属性，但其意义不仅是"需声"。《周易·序卦》中云："有天地，然后万物生焉。盈天地之间者唯万物，故受之以《屯》。屯者，盈也。屯者，物之始生也。物生必蒙，故受之以《蒙》。蒙者，蒙也，物之稚也。物稚不可不养也，故受之以《需》。需者，饮食之道也。"①如何实现人们的饮食之道？《周易》给出的部分答案是："'需'者，待也。物初蒙稚，待养而成。……需，须也，险在前也。刚健而不陷，其义不困穷矣。……需，君子以饮食宴乐。"②待和养相通，待不是等待、停留的意思，而是款待、侍奉使人存活的意思。因此，儒是以儒家的方式使人生存的意思，其方式在春秋之前已经演化成社会制度意义上的儒家礼乐思想。孔子在"礼坏乐崩"的历史时期，设立私学，周游列国，试图恢复"以道得民"的儒家思想。但在人类生存的历史中，能看得见的"饮食之道"是什么？上文提到了柔和揉相通，这便带来比兴的联想。揉木为耒，耒是古代的一种松土的农具，耒耜合用可看作犁的前身。耒耜为中国农耕社会的基础工具，对我国农耕文化的发展起着极大的推动作用。揉的作用可以比喻为使人成器，成为在社会生活和生产中有用的人，能够利民利天下。以上可以清晰地看到儒和需、柔之间的内在联系。从这里亦可以看出儒家重视实践技艺，正所谓"志于道，据于德，依于仁，游于艺"。

二是立。《诗·小雅·巧言》云："荏染柔木，君子树之。"③树和立相通，树人和立人都有使人学会生存，生活得更好的意思。"立人"作为儒家忠恕之道的忠，应该是取此意。由此可以推到出仁、慈等儒家的德性要求。《论语·雍也》中子曰："夫仁者，己欲立而立人，己欲达而达人。能近取譬，可谓仁之方也已。"④仁和慈相通，古人认为慈乃柔也，善也，仁也。这两个字也都是使人生存和生活得更好的意思。《尔雅》中有这样的比喻："《礼》曰：'王者仁慈，则芝草生。'"⑤芝草是瑞草，能救人性命。但仁和慈在感情色彩和使用场合上有所差异，"慈"似乎更趋向于作为父母的德性特征。《礼记·礼运》认为："何谓人义？父慈、子孝、兄良、弟弟、夫义、妇听、长惠、幼顺、君仁、臣忠，十

---

① 李学勤主编：《十三经注疏·周易正义》，北京大学出版社 1999 年版，第 335 页。
② 李学勤主编：《十三经注疏·周易正义》，北京大学出版社 1999 年版，第 42—43 页。
③ 李学勤主编：《十三经注疏·毛诗正义》（上、中、下），北京大学出版社 1999 年版，第 758 页。
④ 李学勤主编：《十三经注疏·论语注疏》，北京大学出版社 1999 年版，第 83 页。
⑤ 李学勤主编：《十三经注疏·尔雅注疏》，北京大学出版社 1999 年版，第 236 页。

者谓之人义。"①《春秋左传》有云:"礼之可以为国也久矣,与天地并。君令、臣共,父慈、子孝,兄爱、弟敬,夫和、妻柔,姑慈、妇听,礼也。君令而不违,臣共而不贰;父慈而教,子孝而箴;兄爱而友,弟敬而顺;夫和而义,妻柔而正;姑慈而从,妇听而婉;礼之善物也。"②我们在儒家的经典中不难发现,立和礼、理、利、建等观念亦有很深的联系。这些儒家的基本思想表明,儒家之柔是让人学会生存和生活,让君子和国家为人民谋福利,从而实现"博施于民而能济众"的社会理想。

三是和。柔和二字相通。和,从禾。禾是人类早期赖以生存的谷类作物。禾稼的稼是指一家的农作。《诗经·豳风·七月》云:"九月筑场圃,十月纳禾稼,黍稷重穋,禾麻菽麦。嗟我农夫!我稼既同,上入执宫功:昼尔于茅,宵尔索绹,亟其乘屋,其始播百谷。"③本文引用这段话是强调,人们在远古时代就意识到了共同生活的重要性和必要性,人们在农业活动中结成社会生活共同体。"和"在这里是一个核心价值,规定了人类这些活动的过程和结果。团结是"和"的重要特征。与"和"相连的观念还有乐(樂)、调、諴、韵、怡、协等,这些汉字都意味着某种整体性和有机性。上文提到"夫和而义,妻柔而正",这应该是要求丈夫负责建设和发展家族共同体,要求妻子负责后代的生育和培养。通过综合分析可以断言,"和"在儒家思想里强调生命、生存和生活的整体性和有机性。个体身体健康,可谓和于身,但儒家思想更强调"圣人为能和","君子和而不同",重视社会生活共同体的发展。这种整体性和有机性贯穿于儒家的礼乐制度。《说文解字注》引用了"《周礼》:'儒以道得民。'注曰:'儒有六艺以教民者。'《大司徒》:'以本俗六安万民,四曰联师儒。'"较完整的上下文是:"以保息六养万民:一曰慈幼,二曰养老,三曰振穷,四曰恤贫,五曰宽疾,六曰安富。以本俗六安万民:一曰媺宫室,二曰族坟墓,三曰联兄弟,四曰联师儒,五曰联朋友,六曰同衣服。正月之吉,始和布教于邦国都鄙。乃县教象之法于象魏,使万民观教象,挟日而敛之。乃施教法于邦国都鄙,使之各以教其所治民。令五家为比,使之相保;五比为闾,使之相受;四闾为族,使之相葬;五族为党,使之相救;五党为州,使之相赒;五州为乡,使之相宾。"④这些都可以归结为"礼之用,和为贵,先王之道斯为美"⑤。和,现在人们往往理解为和气、和谐,其本质应该是生养和共生,由此实现《礼记》所谓的"致中和,天地位焉,万物育焉"。

以上关于儒家之柔的基本观点可以说是儒家经典的核心,隐含于古代关于天地人的哲学和政治体系之中。古人在论证其合理性时,往往归结为某种自然规律,如上文引用的《周易·序卦》中云:"有天地,然后万物生焉。盈天地之间者唯万物,故受之以《屯》。屯者,盈也。屯者,物之始生也。物生必蒙,故受之以《蒙》。蒙者,蒙也,物之稚

① 李学勤主编:《十三经注疏·礼记正义》,北京大学出版社 1999 年版,第 689 页。
② 李学勤主编:《十三经注疏·春秋左传正义》,北京大学出版社 1999 年版,第 1479—1480 页。
③ 李学勤主编:《十三经注疏·毛诗正义》(上、中、下),北京大学出版社 1999 年版,第 504—505 页。
④ 李学勤主编:《十三经注疏·周礼注疏》,北京大学出版社 1999 年版,第 262—264 页。
⑤ 李学勤主编:《十三经注疏·周礼注疏》,北京大学出版社 1999 年版,第 10 页。

也。物稚不可不养也，故受之以《需》。需者，饮食之道也。"古人从自然规律的合理性，论证出社会和政治要求的合理性及必然性，如"有天地然后有万物，有万物然后有男女，有男女然后有夫妇，有夫妇然后有父子，有父子然后有君臣，有君臣然后有上下，有上下然后礼义有所错。夫妇之道不可以不久也，故受之以《恒》"①。后人之所以对古典文本产生误解，经常是因为以偏概全，或望文生义取古汉字的一个现代意义，或把当时儒家某些人的某种实践活动总结为儒家唯一的实践活动，从而脱离了儒家思想的本质。譬如，在儒和需的关联中，需可以用"待"来解释，胡适则认为，"'需'卦所说似是指一个受压迫的知识阶级，处在忧患险难的环境，待时而动，谋一个饮食之道。这就是'儒'。"②实际上"待"是使人生存和生活的意思。《礼记·儒行》中的这句话经常被引用为儒家的经典定义："儒者，濡也，以先王之道能濡其身。"③有人把濡误解为斋戒沐浴，把礼单纯地看作祭祀的礼仪，从而认为儒者是为古代贵族祭祖事神、承办丧事的人，或者是春秋时期从巫、史、祝、卜中分化出来的人。这些古人的不复存在或职业的终结，并不能意味着儒家的终结。把这些人和职业归结为儒家的起源和本质属性，显然不妥，因为某些古人的某些言行或职业是在不同的社会历史条件下的具体表现，不见得具有跨越时空的普遍性，而儒家思想作为一种历史文化的存在已经上升为一种社会价值理念，具有传承性的普遍意义。儒家历代经典文献流传到今天仍然能够得到一定的认同，就说明了这一点。

三、儒家之柔与礼乐的关系

"儒"可以称为术士，但不是所有的术士或道术都称为儒，除非"术"被限定为儒家的"六艺"或"六经"之教。实际上，先秦诸子百家都有自己得以出众的"术"，其中道家、墨家、法家、阴阳家等表现得尤为突出。因此，章太炎和胡适等人针对"儒，柔也。术士之称"这个定义，都试图回答这样的问题：道家是否亦可以称儒？

章太炎在《诸子略说》中有这样一段话："术士之义亦广矣，草昧初开，人性强暴，施以教育，渐渐摧刚为柔。柔者，受教育而驯扰之谓，非谓儒以柔为美也。受教育而驯扰，不惟儒家为然；道家、墨家未尝不然；等而下之，凡宗教家莫不皆然，非可以专称儒也。又《庄子·说剑》：'先生必需服而见王，事必大逆。'庄子道家，亦服儒服。司马相如《大人赋》：'列仙之儒，居山泽间，形容甚臞。'仙亦可称为儒。而《宏明集》复有九流皆儒之说，则宗教家亦可称儒矣。今所论者，出于司徒之儒家，非广义之术士也。"④章太炎把柔理解为教育，而重视和实施教育的学派并非只有儒家，道家和墨家也重视教育，因而

---

① 李学勤主编：《十三经注疏·周易正义》，北京大学出版社 1999 年版，第 336—337 页。
② 《胡适文集》第 5 册，北京大学出版社 1998 年版，第 21 页。
③ 李学勤主编：《十三经注疏·礼记正义》，北京大学出版社 1999 年版，第 1577 页。
④ 章太炎：《国学讲演录》，华东师范大学出版社 1995 年版，第 172 页。

推断儒作为术士有其独特的教育内容，不是广义上的术士。

胡适在《说儒》中则有这样一个断言："老子也是儒。儒的本义为柔，而《老子》书中的教义正是一种'宽柔以教，不报无道'的柔道。'弱之胜强，柔之胜刚，天下莫不知，莫能行'，'上善若水，水利万物而不争'，'夫唯不争，故天下莫与之争'，'报怨以德'，'强梁者不得其死'，'曲则全，枉则直，洼则盈'。……这都是最极端的'犯而不校'的人生观。如果'儒，柔也'的古训是有历史意义的，那么，老子的教义正代表儒的古义。"[1]这个观点被钱穆驳斥。然而，笔者倒是认为胡适意识到了柔在儒家和道家中的通义，即其所谓的"古义"，但是没有建设性地加以论证，失去了发掘柔之生养意义的机会。

关于儒家之柔和道家之柔，鲁迅也提出了一种见解。他在其小说《出关》中以文学手笔描写了老子西出函谷关的情景，提出了"孔老相争，孔胜老败"的观点，反对无为和出世的人生观。他后来在《〈出关〉的"关"》一文中这样解释："老子的西出函谷，为了孔子的几句话，并非我的发见或创造，是三十年前，在东京从太炎先生口头听来的，后来他写在《诸子学略说》中，但我也并不信为一定的事实。至于孔老相争，孔胜老败，却是我的意见：老，是尚柔的；'儒者，柔也'，孔也尚柔，但孔子以柔进取，而老却以柔退走。这关键，即在孔子为'知其不可而为之'的事无大小，均不放松的实行者，老则是'无为而无不为'的一事不做，徒作大言的空谈家。"[2]

"柔"显然不仅仅为儒家所推崇。柔在儒家和道家中的通义是维护和促进人的生存，只是在儒家和道家那里实现的方式有所不同。儒家之柔的特殊性及其在特定社会历史生活中的特殊表现，使其与其他学派有明显的差异。简单地说，儒家之柔表现在儒家的礼乐思想和制度之中。

儒家的礼乐思想和制度源于周公，践行于鲁国。周公重视"礼乐化民"的理论和实践。据《尚书》记载，周公摄政"一年救乱，二年伐殷，三年践奄，四年建侯卫，五年营成周，六年制礼作乐，七年致政成王[3]。《左传·文公十八年》记载："先君周公制《周礼》曰：'则以观德，德以处事，事以度功，功以食民。'"[4]"食，养也。"食民，就是让人民生活得好，而不是以人民为食。《礼记·乐记》则云："礼节民心，乐和民声。政以行之，刑以防之。礼、乐、刑、政，四达而不悖，则王道备矣。乐者为同，礼者为异。同则相亲，异则相敬。乐胜则流，礼胜则离。合情饰貌者，礼乐之事也。礼义立，则贵贱等矣。乐文同，则上下和矣。好恶著，则贤不肖别矣。刑禁暴，爵举贤，则政均矣。仁以爱之，义以正之。如此，则民治行矣。乐由中出，礼自外作。乐由中出，故静。礼自外作，故文。大乐必易，大礼必简。乐至则无怨，礼至则不争。揖让而治天下者，礼乐之谓也。"[5]《史记》

① 《胡适文集》第 5 册，北京大学出版社 1998 年版，第 55 页。
② 《鲁迅全集》第六卷，人民文学出版社 1991 年版，第 528 页。
③ 李学勤主编：《十三经注疏·周礼注疏》，北京大学出版社 1999 年版，第 3 页。
④ 李学勤主编：《十三经注疏·春秋左传正义》，北京大学出版社 1999 年版，第 576 页。
⑤ 李学勤主编：《十三经注疏·礼记正义》，北京大学出版社 1999 年版，第 1085—1086 页。

第二十四卷的《乐书》则总结为："乐者,天地之和也;礼者,天地之序也。和,故百物皆化;序,故群物皆别。……王者功成作乐,治定制礼。其功大者其乐备,其治辨者其礼具。……天高地下,万物散殊,而礼制行也;流而不息,合同而化,而乐兴也。春作夏长,仁也;秋敛冬藏,义也。仁近于乐,义近于礼。"①

这些语录说明,礼乐思想和制度作为儒家理论和实践的核心,其初衷和宗旨是促进社会的安宁和人民的福祉。尽管儒家学说产生于封建宗法社会,其礼乐思想和制度在长期的发展形成了诸多特定的社会价值观念,这必然有其历史局限性,但礼乐思想和制度致力于促进社会治理和改善人民福祉,这是儒家思想得以流传至今的价值所在。

四、结 语

儒家之柔作为儒家道德哲学的起点,包含着儒家深邃的价值导向,规定了儒家思想的生养性本质,这概括在"儒者,柔也"是非常明智的,表现了很高的汉字智慧。然而,儒家之柔的生养性是一个潜在的核心思想,围绕这一核心思想的诸多观念在特定的社会历史文化生活中的表现得更有说服性和可操作性,这使儒家之柔的生养性在儒家思想和实践的发展中往往让渡并隐含于其他的概念,如天、命、道、德、仁、义、礼、乐、和、保、中、正、忠、孝、性、情等。我们应该牢记汉字的微言大义和一词多义,不能机械地以彼义否此义。譬如孔子曰:"益者三友,损者三友。友直,友谅,友多闻,益矣。友便辟,友善柔,友便佞,损矣。"(《论语·季氏》)这里的"柔"是指"和颜悦色以诱人者",其意义在社会生活中是负面的和消极的,显然不是本文所主张的儒家之柔。我们必须把这些概念还原到其历史文本和义理的脉络中,才能理解其理论和实践的意义,使传统文化思想薪火相传,继往开来。

对古代思想和经典的诠释不仅是仁者见仁智者见智的问题,还涉及复杂的不同时代的历史条件和要求,因此,即便大家都认为自己实事求是,不断地推陈出新,也未必能达成一个统一的结论。本文主要是从道德哲学的视角把握相关汉字的微言大义,力图通过儒家经典文献溯本求源,阐释儒家道德哲学的合理性,消除历史上沿袭下来的对儒家思想理解的谬误,把儒家之柔的生养性视为非常宝贵的人文资源和传承儒家思想的价值尺度。

---

① (汉)司马迁:《史记》,中华书局 1963 年版,第 1048—1049 页。

【宗教哲学】

千山剩人函可及其禅法研究

温金玉①

内容提要：函可禅师,岭南人,明末清初著名诗人,他一生命运多舛,是清代文字狱的第一个受害者。他致力于南禅北传,被奉为关外佛教的开宗鼻祖。他在东北成立了第一个文学组织——冰天诗社,开创了清初关东文化的新局面。由于其生前与死后均遭雪藏,著述被焚,墓塔被拆毁,凡与他有关联的踪迹皆被铲除灭绝,寂然无声,几乎湮没于历史的长河之中。

关键词：函可　禅法　关外佛教　文字狱　千山语录

释函可(1611—1659),字祖心,号剩人,人称剩和尚、千山剩人。俗姓韩,名宗騋,明末广东博罗人,函可是岭南人,却在关外生活11年,是清代文字狱的第一个受害者。他是南禅曹洞宗的传人,被奉为关外佛教的开宗鼻祖。他在东北成立了第一个文学组织——冰天诗社,开创了清初关东文化新局面。由于其生前与死后均遭雪藏,著述被焚,墓塔被拆毁,凡有关联的踪迹皆被铲除灭绝,寂然无声,湮没于历史的长河之中。然而,历史不会忘记,文化终有记忆。回顾过往,对函可的记录与研究一直在继续。今天我们可以见到的除了他的《千山诗集》、《千山语录》等作品,还可以见到长久以来的研究成果。据胡晓婷的统计,近现代对于函可的研究始于1916年,陈伯陶在《胜朝粤东遗民录》中有《函可传》;1937年,陈融的《越秀集》对函可亦有介绍;王在民写有《函可和尚评传》、《南明诗僧函可考证》、《明末诗人函可和尚年谱》等;1947年谢国桢有《清初东北流人考》;陈寅恪《柳如是别传》中在论述钱谦益时也对函可的事迹有所考证。

从20世纪80年代开始,研究论著逐渐增多,最有代表性的是1986年出版的汪宗衍《明末剩人和尚年谱》一书。1996年覃召文《岭南禅文化》一书单独介绍了函可,评述了其与岭南佛教的关系。许多高校研究生将函可作为学位论文研究对象。② 2013年台湾文史哲出版社出版杨燕韶《明季岭南高僧:函可和尚研究》一书,较为系统梳理了函可的生平与思想。2018年5月沈阳出版社出版姜念思所著《函可传》一书,算是最新研究成果。本文将在前贤研究基础之上,对函可禅师及其思想作一梳理。

---

①　温金玉,中国人民大学佛教与宗教学理论研究所教授。
②　参见胡晓婷:《函可研究综述》,《剑南文学》2013年第1期。

一、悲世入空门

函可生于官宦之家，其父韩日缵，万历三十五年（1607）进士，官至礼部尚书。函可从小接受良好教育，聪颖过人，少负盛名，性格好义，"豪快疏阔"，因而"倾动一时，海内名人以不获交而耻"①。当时的名人都以不能结交他为耻，可见其名望。后与曾起莘、黎遂球、梁朝钟、罗宾王等交游甚笃，时常谈论国事，评议时政，大有匡扶天下之志。崇祯九年（1636），父韩日缵病逝，家道中落。其时明朝内忧外患，特别是天启年间魏忠贤得势，被称为"九千九百岁"，排除异己，专断国政，以致人们"只知有忠贤，而不知有皇上"。《明史》："明代阉宦之祸酷矣，然非诸党人附丽之，羽翼之，张其势而助之攻，虐焰不若是其烈也。中叶以前，士大夫知重名节，虽以王振、汪直之横，党与未盛。至刘瑾窃权，焦芳以阁臣首与之比，于是列卿争先献媚，而司礼之权居内阁上。迨神宗末年，讹言朋兴，群相敌仇，门户之争固结而不可解。凶竖乘其沸溃，盗弄太阿，黜陟渠憸，窜身妇寺。淫刑痛毒，快其恶正丑直之私。衣冠填于狴犴，善类殒于刀锯。迄乎恶贯满盈，亟伸宪典，刑书所丽，迹秽简编，而遗孽余烬，终以覆国。"②从父辈身上看到的官场黑暗，令他无意仕途。他与好友曾起莘皆有遁入空门之念。曾起莘先去罗浮山黄岩拜僧人道独为师，随后，韩宗騋亦随曾起莘一起参访道独禅师于罗浮华首。"道独令参赵州无字，函可呈颂曰：道有道无老作精，黄金如玉酒如渑。门前便是长安路，莫向西湖觅水程。"③崇祯十二年（1639）六月十九日，29岁的韩宗騋，随道独到江西庐山，削发为僧，易名函可。而先入道的曾起莘则名函昰。随后，函可返罗浮，住华首"充都寺"，不久，又在广州小北门外筑"不是庵"为静修之所，与诸僧信相过从。所以函可与明末清初的遗民逃禅者略有不同，他是在明亡之前已出家，这是研究函可时应注意的一个视角。

道独（1600—1661），明末曹洞宗僧，广东南海陆氏子。号宗宝，别名空隐。世称空隐宗宝、宗宝道独禅师。三岁母抱登楼，观蜘蛛结网，瞪目久之，悲喜不禁。六岁失父，随母礼佛，闻老僧言见性成佛，遂发深信，乃立定出世之志。稍长，得《六祖坛经》，初不识字，乃礼请大德诵读，竟能成诵。年十六，礼十方佛后自行执刀剃发。归隐龙山，结庐而居，侍母尽孝十余年。年二十九母殁。道独谒博山。山一见曰："望汝来久矣！"为更名登具足戒。道独住九月而别。崇祯十一年（1638）度岭归粤，移锡东莞双柏林。曾起莘、韩宗騋拜谒，独喜得法子。道独一生主要有两个弟子，即函昰与函可。

① 函可著，杨辉校注：《千山诗集校注》（上册），辽海出版社2007年版，第1页。
② 《明史》列传第一百九十四《阉党》。
③ 函可著，杨辉校注：《千山诗集校注》（下册），附录《千山剩人可和尚塔铭》，辽海出版社2007年版，第554页。

二、惨遭文字狱

1644 年，李自成攻占北京，崇祯帝自缢。随后，清军入关。此时，正在广州住持黄花寺的函可惊闻国变，"悲恸形辞色"。不久，明朝福王朱由崧在南京建立弘光政权，函可得知后，立即以"重新印刷佛经"为名，带五名徒弟赶赴南京，寄宿于诗人顾梦游家中。何以会在这样敏感的时刻，他毅然身赴是非之地？许多研究者认为，其政治企图显而易见。陈寅恪先生就认为：函可"实暗中为当时粤桂反清运动奔走游说"①。从现有资料看，他到南京后，随即便与困居城中的著名反清人士顾炎武、归庄、龚贤等人联系紧密，并写下《甲申岁除寓安南》诗："梅花岭下小溪边，寒尽孤僧泪独涟。衲底尚存慈母线，担头时展美人篇。先皇岁月余今夕，故园风光忆去年。香冷夜深松火息，万方从此静烽烟。"②对故国家园充满了留恋之情。

但仅仅过了三个月的时间，于 1645 年 5 月，清军攻陷南京，朱由崧被杀，弘光政权覆灭。许多贵胄名士纷纷躲藏，以避战乱。而函可却挺身而出，身着白色绢服，拄杖站立住所门前，放声痛哭，边哭边喊："志不可降，时不可失。"闻而感激殉节者十数人。函可咸作诗歌以吊，"时人多危之，师为之自若。"③

南京戒严，函可无法出城，只能继续住在顾梦游的家中。这一滞留，便是三年。函可在这三年间，亲历了清兵攻陷南京的重大事变，目睹了人民饱受战乱之苦。他奋笔疾书，记述南明弘光王朝仁人志士不甘亡国起而抗争、悲壮献身的事迹，写下了长篇传记体私史《再变纪》。《千山诗集》中顾梦游的序说："乙酉，以请藏经来金陵。值国再变，亲见诸死事臣，纪为私史。"④

1647 年，函可返乡。顾梦游曾有诗《送祖心还岭南》："一春风雨愁中去，春去还添送别愁。心事两年同下泪，莺声明月独凭楼。舟车已断寻前路，城郭重归失旧游。只恐经台也荒草，吾庐何不且淹留。"函可在向与其父亲有师生之谊的招抚江南大学士洪承畴的帮助下，获得通关印牌，但在离城时，清兵盘查甚严，"忤守者意，执送军中"。在函可的箧筒中搜出有福王朱由崧答阮大铖的书信以及《再变纪》一书，随即，函可被捕，遭受酷刑。"以归日行李出城，忤守者意，执送军中。当事疑有徒党，拷掠至数百。但曰：某一人自为。夹木再折，无二语。乃发营候鞠。项铁至三绕，两足重伤，走二十里如平时。江宁缁白环睹，咸知师道者无他，争为之含涕，而不敢发一语。后械送京师，途次几欲脱去，感大士甘露灌口，乃安忍如常。至京，下刑部狱。越月得旨，发沈阳。师自起祸

---

① 陈寅恪：《柳如是别传》，三联书店 2001 年版。

② 函可著，杨辉校注：《千山诗集校注》（上册），辽海出版社 2007 年版，第 205 页。

③ 函可著，杨辉校注：《千山诗集校注》（下册），附录《千山剩人可和尚塔铭》，辽海出版社 2007 年版，第 554 页。

④ 函可著，杨辉校注：《千山诗集校注》（上册），辽海出版社 2007 年版，第 1 页。

至发遣,中间两年,惟同参法纬暨诸徒五人外,无一近傍。然内外安置极细,如狱中一饮啖,一衣履,随意而至,如天中人。师当时所能自为者,顺缘耳。庸钜知已有人属某缃,属某素,甲事若此,乙事若彼。开士密行,不令人知何择时地。然师所以获是报者,岂非平生好义,暗中铢镂不爽。诸如道在人天,且当作别论也。"①郝浴记载说:"当其遭诬在理,万楚交下,绝而复苏者数,口齿嚼然,无一语不根于道。血淋没趾,屹立如山,观者皆惊顾咋指,叹为有道。"②从这些记述中,可知函可的气节忠贞。

据《洪承畴传》记载,因发印牌给函可,为了避嫌,洪承畴于顺治四年(1647)十一月,上奏"犯僧函可,系臣会试房师故明礼部尚书韩日缵之子。出家多年,于顺治二年正月内,自广东来江宁刷印藏经,值大兵平定江南,粤东路阻未回,久住省城。臣在江南,从不一见。今以广东路通回里,向臣请牌,臣给印牌,约束甚严。因出城门盘验,笥中有福王答阮大铖书稿,字失避忌。又有《变纪》一书,干预时事。函可不行焚毁,自取愆尤。臣与函可有世谊,理应避嫌,情罪轻重,不敢拟议。其僧徒金猎等四名,原系随从,历审无涉,臣谨将原给牌文及函书贴封送内院,乞敕部察议。得旨:洪承畴以师弟情面,辄与函可印牌,大不合理,着议处具奏。函可等着巴山、张大猷差的当员役,拿解来京"③。顺治五年四月,吏部议奏:"招抚江南大学士洪承畴,给广东游僧函可护身印牌,负经还里,为江宁守卫搜出福王答阮大铖书并《再变纪》一册,其中字迹,有干我朝忌讳,洪承畴以师生之故,私给印牌,显属徇情,应革职。得旨:尔部所议甚是,但洪承畴素受眷养,奉命江南,劳绩可嘉,姑从宽宥。"④第二年,对函可的审查拷问,未发现其有党羽,其门生奉旨宽宥。因其《再变纪》中言论"有干我朝忌讳",函可被流放沈阳,成为清王朝文字狱的第一个受害者。

三、创办冰天诗社

清王朝自顺治元年(1644)九月从盛京迁都北京后,为了加强统治,推行了一系列的高压政策。凡是不利于其统治的言行,均采取打击和镇压的措施。其中,将所谓免死减等重犯,大批流放到统治比较稳固、相对比较落后的东北。如沈阳、铁岭、尚阳堡(今辽宁开原)、宁古塔(今黑龙江宁安县)、卜魁(今黑龙江黑河市爱辉区)等地,这些地方多为寒荒之地。被流放的人统称为"流人",其中的知识分子则称之流人文士。据记载,仅清顺治、康熙、雍正三朝的90年间,被放逐的流人文士,有案可查者多达数百名。函可初至沈阳,"开眼见城廓,人言是旧都。牛车仍杂沓,人屋半荒芜。"这里的条件虽

---

① 函可著,杨辉校注:《千山诗集校注》(下册),附录《千山剩人可和尚塔铭》,辽海出版社2007年版,第554—555页。

② 函可著,杨辉校注:《千山诗集校注》(下册),《冰天诗社诗》,辽海出版社2007年版,第558—559页。

③ 《贰臣传》卷三《洪承畴传》。

④ 《东华录》卷二,顺治四年,第38页。

然艰苦,但流放于沈阳的前朝遗民中,不乏饱读诗书的前朝谪臣和同道参禅之人,"幸有千家在,何妨一钵孤。但令舒杖履,到此亦良图。"

饱读诗书的函可来到沈阳,时有谪戍诸臣左懋泰、李呈祥、魏琯、郝浴、季开生、李隆衮、陈心简等人,彼此以节义文章相慕重,皆引为知音。因此,顺治七年(1650),函可便集诸同好,凡三十三人成立"冰天诗社",吟咏抒怀。"始以文章节义慕重,后皆引为法交"①,一时文风兴起。函可亲自为诗社作序:"尽东南西北之冰魂,洒古往今来之热血……聊借雪窖之余生,有续东林之胜事。"②函可对东北文化的影响由此开始。

顺治八年(1651),冰天诗社成立后的第二年,道独和尚派遣其徒真乘来访函可,并告知广东家乡音讯:清兵洗劫,博罗城内"十不存一"。"几载望乡音,昔来却畏真。举家数百口,一弟独为人。"家中数百口人只剩一弟一侄尚存,于是更号为"剩人"。亲人遇难,他写下"长边独立泪潸然,点点田衣溅血鲜。半壁山河愁处尽,一家骨肉梦中圆。"朋友殉节,他以激愤之心写出:"不知是血或是魂,化作吴刀切心髓。""旧时相识多新鬼,只恐身存已断肠。"次年四月,今育和尚来沈阳见他,再传消息,弟弟再遭杀害。"白山黑水愁孤衲,国破家亡老逐臣。纵使生还心更苦,皇天何处问原因。"呼天不应,叫地难灵。关山路远,连祭奠都无法成行。"我有两行泪,十年不得干。洒天天户闭,洒地地骨寒。不如洒东海,随潮到虎门。"陈伯陶在《胜朝粤东遗民录》一书中描述岭南遗民的抗争情形:"明季吾粤风俗,以殉死为荣,降附为耻……其敦尚节义,浸成风俗者,实为他省所未尝有也。"③随后的时局转换,鲁王监国舟山,亦无力兴复残局。而张家玉、陈邦彦、韩如璜等起兵于广州、九江,均先后失败。大明复兴,已无希望。

四、致力南禅北传

复明无望,他调整心态,曾自勉:"努力事前路,勿为儿女悲。"转而以传播佛法为己任,"幸无牛马后,仍许见浮屠。礼佛欢如旧,逢僧笑尽呼。膏粱恣啖嚼,土榻任跏趺。半晌低头想,依然得故吾。"由于他熟谙佛教经典,受到了佛教界的尊崇。顺治九年(1652)三月,函可在沈阳各大寺院的僧众联名请求下,开法南塔,又弘法于普济、广慈、大宁、永安、慈航、接引、向阳诸刹,听法弟子数百众,"凡七坐大刹会,下各五七百众。""趋之者如河鱼怒上",其《语录》序中言:"尝演法于接引、永安诸刹,令海州屠人咸释刀去,辽阳斗者至相戒,勿令公知,此亦大道感应之验矣。"④他的弘法不仅于文化人以宗教的抚慰,且于市井百姓亦有劝化之功。这样成规模的弘法,在当地产生强烈的轰动效

---

① 函可著,杨辉校注:《千山诗集校注》(下册),附录《千山剩人可和尚塔铭》,辽海出版社2007年版,第554—555页。

② 函可著,杨辉校注:《千山诗集校注》(下册),《冰天诗社诗》,辽海出版社2007年版,第497页。

③ 陈伯陶:《胜朝粤东遗民录》,台北:明文书局1985年版。

④ 函可著,杨辉校注:《千山诗集校注》(下册),辽海出版社2007年版,第549页。

应——"绝塞罕闻,称佛出世"。杨燕韶所著《明季岭南高僧:函可和尚研究》一书认为,"将南禅北传是函可和尚一生中一项重大的成就。"①正是函可的努力,使得南禅曹溪一脉得以在东北地区弘传。

顺治九年(1652),诸喇嘛和各寺监院启请函可主法:"元旦,喇嘛潦藏葛浪、耶舍葛浪、索勒葛浪、僧录司掌印行深、辽阳僧纲宽、道藏主慧达、广慈监院玄赋、接引监院祖远、慈航监院寂亮、大宁监院师慧、永安监院祖道等稽首和南,窃以末后拈花,遂付正法眼藏;西来渡苇,方知直指心传;六代相承,二支并演;棒喝交驰于中土,针锤未及于遐方,白足亲临晋代久矣。空闻法眼流入朝鲜杳然绝响,岂本性果分南北縠?大事实待因缘。恭惟剩和尚座下,冰雪肝肠,人天眼目;生卢老之乡,岂堪作佛;蹈丹霞之迹,不肯选官;裂世网之千重,经洪炉之百炼,淘华首之真子,而寿昌之曾孙;何意长边偏紫凤愿,乘白马以出关;不啻腾兰初入,僭金绳而作聘;直疑洪杲重来,七斤破衲,何妨呼马呼牛?一片婆心,未免入泥入水;持身不染,度世有方;松枝再握,已看顽石点头;剑影未彰,早见天魔落胆;喜大荒之渐辟,祈甘雨以弘施;一灯辉煌于雪窖,夫岂异人?五叶灿烂于冰天,端在斯日;白骨青磷,无复愁风愁雨;狐神鼠圣,庶几革面革心。既来九译以瞻云,敬率千群而立雪。思深龙象庆溢虫沙谨疏。"②这说明函可已被当地僧俗所接纳与崇奉。

同年,清廷放宽限制,函可被允许外出,于是,他第一次登上千山,写下"一到千山便不同,山翁只合住山中"的诗句,从此,他与千山结缘,"五年中十登千山",他强调"佛门不是躲身之处",不是"藏愚纳拙之地"。函可讲经时,其弟子作笔录,写成《千山语录》,并多次刊印,传播关内外。于是,函可被奉为关外佛教的"开宗鼻祖"。

函可49岁时于辽阳首山驻跸寺去世,弟子们"龛肉身,诣千山龙泉寺"。顺治十八年(1661)迁至大安寺,又在璎珞峰西麓的双峰寺建塔。康熙元年(1662)塔成,入塔,塔前石碑上刻有《塔铭》、《碑铭》。临终有偈云:"发来一个剩人,死去一具臭骨。不费常住柴薪,又少行人掘窟。移向浑河波里赤骨律,只待水流石出。"去世前,他的好友郝浴、李呈祥等守候在侧,郝浴问函可:"师有何末后句?"函可回答说:"吾思吾岭南耳。"思念故国,思念家园,盼望回归故里。他的影堂楹联云:"亦儒亦佛,能孝能忠。"函可寂后,讣至广州,天然和尚作《哭千山剩人法弟》三首,其二云:"乌玄鹄白尽乾坤,侠骨平心欲并论。至性自应投绝域,深悲何必恨中原。十年膻雪酬先泽,七刹幢铃答后昆。觉范子卿终一死,深余骸骨吊关门。"函可生前著述颇丰,曾有《语录》十卷、《剩诗》三卷等行世。去世后,顾梦游等又为他刊印诗集。康熙二十九年(1690),函可弟子重刻《语录》,改名《千山语录》行世。康熙四十二年(1703),弟子今羞等把所搜集的各种版本和诸家所藏函可诗汇集一起,以《千山诗集》书名印行。现存有《千山诗集》二十卷,计诗1412首。另有《千山剩人禅师语录》六卷传世。

① 杨燕韶:《明季岭南高僧:函可和尚研究》,台北:文史哲出版社2013年版,第88页。
② 函可著,杨辉校注:《千山诗集校注》(下册),辽海出版社2007年版,第562页。

五、函可禅法思想

函可的思想是他在沈阳安顿下来之后，逐渐形成的。左懋泰乃崇祯时进士，后降清，清顺治六年(1649)举家百口被流放铁岭。他到沈阳曾与函可等人共同组织"冰天诗社"，他在《剩人和尚语录序》中记述说："山海而东，延袤一线，斗绝千里，流人错趾，庐旅语言，四方之风在焉，然于佛事特胜。剩公先来，逾岁，余亦放至。得城阴数椽屋，沙气为岚，雪云如幕，或晨或夕，时一相过。频死之馀，尚载敝簏书一车，意为僵卧遣奠之具。剩公方弢光铲采，每来辄抓搔典籍，独提宗教，栩栩相视也。间煮蜀粥，调盐荠，或击稿木，佐以瓦缶，唱酬吟咏，一室之外，遂无知者。阅二年，而剩公之教大行。住普济，成语录，缁宿辈已西传长安。既而，三韩远近及门愈众，指授开演，复成兹编。"①函可初至沈阳韬光养晦，沉心典籍，后与人吟咏唱和，声名渐闻。住普济寺，成《普济剩和尚语录》一函。李呈祥亦为崇祯朝进士，后事于清，顺治十年(1653)被流放沈阳。他也在《剩人和尚语录序》中对此作了描述："予幼而顽劣，长不知学，随俗汩没章句而已。被谪以来，惶惑失志，文字之外，无可凭者。从綮维中得《普济剩和尚语录》一函，读而恍有醒焉。及见如故，师亦以予为若可与语者，而朝夕训诲之，予实愧不能行也。兹者，座下缁俗复刻师法语，广示学人，较之前录尤为详备。"②说明函可语录在当时流人中已初具影响力。

目前对函可的禅法风格尚未有深入研究，解析其思想的基本文献主要是他留下来的《千山语录》。语录共有六卷，是他在普济、广慈、大宁、永安、慈航、接引、向阳七个寺院所作的讲法记录。这本语录，最早版刻于顺治八年(1651)，初名《普济语录》。顺治十一年(1654)在原版基础上进行增补复刻。到康熙二十九年(1690)，其弟子今庐与今又二人在广州黄华寺重刻，更名为《千山剩人和尚语录》。乾隆时编纂《四库全书》，明令函可的所有著述不得流通。

今留存的语录中，卷一、二主要收录了上堂法语，卷三、四为小参，卷五为普说、茶话、问答，卷六为拈古、颂古、偈、十二时歌，还有《答李居士书》等。试透过其语录，梳理其思想关注点。

(一)忠孝之义

函可作为明末遗民，又是流放之身，承载着忠诚与叛逆、遗老与新民的不同身份，此外他还是一个方外之士，出家之人。如何来演绎特定时代他的思想焦点呢？我们发现，忠孝传统观成为他绕不过去的思想壁垒。"我虽出家未忘世"，他主张以儒理与佛法相

---

① 函可著，杨辉校注：《千山诗集校注》(下册)，辽海出版社2007年版，第549页。
② 函可著，杨辉校注：《千山诗集校注》(下册)，辽海出版社2007年版，第550页。

融合,生活与修持不分离。昔日挚友顾梦游曾说:"读大师诗,而君父之爱油然以生,声教也;读大师诗,而知忠孝之言,不可以苟生。……身教也。"①北里樵人更言函可"以忠孝激烈之性,沉涵于性海"②。在函可心中,佛法就是救世济人的,离众生则无佛法。佛法虽然有高深玄妙的哲理,更有温情度众的悲心,所以函可言:"佛教,人伦也。"③这样的思想完全继承了宋代大慧宗杲"菩提心即忠义心"的气象:余虽学佛,然爱君忧国之心与忠义士大夫相同。当年钱谦益所撰《长庆空隐道独和尚塔铭》中明确说:孝于事师,忠于事佛,是曹洞宗之宗风。函可真实继承了乃师道独的入世情怀。

忠孝思想在佛教中的运用,是建立在儒佛的融合基础之上。函可一直致力于两教的会通。丁澎在《普济剩师塔碑铭》中概括说:"师统论三教源流,迥出精旨。尝言:古圣人因宜设教,不必尽同,要皆以一心致用。昧者于同中见异,明者不妨于异中见同。"④对于儒佛的关系问题,函可在《答李居士书》中作了清晰表达:"忆罪秃未剃发前,曾于孔门诸子问仁处,发大疑情,累日不食,既而恍然有会于仁也。既而详阅诸儒语录,益确然于所谓仁也。迨至出家遍参,历诸甘苦,卒无异于昔之所谓仁,无加于昔这所谓仁,而愈了然于无非仁也。皇天无二道,圣人无两心,何止六经皆仁注脚,三藏十二部亦仁注脚也。"⑤他反对站在佛教的立场反对儒家学说,同样也反对以儒家之论反佛说。"一切经论,一切公案,不求分晓,无不分晓。不求明白,自然明白。以此自利,以此利人,以此事亲则为孝,以此事君则为忠。出得世间,入得世间,而又何僧何俗,何儒何佛。"⑥他批评一些人对佛法的误解,"君王当事而不事,父母当养而不养"⑦。怪不得儒者会有批驳佛教之言论。那种只顾自我的解脱,不发菩提心度众的行为,是只知佛之权,而不懂佛之实。仅仅是泥佛之迹,全然不知佛之悲心。

(二)"莫系念"的中道观

函可作为一个僧人,其思想指向当然是倾心于佛法的弘扬,他在上堂开示时说"曹溪滴水,倾来辽海;千寻罗岳,片云飘作白山万叠"⑧。从岭南道独祖师处传承而来的宗风,如何在关外弘扬开来,是他的宗教主题。

曹洞宗的思想渊源可以追溯至石头希迁,"回互"思想的确立成为一脉相承的宗风。这一宗特别重视真如本体(理)和现象世界(事)的相互关系,主张"即事而真"的

---

① 函可著,杨辉校注:《千山诗集校注》(上册),辽海出版社 2007 年版,第 1 页。
② 函可著,杨辉校注:《千山诗集校注》(下册),辽海出版社 2007 年版,第 549 页。
③ 函可著,杨辉校注:《千山诗集校注》(下册),辽海出版社 2007 年版,第 549 页。
④ 丁澎:《扶荔堂文集》卷十二,转引自杨燕韶:《明季岭南高僧:函可和尚研究》,台北:文史哲出版社2013 年版,第 107 页。
⑤ 函可著,杨辉校注:《千山诗集校注》(下册),辽海出版社 2007 年版,第 699 页。
⑥ 函可著,杨辉校注:《千山诗集校注》(下册),辽海出版社 2007 年版,第 669 页。
⑦ 函可著,杨辉校注:《千山诗集校注》(下册),辽海出版社 2007 年版,第 658 页。
⑧ 函可著,杨辉校注:《千山诗集校注》(下册),辽海出版社 2007 年版,第 564 页。

学说,从个别(事)来显现全体(理)。函可继承了其师道独禅师"不得有语,不得无语"的"莫系念"的理念,在传法中始终贯彻这一原则。比如对于"佛性"问题的讨论,函可在上堂时提出,"一切众生皆有佛性"还是"一切众生皆无佛性",对这样的问题应作如何的回应呢? 如说有或说无,皆非中道,不言又是哑羊僧。所以他以"棒喝"的方式说"垂柳绿毵毵,日午好遮荫"①。佛说一切法,为治一切心,若无一切心,何须一切法。佛法有着究竟义,亦有对治义。于执空者说有,于恋有者言空。法法平等,无有高下。只要识得本源清净之心,便不会有对外境的种种分别对立。这样的认知同样体现在他对持戒的开示上。佛陀涅槃时对众说:我灭度后,大众当以戒为师。所以,佛门中流传毗尼藏者是佛法寿,戒住则法住。然而禅林中一直流行轻视戒律的风气,认为戒律是对自由心性的束缚,是对禅法活泼灵性的破坏。止持作犯,束敛初心,初心是一步,佛心是千里,岂有一步不能行可达千里者?

针对此,函可表明自己的主张:"亦无远近之分,但明一步则千里立,至千里不出一步。只争汝等肯发心不肯发耳。"②《梵网经》中已明确指出,众生受佛戒,则入诸佛位。只能行人一心回心受戒,则与诸佛体性无别。他针对当时丛林实际,谆谆教诲:"于今出家人不肯发心,总是卑下自安,恐怕受戒之后事事有碍,不敢容易。殊不知未受戒人事事有碍,受戒之后却事事无碍。何故? 不受戒便不是佛子。国王水土,十方檀越,一切无分。二时粥饭,总名偷食。便是自耕自锄,也是偷他国王水土。尔若受戒即位同大觉,一切受用,自在无碍。"③从佛法不二法门来观照,修行的意义,在于放下。但放下的实质,又在于承担。

六、结　语

函可圆寂后,其著述还流行许久。然而在 1775 年——函可死后 116 年,乾隆皇帝命人编修《四库全书》,发现了函可的诗文,乾隆感到"语多狂悖……恐无识之徒目为缁流高品",于是下了一道圣旨:"朕检阅各省呈缴应毁书籍,内有千山和尚诗本,语多狂悖。千山僧,名函可,广东博罗人。后因获罪,发遣沈阳。函可既刻有诗集,恐无识之徒目为缁流高品,并恐沈阳地方或奉以为开山祖席,于世道人心甚有关系。着宏晌、富察善确查函可在沈阳时曾否占住寺庙? 有无支派流传,承袭香火? 及有无碑刻字迹,查明据实覆奏。"④最终,函可的《千山诗集》、《千山语录》被列为禁书,付之一炬;关外寺庙凡与函可有关的遗迹、碑文均被铲除;《盛京通志》中有关函可的记载,全部删除;就连函可在璎珞峰下的葬身塔也被夷为平地。

---

① 函可著,杨辉校注:《千山诗集校注》(下册),辽海出版社 2007 年版,第 566 页。
② 函可著,杨辉校注:《千山诗集校注》(下册),辽海出版社 2007 年版,第 567 页。
③ 函可著,杨辉校注:《千山诗集校注》(下册),辽海出版社 2007 年版,第 567 页。
④ 《高宗纯皇帝实录》卷九百九十五。

哲学家

　　函可的弟子今何在重刻《千山诗集》中云："古之为诗者多矣，未必罪；古之得罪者多矣，未必诗。吾师以诗得罪，复以罪得诗。以诗得罪，罪奇；以罪得诗，诗愈奇。"①历史上，能够生前和死后两次遭受文字狱的，恐怕只有函可一人。函可年轻时曾请画师陈三官，为他创作了 30 幅图画，描绘了想象中自己一生的遭遇。这些图画，每幅各有题目，合起来称为《意中幻肖图》。而后来的事实证明，《意中幻肖图》有如谶语，基本应验。

---

① 函可著，杨辉校注：《千山诗集校注》（上册），辽海出版社 2007 年版，第 2 页。

本体—元一论与整体性思维刍议

李　宜[①]

内容提要：本文的主旨为探讨本体—元一论与整体性思维之间的关联与区别。无论是何种意义上的本体，其本然皆无法通达，因而本文带有诠释学性质，尝试在终极关怀与现实关怀之间进行视域融合。通过回顾华夏的道体本体论与古希腊的是之本体论这样互有共性又十分不同的东西方思想传统，不难发现基督教及其哲学化的神学对于避免或延缓西方思维过早进入缺乏超越性张力的整体性思维发挥了决定性的作用；而缺少本体—元一性的神性注入，华夏思维在未区分之整体浑沌的道路上渐行渐远。随着基督教神学作为思想资源式微，整体性哲学已经几乎不可逆地成为一种基础性的思维，而科学则作为被社会全体成员所认同的超越性的唯一例外，似乎决定着人类整体的走向。然而，科学本身缺乏理论基础，且是从神哲学的基础性探讨中才得以萌发的。这意味着在向着本原回溯、亦即反思人之为人的道途上，传统的本体—元一论带来的反思弥足珍贵。

关键词：本体—元一论　整体性思维　化约论　超越性

意识的从一性与整体性不仅是意识哲学的根基，亦是元一论与整体性思维的自然直觉的前提。人的意识的聚焦与背景保持着连续之从一性，同时体现为与生理联动之整体性，让哲学反思于是之建构显得顺理成章。

然而，正如意识与存在既包含逻辑与经验的连续性与相似性，亦含有非连续性与差异性，意识的自然直觉之于哲学反思的基础性揭示本身亦非不需要在其悬置之基础上反思，况且与本体论紧密相连的元一论和整体性思维同样不可能完全化约为同一思想视域。这一探讨既关乎本源，又切入哲思之于意识的核心地带，既属乎真理之逻辑，又乃生命之本真，且遥遥可见一与多、多作为一、自由与必然性之张力，以及整体性之混沌无际及其有机论之迷雾。对这一系列主题的完全的把握已然超出了我们的能力，因而标题为"刍议"也不失恰切。

以上提及的各个问题，都是重大的哲学问题。限于才力与篇幅，本文不可能一一作尽然之论，仅仅以本体—元一论与整体性的亲缘、差异及二者的此消彼长为探讨之

---

① 李宜，武汉大学哲学学院博士后研究员，研究方向：埃克哈特与莱布尼茨关于形而上学及人学思想。

重心。

在展开探讨之前,有必要简单地描述一下本文所指的主题词的大致意涵。

"元一论"(henology)是从古希腊语来,即"关于一的逻辑",这一探讨与是之本体论(ontology)密切相关,乃至于一体两面,故我们称之为"本体—元一论"(onto-henology)。而本文所说的"整体性思维"(holistic noetics)并不是指在技术和实用层面如何提高整体化思考问题的策略,英文一般写作 holistic thinking,也不是思维方式及方法论层面的东西;而是底层意识的更源始的思维视域,在这个哲学关注的源始性中,每个人其实都在"整体性思维",即使那些急功近利地,日常所谓"片面"、"部分"地看问题的人,其实也总是在其意识中呈现为整体的或一体的。这样的主题,势必要进入到哲学意识与历史意识深处来探讨。

一、元一与本体论之是在华夏与古希腊形而上学中的异同

整体性与本原之反思相关联,自然带有其超自然的神秘色彩:毕竟没有人全知全能,却要在某种意义上宣称"整体性如何如何",其实已经带有了先知论判与预言的色彩,亦与哲学普遍性意义上的化约论不相伯仲。即或后来发展为宗教自省与哲学反思,其土壤之本依然在于原始—传统宗法社会对终极实在与人自身的领会和理解。

先民虽受限于文明积淀尚浅、理性反思没有充分展开以及技术条件低下,但却拥有今人所不具备的与本原更近的记忆关联。如果说人的记忆若无原型及事实再现的唤醒总不外在遗忘过程及相关想象中进行缺乏客观依据的再建构,那么记忆这一通向原初真相的桥梁很可能早已在集体无意识中濒于解构,被篡改得面目全非。这样,先民那些即使是神话般的相传及其文本就愈加弥足珍贵,并非那些即便冠以科学之名却不过在"以今度古"进行反推论证得出的结论可以相比。时空在这里并非是绝对的,这并不在于时空可以逆转——尽管有这样那样的科幻与实验,但既然时间可逆并非这个世界的法则——而在于记忆是如何被唤醒的:是司各脱自问自答的哲学论题"物质能否思考"的讨论,到马克思赞成他"迫使神学本身来宣讲唯物主义"[①],再到后来在唯物论者与科学家那里发展为不需要借助"人格神"来发现终极实在,还是科学家代替那位声言"从上帝那里来"的基督、宣称可以信赖他们的推理和试验,这二者其实并没有太本质的差别:本原总要在对其的认识中得到从主观而来的通达。这样看来,未来之思与过去之思都很可能被融入同一维度而纠缠在一起。

我们生活在以"创新"为美的时代,但这种取向的历史不过一百年左右,且尤其指的是"技术创新"[②]。本原与传统在人文社会领域依然不可或缺。因为将在仍未到来,

---

① 参见《马克思恩格斯文集》第 1 卷,人民出版社 2009 年版,第 331 页。
② 可参见张卜天:《为什么古人不喜欢创新》,《科学文化评论》2018 年第 3 期。

曾在仍是我们唯一可靠的依据。于是，那些想要完全彻底地与过去划清界限的行动都因违反人性律而被历史唾弃；而反过来，那些拘执于借"过去"而开"未来"的传统主义者因时间的不可逆，实则同样缺少当下的去神圣化反思，从而陷于传统崇拜之中；同时，"神圣性"并不见得总以"神明"为旗号，但却可以换作其他事物被崇拜、在不容许质疑的程度上甚至有过之无不及。整体性之思未必诉诸所谓"宗教"与"神学"，而其实际上自诩的神圣性及统称判断的神秘性就因耽于缺少名相之反思倒被显示为某种"非宗教"、"非神秘"的世俗共识乃至共识之基础。整体性思维普适共有，与本体论相关的元一论也并非西方专有。不过尽管总有许多或隐或现的关联与相似，华夏后来形成的道体本体论还是与古希腊的元一论走上了渐行渐远的道路。

1. 华夏道体本体论与整体性思维

如果说西方本体论之元一性思维于欧洲基督教化之际在新柏拉图主义与教父神学的思想中日臻成熟、在中世纪经院神哲学中达到顶峰，尔后随着人文主义、人本主义的兴起而没落，那么华夏思维则因不明确原初"是"所指的神圣性而更早地走向整体化与整体性的道体思维。

华夏"原初是"的问题近年来由肖娅曼等学者根据对《诗经》、《尚书》等上古文献的考察提出，即认为先民笔下的"是"最早仅与崇高的宗法神圣性相关联，与人关联时仅与周文王等天子一起使用，甚至排除了否定。"不是"的表述是很晚近的事情，古人多以"非"与"是"相对相待。①

"是"作为判断词或（与）指示词，在各种语言中均不可或缺。不同之处则在于：是否将之作为与终极实在或神圣性的核心表达。在华夏思维语境中，在西周的上古文献与老子道体文献之间，应该发生了一场重大的形而上学—本体论的转变。从此，华夏思维在汉语演变的走向中与尊古希腊哲思的西方语言渐行渐远，形成了以"道"为本体的形而上学。

"是"之本体论阙如，或言道之本体论发达的华夏哲思则先天②或早先突出的是混沌性与整体性：既然对基于"是"的判定不明确或不再明确，且直接围绕"是"的本体论没有发展起来，那么意识之于存在之本，似乎只有走向整体性这一条通路，毕竟终极性的二元论自有其不能调和的难题，况且不以"分化"为尊的华夏思想一直没有明确基于

---

① 参见肖娅曼：《汉语原初"是"为"是"指代词——对早期金文和〈诗·颂〉中"是"的研究》，《古汉语研究》2011年第1期；肖娅曼：《汉语"是"的形而上之谜——"是"为什么发展为判断词?》，《哲学动态》2003年第2期；肖娅曼：《上古"是"判断词与"此"判断词之比较》，《古汉语研究》2005年第3期；肖娅曼：《中华民族的"是"观念来源于"时"——上古汉语"是"与"时"的考察》，《四川大学学报(哲社版)》2003年第1期；肖娅曼、黄玉顺：《华夏民族"是非"价值观念是何以可能的? ——汉语原初"是"的语义结构分析》，《四川大学学报(哲社版)》2004年第6期。

② 当然，此所谓"先天"还需要进一步辨明："是"作为指示词与类似系词的功能在古汉语中似乎比道体形而上学出现得更早。《尚书》、《诗经》等上古文献证明了这一点。

对终极实在分化式的理解才产生的二元论,这也为朱利安(François Jullien)等学者所证实①。老子的"一生二,二生三"前面有"道生一",这表明道虽然与一相通,但却并非确数式的一,而是富含了征现于"一二三"等数字的一切现实及可能。而《庄子·应帝王》提到的中央之帝"浑沌",恰是浑然(天)道成之尊,连同老子关于"橐龠"等物的类比可知,华夏哲思早已聚焦于对整体性之世界,尽管"世界"一词来自佛家,但"天地"或"天下"对于中国人来说,从来都是浑然一体的。

或可以说,浑沌与西方意义上的混沌(chaos)大体类似,但这依然不过是强以之对应,毕竟"浑沌"意为"浑然一体",而西方的"混沌"则与秩序对应。而在希伯来《圣经》的语境中,雅威创世是从无秩序的混沌到有秩序的创造的性质与过程。两希文明合流也使这两种不尽相同的理解可以对接:从无秩序到有秩序,从罪到圣的分化②过程,都是必要且必然的,否则世界将无可避免地再次陷入无秩序与罪恶的混乱当中,无异于灭世。③ 而东方思维,如佛法,却不以此般"劫数"为终结,反而强调永世轮回;而华夏思维则强调浑沌的整体性与原始丰饶的生机——即或灭世,也不过是新世界的端始。这样,对西方思维来说,区别与分化乃为保持秩序、正义、良善的必要,西方化的基督教思想的基本思路在于由上帝分别出来的各族选民,作为光和盐不断以秩序之光辐射全地;对东方智慧而言,(人为)区别与分化反倒会带来诸般"不自然",加剧可能的罪恶——毕竟一个问题的解决本身可能会带来更多问题,这些由"我执"进行的活动反倒是不幸的始作俑者。因而,东方给出的药方是回归原始的浑沌——自然的"无秩序"要比人为的"有秩序"更不坏。当然,二者依然殊途同归——新世界(新天新地)将在旧世界的废墟上重新来过。

这样,围绕"是"展开的本体论探讨,在东方(至少中印)是没有那么特殊乃至普遍的意义的。当然,我们另可以说,恰恰是因为随着远古记忆的模糊,"是"之于人之为人、社会之为社会的神圣性与元一性不再明确,整体性思维及其哲学也就顺理成章、"自然而然"地成为情理之中的不二之(无)选。

2. 西方传统形而上学中的本体论与元一论

如果说索绪尔在 20 世纪初点出了差异性之于语言及人在世存在的根本意义——正如英语"使不同"(make difference)而有意义——体现的那样,那么唯有差异呈现出的张力才使一切理论建构具有超越经验世界(之迷惑)的意义。这正是柏拉图所谓的做哲学的"惊异之心",也可视为奉古希腊为圭臬的西方形上传统的某种类似"动机"的动力。

① 可参见朱利安:《迂回与进入》,杜小真译,生活·读书·新知三联书店 1998 年版(有关老子一章)。

② 《旧约圣经》指的"圣"乃由"分别"之意,即分别为圣,表现在哲学上也可以看作是差异或分化。《新约圣经》继承了这一精髓。

③ 当然,基督教强调的是从"末后的亚当"耶稣基督这里开创的第二次创造:新生即永生,与"永世轮回"并无关涉,乃是不需要辗转回到伊甸园的肯定性的教义。

明确分化带来的差异张力、进而发展出形式逻辑,与东方那非专于分化的浑然而同融之智慧,虽然都能够提供意义,但毕竟还是不同的。比较典型的例子就是亚里士多德将"是"(εἶναι)提炼出来作为本体论的基点,并配合其形式逻辑、命题文法所带来的差异—分化式的张力,与华夏原初道体之思维——反矛盾律的"你中有我我中有你"以及佛家"色空之论"式的思辨大异其趣。当然,正因如此,同一性所要求的对立因子重合的张力,在西方语境中向来明显于中国以中庸之道为基准的张力。我们不妨称前者为"强张力",后者为"弱张力"。当然,弱张力还是就儒家中庸之道而言;在道家思想中,连弱张力都是不必要的,而佛法(如《心经》)从探讨到本体,在色空之辩的意义上干脆取消了同一与差异的张力。

与整体性思维"不(非)问其是"的特征相比,因为有着毕达哥拉斯、埃利亚学派两位代表人物克塞诺芬尼(或译为色诺芬尼)、巴门尼德及柏拉图、亚里士多德对其的继承,元一论(Henology)到了新柏拉图主义代表人物普罗提诺那里已然发扬光大。对毕达哥拉斯学派而言,"一"即单子(Monade),数列一以贯之的单元或单位(unity);克塞诺芬尼则最早在宗教神话意义上以"一神论"取代"多神论",巴门尼德则从中抽象出"一"的哲学理念,对他而言,一就是不变之存在,可以说他开启了令后世哲学家关注的"存在论"之探讨,如人只能探讨存在者的存在,而不是非存在者的"存在",由此贯通出真理之路与意见之路。在这样的对真实性所做的分化中,巴门尼德最早建立起西方哲学中的存在论,关切的乃是始基与元一的问题。思维与存在是同一的,真知才能确保。这就与受米利都学派影响的赫拉克利特的思路大异其趣,更与"以虚见实"乃至"以空见色"的道家及佛家的整体性思想背道而驰。

前者的理路是不断分化式的,将真理与意见、理论与生活,乃至主体与客体都分化开来,并以前者统摄后者,体现在柏拉图那里就是理念界(本质)与现实界(现象)的对立,在亚里士多德那里就是本性与偶性在本体之"是"在不同层面的划分,在普罗提诺那里则是太一的超越性等;而后者的思维则在于未分化、浑然一体的整体性觉悟,以整体性见包容性之"一",关注内在性成为压倒性的思维方式。新儒家"向内超越"这一提法很难出现在西方语境中也是一个证明:后者的超越一般总是向着外部进行,尽管也有"上帝比我更内在于我"的思路,但毕竟来自东方教会,非西方主流。前者对传统宗法制的父权带来了明确性、巩固与强化,而后者则在几乎普适的父权文明中保留了更多的母性阴柔的征象与韵味,这分别体现在希腊戏剧及后来基督教的教父宗法制与中国"只知其母,不知其父"的神话传说当中。

略微补充一点:"是"之本体论在亚里士多德那里得到了较为充分的探讨,"是"本身保留了不可通达的神秘意味,甚至可以说一直绵延到康德的"物自体",这其实潜移默化地影响了西方哲学的本体论乃至其整个形而上学传统,使之带有超越经验界的极强的理论化色彩;相形之下,东方—整体性思维"不问其是"而就其"有"论其无。关于"有"的思维则更感性直观,可以落实到经验世界,也正是在这个意义上,老子不断强调

"无有人无间"等非"有"的朴素思辨,即不拘执于"我有"而是让人回归到非在二元对立乃至分化的大道母体之中。

尽管西文里"世界"(mundus)与"宇宙"(universus)是近义词,甚至可以互换;但"普遍性"(universalité)的字根是后一个,即从对"(元)一"或"(单)一"的领会而来:关乎"太一"的浇灌。柏拉图、亚里士多德、莱布尼茨、谢林、黑格尔、海德格尔等哲人都在普遍性问题和同一性问题上展开过重要探讨。因本文既不在于"接着说",也不在于"反着说",故不展开这些先哲之探讨。"一"可以说与"二"或"多"等相对,但这仅是在"这个"与"那个"的具体判别上的。一物之所是,在还原论为指导、微观世界被发现并以之为宏观之所是的定规以前,正如"自然数"表明的,万物皆含有一也本于一。这是再自然不过的自然神学或自然哲学。埃克哈特有精彩质朴的说法:"一在百万块石头和四块石头中保持同样的一,正如百万确定地与四同为一个数字。"①

聚焦于一之本体论之际,"这个"与"那个"的判别亦需被判别。一物之所是,其自身正作为本身之所是的肯定,与非本身之不是的否定。但"既是这个、又是那个"的"一"本身却是否定之否定(negatio negationis),即排除了一切否定的绝对(纯粹)的肯定,这亦关乎埃克哈特总结的上帝的元一性(Einheit)——即上帝在终极上乃是"非区分的非区分"(indistinction de l'indistinction)②。当然,这只有在本体论经过了长期高度思辨之后,才能够被明确下来;同时,即便在趋好上已经扬弃了传统本体论的现代及后现代西方哲学中,对元一性与本体论潜在的溯源依然不绝于缕。③

二、从整体性思维到元一论之思辨及前思辨之匮乏

我们开篇即提到意识的从一性与整体性,乃普适人性共有的,"是"与数在东西方乃至人类所有已知文明中亦都是普遍存在的语言与思维现象。根据上一部分的探讨,不难看出在观念演化的过程中,华夏思维疏远了"是"的本体论,而以"道"为形而上学指归;而古希腊—西方思维则在埃利亚学派的启发下,柏拉图、亚里士多德及其追随者们发展起和"一"相关的哲学理路。当然,我们尚未看到存在十分确凿的直接证据表明是来自希伯来文明的一神论宗教在文明、商贸与宗教交往中启发的埃利亚学派及其精神后裔;但初代教会及作为罗马公教的教会在以哲学思辨的方式护教的过程中,也深深

---

① Eckhart, *Traités et sermons*, traduction et présenté par Alain de Libera, Paris: Flammarion, 1995, p.178.

② 当然,上帝亦是在受造物多样性意义上的"区分的区分"(distinction de la distinction)、在受造物于创造者意义上的非区分的区分(distinction de l'indistinction),以及"无区分的区分"(distinction sans distinction)。Cf.Sermon 10, *DW* I, p.173 ; *AH* I, p.112.

③ 如米歇·昂利把捉到埃克哈特关于"在上帝中一无差别与对立"的元一性——在本质中一无所他、不存在无相关者,既在于无限性作为第一原理的(无视域之)视域,也在于对一切区分之否定的否定。在上帝那绝对的元一之中,绝无对立与差异。Cf. Michel Henry, *L'Essence de la manifestation*, éd. Presses universitaires de France(2e en un volume), 1963 & 2003, p.396.

启发了后世西方人的日耳曼祖先,直至两希文明合流在思想层面于中世纪的修院与经院神哲学中达到充分的思辨与高度的合一。后者确乎是既有文献与文本的证据,又有思想史、神学史与哲学史的密不可分之关联。

此处仅举一例。《约翰福音》的作者开篇提到:"太初有逻各斯(logos),逻各斯与上帝同在,逻各斯就是上帝"(约 1:1)。这句话如果剥离了宗教神圣性的大写之"道"或圣言(Logos),则体现了《圣经》作者以当时盛行的国际语言——希腊语为可理解的启示的用意。思维与存在同一性的诠释进入到新的阶段,即上帝不仅是存在与思维这等本质上不可捉摸、乃需思辨的少数人讨论的密宗之识,却根本上乃是每个人都言说的语言。语言同时具有物质和能量以及信息三重定位:由物质的身体相关部位联动发出、以空气为媒介释放出些许能量并带有可有意义之信息,同时却又消解了三者——时空意义上的转瞬即逝、生理上极低的耗费以及信息之于回忆的遗忘。可以说,语言乃是造物者之于造物界完美的类比。《约翰福音》所提出的可被哲学化、理论化的关乎真理的经文具有深远的思想史意义①,极大地启发了后世的神学家与哲学家,且在海德格尔、伽达默尔等后哲那里都被证实为(20 世纪)语言哲学的先河。

巴门尼德开启的真理与意见的判别、分化体现了真理情结,但这与人的生命,尤其是每个人不加种族、阶层、城邦等一切区分的生命,乃至生命之为生命,都没有发生太直接的关联。而同样是《约翰福音》(14:6)亦提到了"道路真理生命"的同一性,连接生命与真理的竟然是一个人!在作为个体被否定即钉十字架的拿撒勒人耶稣,在承诺降下的圣灵中实现了逻各斯(语言)的普遍性:上帝的道成肉身,成为人类肉身成道的前提条件。这里甚至连中介(道路)本身也被赋予或去掉了,横亘在本体与现象之间的隔膜被拆除了,从此人类可以带有神圣性背书的语言来认识并掌握世界与自身了。②

基督教神学为古希腊的"普适性"思维提供了最强有力的背书,尤其是在阿奎那之后,西方思想经由中世纪的漫长岁月与多次多方的探讨,尽管彼时西方在经济上并不富庶,亦无技术革命遑论坚船利炮,但其实在意义建构上已经具备了对外扩张与秩序输出的能力,只待宗教改革之于教权的破局、文艺复兴开启的人文主义的包抄与地理大发现激发的财富欲求了。这一进程亦是基督教神学经受批判与自我反思的成果注入到人对世界及其自身的领会、理解与解释的过程。西方人一手技术、一手思想地一次次出发,改变了世界面貌的同时,也带给人类其他文明前所未有的世界观与思维方式。当然在这一过程中,还有诸多反复:比如中世纪西方世界已经绝迹的奴隶制,又重新在西方世界卷土重来,与东方阿拉伯世界的白奴制遥相呼应。这在根本上是违反基督教爱的基本精神的,但实际上却与古希腊城邦宗法并不违和。这表明,前者作为曾经的"奴隶宗

---

① 参见谢文郁:《道路与真理:解读〈约翰福音〉的思想史密码》,华东师范大学出版社 2012 年版。
② 耶稣基督带给这个世界的是这样一种可能:神成了人,而人亦可成为神。这其中转换的关键就在于语言(Logos)。当然,此信息的能量还需等到宗教改革之后才呈加速度式地释放出来。

教"（初代教会的主要组成人员为奴隶等底层人士），其宗教精神蕴含的人文价值，纠正了古希腊人性论与政治制度的非现代性，同时让其共同精神真正在所有的人（人类）身上发扬光大。

这还表明，智者派（Sophists）及相应的社会风气对古希腊哲学的消解作用，在解经、护教、建立教义的基督教教父及团体活动中被充分使用、重新诠释（比如将逻各斯解释为道成肉身之神）的过程中重获新生，当然这是以与之教义相仿的斯多葛派（Stoics）的此消彼长为分歧的。但无论怎么看，是漫长的中世纪神哲学保存且减缓了本体论在西方过早地如在华夏这般被整体性思维所覆盖的进程。神性之"是"的灌注、体现在哲学上即带有至高理性权威的诠释，成为根本之契机。

相应地，东方没有出现古希腊意义上的元一论与西方语境中那么强大排他的"一元论"（Monism），但我们仍不能忽略希伯来宗教文明带来的哲学思维上的贡献——尽管哲学家更喜欢谈"雅典"，而持守信仰主义的神学家一般只谈"耶路撒冷"①：希伯来与耶路撒冷，在现代西方人眼里被视为"东方"，在中世纪西方人看来是世界的中心。两希文明的合流，同样使得泛希腊时期的希腊哲学得到了"元一性的注入"："是其所是"的上帝、逻各斯，成了一个人。从此，人之是也必须是元一性的：人之元一论从未获得如此根本性的充实。正如伽达默尔在《真理与方法》中提到的：

> 当希腊逻辑思想被基督教神学所渗透时，某些新的因素产生了：语言中心（Die Mitte der Sprache）正是通过这种语言中心，道成肉身活动的调节性（Mittlertum）才达到它完全的真理性。基督学变成了一种新的人类学的开路者，这种人类学以一种新的方式用神的无限性调解（Vermittelt）人类精神的有限性。②

这其实明确宣称了一种"上帝视角"：不再是人苦于摆脱肉身（如老子"患吾身"，柏拉图提出哲学即预备死亡），而是独一的创世之神自己成了肉身，原先的宗教或神学③被指出是"人寻找神"乃为无效；同时，无限亦不再是毕达哥拉斯学派的"恶无限"，而是切实可见、可闻、可触，总之可感地显明在具体之每一个作为神之形象的个体④身上的有限中的无限、时间中的永恒、必死性中的永生之生命。这无异于为全新之哲学奠基：

---

① 基督教有不少秉持信仰主义或非唯理论的思想家，比如德尔图良、马丁·路德、克尔凯郭尔、舍斯托夫等。

② 伽达默尔：《真理与方法》，洪汉鼎译，上海译文出版社1999年版，第547—548页。

③ 这里的"宗教"（religion）指的是无论罗马—拉丁语意义上的"重新连接"与"重新阅读"，还是宗教学意义上作为学科范畴指涉的作为人之教义与组织的宗教。而"神学"指的是非基督教意义上的神学，无论是欧洲基督教化之前，还是去基督教化之后。

④ "基督徒"（Christian）一词本意为"小基督"或"像基督的人"。这也符合基督教神学中成圣的教义：基督（拿撒勒人耶稣）是做了初熟的果子，而后来的每一名基督徒都有基督的样式，每一个人都会由此首因而从死里复活，等待最终的命运。

人憧憬的通向无限的神迹与超能力被摆置在边缘处，无限乃在于来自圣爱的虚己之爱，在乎安于无限背书及背景中的有限——因为上帝自己成了有限者。这意味着那些对无限的恐惧与向往，因人性之于神性乃为无限，但人却总倾向于从本己之有限去推导真正的无限，就陷入自己的心理投射与想象当中；也意味着人从而可以将真正的精力与禀赋放在爱神、爱人、爱真理的历史之无限领域之中，而不是追求缺少爱心的超能力上面——人虽然是"神的形象"，但并不能直接等同于"缩小版的神"。人与神之间，既有可通约之处，也有不可通约之处；既存在连续性，也存在截然不同的鸿沟。这关乎有限与无限、现实与理想、世俗与天国之间的张力，同样关乎整体性（思维）与元一性（反思）的张力——整体性正是在缺少对立之于同一性的张力上走向一种虚拟自欺，"以大为美为确"的安全感之中，不断陷入内塌的整体性思维恰恰需要来自（神—人）元一论的自我反思与超越性反思。

需重申的是，既然西方意义的"哲学"乃在于爱智，那么这一爱智的表征即是将智慧本身与寻求的动力联动起来，始终存在着本体与寻求本体而不得的意义之于存在的张力。由此而发展起来的是与普遍性（universalité）、理型论等相关的哲思形态。经由基督教将古希腊哲学神学化、这一进程同时也是基督教在其教义建构中的哲学化，两希文明在思想与社会层面高度合流，如上帝代表了至高智慧与真理本身。这种关注智慧与真理本身之元一性的西方神哲学，与后来关注各具特色之整体性的世界哲学，伴随着双方对历史各有所见的传统观或历史观，隐含着两种逻辑走向，理解其关键就在于元一性与整体性。

显而易见，整体性视野在于将认知存在的外部的视为不可知也不需知，或者干脆无效的空无——这在东方思维看来未必因"重内轻外"而导致某种贬低的观感，倒毋宁是自然而然的——既然东方人向来就无惧虚无之空镜，反倒透露着喜爱。当然，东方思维同样不忽略身体与物质实在，正像巴赫金对东正教思维的继承那样。又如《三五历纪》谈到开天辟地——"天地混沌如鸡子"，在这里直接谈"天地之外"似乎是无意义的，尽管接下来天地将随着盘古的"一日九变"而不断地膨胀。言"四海之内"而不说"四海之外"大概就是此理。整体性思维将"异己"和"自我"尽可能保持在某种混沌未开、至少非截然分明的视域里，同时也不太关心超越性的问题。由此而来的：一是"尽管未知其细部、但大致无偏差"的感性直观力，这种直观力既然如此获取了某种对未知的已知效果，在某种意义上形成了对确证信仰的替代，实际上很容易演变成某种自满，不妨称之为"缺匮元一论反思的整体性自满"；二是超越性张力的阙如——既然外部世界因无恶意的虚空而显得安好，那么所有的注意力理应聚焦到内部，久而久之便成为培育"内卷化"（involution）的沃土。安逸的生活更是使人疏远对星空的仰望，不喜欢历险，从社会化的成熟一眼望尽人生。

整体的观念及其"非区分"的取好避开了"这与那"乃至名相之辨，甚至将取消或抑制这种过度的区分或分化视为比任何带有实质内容的真理思辨都更有意义的事——对区分思维的"去偏执"恰恰是一切相对之区分的底色,一如不可见与无意识的背景,但视觉与意识总不免从有区分出发:这无疑是人之为人被赋予的;是之本体论的缺失或重申不足,恰在于模糊了人与神(圣)的边界,让人幻想可以如"神佛"般(趋于)无限之神通。尽管不是主流,但西方思想中亦有视"非区分"为更高境界的丰富资源。如作为"接近东方玄思"与"反西方思想传统"意义上的埃克哈特之理路虽也在于突出非区分,不过后者因元一性思维却保留了古希腊哲思原生意义与基督教更新意义的张力,对"是"(定义)与"像"(类比)具有起码的边界意识与超越性的反思;而这却是整体性思维所缺乏的、从而滑入"自(见)为整体而自成(称)无限"的"何必分辨"、"生区别心则等而下之"中去。当然,重视整体性并非"中国特色",而是几乎所有古代宗法社会都普遍存在,仅有程度不同而已。福音书不是记载了大祭司该亚法向犹太公会提醒的"独不想一个人替百姓死,免得通国灭亡,就是你们的益处"(《约翰福音》11:50)吗?对整体造成威胁的"叛逆分子"如同体内的自由基,必除之而后快。① 倒是由苏格拉底—耶稣开创了"个人即世界"的新的内外部区分。这种"一"之区分并不因不强调整体性而失之偏颇,反而因整体性本身就是一的外化而在保持一与一之间具体差异之张力的同时,亦可安然复归于更为宏大、不拘执于整体之大的优先性所带来的不乏自我超越的元一之整体。同时,整体也必须适度向原子妥协:因为整体也不过是一,不可以大欺小。这样,每一个具体的原子就有了不断提升并完善整体的动力与机遇,整体得以生生不息,而不致陷入因意义、价值与秩序的(在封闭系统里)熵增式衰减所带来的内卷化。

在思想史上,当基督福音的"道成肉身"与希伯来《圣经》的雅威(我是我所是)相关联,这为超越性的元一论的出现提供了必要条件。当然,这类颠覆社会基底认知的注入不可能停留在纯思辨的意义上,而毋宁是从为着真理的信仰即值得为之牺牲的行动开始。从此走进普通人的经验视野,进而得以反思并重构思维视域。海德格尔认为路德"发起了一种未完成的突破,即神学可以直接由宗教经验来构建"②;其实,这原本就是基督福音观念化的进路——通过带有启示之名的诠释来领会发生在社会上的外在行为。自此,那些以生命追随"道成肉身"的人,也"肉身成道",逐渐演变为无须上帝背书的人之尊贵,奠定了现代个人主义的基础。这样,每一个人都因着"信与不信"构成了"圣—俗"两个世界的区隔(上帝之城就建立在人内在的不可见的心灵中),而这种区隔因人在世信仰无法完全兑现的状况带有终极的神秘色彩——只有上帝真知道重生得救的情况。这样就在人与人之间造成了存在论上的势差与认识论上的视差——这样的差别并非单单程度上的,虽与量变有关、但更是由上帝一方独断的质差:这样就在逻辑与

---

① 当然,古代社会也有原子论和个人主义,但在这欧洲基督教化之前,确切地说在新教改教运动之前,还根本不是一种关乎每一成员的全社会的趋势。

② 可参见拙文《论埃克哈特对路德的神学启迪》,见《道风:基督教文化评论》第50期(2019年春),第274页。

社会共识意义上奠定了"上帝面前人人平等"的现代性基础。

在基督教隆盛的时代，至少在神学家那里，世界才第一次作为造物而与在上帝之中人的灵魂在根本上区隔出来，造成了传统整体思维所不具有的超越性张力格局：时间与历史进程中的二元以及在此基础上的多元与多样，与终极性的元一之间在共基前提下的差异、分化与互融。埃克哈特干脆提出了灵魂的"尖顶亦是根基"乃是与上帝同享一个基底的"非受造"的无底之底（Grund ohne Grund）。而这种关于"受造"与"非受造"的本质上的分化与合一，是近代科学根本性的奠基之一。① 换言之，唯当传统整体性思维被打破，才会形成由二元格局需回归作为终极实在之元一性所带来的势差与视差之张力，主客二分式的科学思维格局才具有其生发的条件。当然，这种"二元格局"绝不是摩尼教那种"二元论"，而是建立在以"上帝"为统一亦为元一的思辨之上的。埃克哈特提到上帝是"作为一的二"，我们不妨将之联想为上帝作为"绝对主体与绝对客观"而为主客二分之后"客体提示规律、主体通达客体"的真实有效性背书。

综上可见，西方哲学意义上充满对立之张力的绝然的同一性真正显现在思想史的地平线上，并非更早的古希腊理性所能独自孕育，乃脱胎于不断扬弃古希腊哲学的基督教神学，尔后主要由黑格尔明确诠释即将神学真理哲学化所结之果实。从《黑格尔早期神学著作》一书中可以发现辩证法的核心规律"对立同一"最初是黑格尔对基督教的核心理念"爱"的一种哲学解释。黑格尔受到同样从神学出发的哲学同辈费希特与谢林的启发，在后者的理智直观学说中，发展思辨理性原则（基督教），把关于爱的宗教转化为关于爱的哲学（辩证法）②，正如谢林把建基于上帝启示的神学发展成启示哲学一样。这样看来，在西方思维语境中，哲学与神学基本上是在或近或远的张力与融合中，为真理而彼此论辩、相互支持，互诤互生。

三、本体—元一论的衰落到整体性哲学的兴起

如果说，在西方文明尚未主导人类文明走向的非西方文明中本体（是）—元一论从未达到西方思维语境中那般明确且统摄全部意义，那么在西方文明主导的现代性思维中，先是在西方意义上尔后是非西方的意义上，元一论连同本体论一道走向衰落，与之相应的则是整体性思维及其哲学的重新兴起。

从宗教信仰的角度，这一衰落当然应从"人背离（独一）神"的隐意开始；而这一思

① 因为很显然，设若世界乃是一个有机整体，那么没有人可以不动感情、不受伦理责备地对万事万物施加实验的手段。在传统民间宗教中，万事万物都作为现实或可能的偶像存在，而这种意识的投射或心理上的拟人化是科学形成的最大障碍之一。而合一则是当主观认识近乎完美地被客观的反应所证实，那么其释放出来的内外在力量是巨大的，主观符合客观是一切科学的基础。

② 可参见萧诗美：《论黑格尔辩证法的基督教神学起源：从"爱的宗教"到"爱的哲学"》，《湖北大学学报（哲社版）》2019 年第 3 期。

想史意义的进程则显现在从基督教背景中开出的世俗化—无神论的思潮当中①。在启蒙时代之后的语境中,与"宗教"相关的名相式微,但这不过是巧妙替代后的假象:与人的宗教性相关的一切都在暗地里疯长,"意识形态"(或"意缔牢结")由此显露而得到反思。知识分子、报刊与自我审查都是造成这一局面的原因:他们在各自的终端施展批判及屏蔽术,并发明了大量看似不相关的名相,关乎宗教性的诸般意义就寄存在这些温床上,譬如"自由"、"平等"、"博爱"这些具有一定超越性的概念。

需注意的是,自古希腊开启的旨在"以理念界撬动现实界"的西方理论化思路,并不能直接在东方如中印这样的以生活经验为根基的古老文明发挥同样的作用,也不在于康德式的划分"纯粹理性"与"实践理性"的区分旨趣,华夏智慧也没有培育围绕着"是"展开的本体界以撬动整个天下或世界的兴趣;作为一种与本土原生思维有别的(佛法)般若,虽然其空性观可以视为某种彻底的思维杠杆,但既然其否定了物质界的根本意义②,那么从般若到禅宗,都在于通过对语言从终极到具体的消解(甚至在一个命题中就已实现),也就在根本上无法也无旨趣来生成并发展上述那些具有一定的超越性的概念——既见之为"俗谛",更遑论拿这些"人思之理"当真了。在流行的东方慧眼看来,教义与形式一样,都是我执炮制的名相与窠臼,与智慧无关。

而当西方人厌弃了今世无法兑现的天国许诺,以及围绕于此的空冥玄辩,尤其是在伊斯兰世界的扩张威胁下,他们更愿意而实际上也只能另寻他途。这一过程也伴随着西方宗教与哲学的出离与衰败,反思与更新。当西方哲学走向自己的极致——形而上学—神学系统不断垮塌之际,对元一性的思辨及神学上的"三一论"也愈发不可采信:形而上学越来越不被作为理解终极实在与世界真相的可靠始基。这意味着本体论开始与理解并解释实际存在的现象相分离,本质—现象的类二元结构逐渐被现象学的思维方式取代。与此同时,西方人也在倾向于自我解构的反思中关注其他文明中的伟大思想,尤其是东方思想。这样,随着西方人对平等权利的倡导、西方哲学向整体性回归,中国等东方思想及其他文明中的思想开始回归自信,整个人类似乎又回到同一起跑线,原先在人类进步的尺度上所谓的"先进—落后"模式让位于"每种思想文化都享有平等的权利,也同样相对的正确"。如此,隐含在传统文明中各自神学—形而上学的本体论及其可以生发出来的、不尽相同的元一论,在我们的时代悄然被世界意义上的整体性理解与解释所取代:西方终于走向了东方一直擅长的整体性思维,同时代价也是现实之于理

---

① 近现代意义的世俗化乃是从基督教会的世俗化开启的。根据维柯《新科学》的观点,没有一个古代文明建立在无神论基础上;但同时我们也清楚,除了犹太—基督教以及伊斯兰教文明,任何一个古代文明的宗法形态,都没有像同宗同源的这三个宗教一样因强调上帝的独一性与至高无上,而导致其反题正好就是世界祛魅之后的世俗形态与无神论观念。儒法文明不可能,印度教、佛教文明等皆不可能。根本原因恰在于本体—元一论在社会成员的体认中是否明确、真实而有效。

② 基督教修道主义虽然也有类似倾向,但就教义之底色而言,毕竟是指向上帝之元一(虚无不过是对绝对之一的适配描述),而非在佛法中本身即作为空的真谛的。

想的超越性张力的丧失。而无论在何种意义上，"世界"总是可数的，哪怕是莱布尼茨的"一切可能的世界"或"平行宇宙"，自然数总是以一为基本构成。这意味着，即使是在最素朴的意义上，世界哲学的整体性视野亦吸纳了元一性的基本逻辑与厚重传统。当然，这并不意味着这一视野毫无问题。

没有神学对科学的背书，无处不在的主观性就沦落为清除得越干净越好的"主观随意性"，既然上帝作为"绝对主体"与"绝对客观"的意义失效了，那么造物主上帝以语言创世，作为模仿，亚当对万物的命名与本体论之间的关联就成为无稽之谈。然而命名与定义及其本体论的关联即便被理解为"独断式的"也不能消弭——人走进客观的发现只能在主观认识中得以展开，作为解释，一切解释都是人的解释。那么，实验室里的"纯粹性"怎么办呢？"曲线救纯"！一方面在否认宗教在认识真理上的根本有效性中建立起物质化约论式的真实性及其可实证性，另一方面自己"上帝一般"地命令物质"开口说话"，人借推理与观察似乎就可以达成建立在实证论（阳性反应）的"本质直观"，从而人的认识便可以在永无终结的进步中与之通约而见绝对真实的本然之境。

以运动的物质为实在的观念和思维方式，已将其解释为静态与本质主义的形而上学丢在了一边：这就为进化论作为一种"基于事实"的科学理论的出现提供了哲学视野。在"存在即变为"（Being is becoming）的理解中，本体只有通过运动和历史才能得到真实的解释：本体不再是由（不变之）"是"组建起来的，而是完全在于生成与演化。人就在于其"可成为"的可能性与可能性的实现。灌注了永恒之真的记忆达成人性的连续性正是在时间中得到其展开的有效性，历史视野成为认识与解释活动的根本条件和依据，这才是历史主义与进化论产生的思维语境，而它们不过是说得比较彻底和过分而已。毕竟，已经没有一种自然科学、社会科学乃至人文科学（哲学、神学）可以"静止地"看问题。对运动和历史的强调，已成为对传统形而上学极不自然的解释取向。在他们眼中，不将变化跟运动作为考察自然与人类的根本要素，可视为传统思维最根本性的问题，却几乎完全忽略了变与不变其实在多数传统作者那里是富含在内的，变化更多乃是更贴近原生态地交织在具体论述当中。就旨趣来说，他们可能更关注各种由经验表现出来的不变的规律，即"万变不离其宗"之宗——而对不变性的归纳显然是科学知识成其为普遍知识的根本所在：科学思维只有聚焦于那些可以总结出来的变化的规律，努力规制并解释那些非规律的变化，才能建立起自身的权威。权威性本就与法的精神关体同一，排斥无相而肆意的变化，况且人性在确保自身正确与命运攸关的根本问题上从来都不欢迎变化，革新其实是酵发不满、排除异己之权威、将变革主体置于有利地位的取势：不变的权威从来都潜在地伴随着任何行动，并作为行动主体所要达成的目的、根据是否有利而或现或隐。法兰西启蒙运动就是例子：知识分子将理性摆放在原先信仰所在的祭坛的中央，而靠得最近的他们自然就成为权威的先知，来宣告"未来的世界属于理性之人"。随着理性被信仰，启蒙走向了自身的反面。历史也证明了神明不在的天空下，人将消灭（敌我者或为他者的）自身为终极目标，而这在任何已知的敬拜神明的封建形态的文明中是无法想象的:或出于真诚或出于名义,祀与戎更多乃要体现"天道",因而是仪式性的——人的冲突并不具有终极性。

在"去神圣"的世俗化进程中,整体性思维扮演了怎样的角色呢? 首先是为这种缺乏反思构想提供了化约论的超经验权威——西方式的哲学普遍性获得了其在科学表达上的排他性与普遍性:因着与物质实在同盟而具有的客观必然性,以及在宗教(尤其群体经验)里求而不得的"神现"(theophany)却可以在相同的实验手段中令物质重复性地显现类似之效,从而得以通过对人的主观(随意)性的审查,即作为唯一凌驾于整体之外的不需被反思的唯真之根基性主导;随后就是取消了这种化约论之外的一切权威的根本真实性与有效性,规律性思维就是要对不臣服者予以审查进而改造或取消其在任意层面上的真实性与实在性。

相信之下,是之本体论表达在元一论上的不可解离性受到了前所未有的挑战:一切事物不再是由蕴含在其所是的不可分割的单体(unity),论及事物的出发点的自然数也可以不必从1算起,因为其所"是"永远是第二位的,或者说,是由无时不在变化的"成为"所定性的,质也是由量来决定的。这样,每一个事物及物种之所是,总无非从"不是"或"非是"端始,这就取消了神学里以上帝之所是为背书、由亚当命名物种并进而定义物种的真实性与合法性。这种观念被视为"独断的"、"非理性的"、"不科学的"。然而,社会与科学竟可以"无是"而自立吗? 无论是法学、政治、日常、科研等任何一个领域,在每一句双方可以领会的言语中,其实莫不隐藏了"是"的前提。而在分科分工以至于"专精到家"即意味着隔行难议的现代语境中,那些反神学的科学家自可以不自觉地扮演类似"造物者"的角色,在起源等问题上根据各界共识而命其所是、论其应然。当然,"是"与"非是"(比如人猿相揖别),若干亿年之前如何,总还仰赖于从业人员的推理与命定。本体论尽管式微,是与不是的边界虽然模糊了,但不妨碍人们在对传统本体论的不屑中继续(不得不无意识地)阉割式地支取、同时发扬理性推定的化约论与独断论。

四、整体性哲学的危机及其出路

基督教信仰的式微与整体性哲学的兴起几乎是同一过程:人类世界不再有真正意义上的中心。随着"存在"被理解为须由实证而被认识的物质存在(即与是之本体论无关),而人则被理解为"去成为"的时间性生存(历史本体论),作为派生的意义及其世界的"中心"因观测存在物位置的非特殊化而被根基化的时空之眼普遍定规为"无中心",人类中心主义的废除已经显现在意义组建的地平线上:在加加林和阿姆斯特朗真正站在外部空间反观地球之前,上帝的中心地位业已废黜,人类作为受造界或宇宙的中心随之自行解构。经由基督教神学更新的古典形而上学及其本体论从外观上看显得缺乏根据乃至荒诞。

在我们的议题上，这意味着寻求绝对知识的传统形而上学类型的哲学，现今几乎完全被语言哲学与观念史所取代了。总之，在一切科学宣称"客观"的地方，人重新盖上了自我的烙印，当然并不妨碍在"永无穷尽"（至少是在无法精确预测或希望如此的意义上）的"可证伪"的不断修正中事先宣称我们的研究是"客观的"——换言之，乃比"上帝"更真实而有效。奇怪的是，人排斥在道德意义上有人格的"上帝"，却一边清理着主观性，一边声称"客观性"是可以通达的。这显然不合理：任何的客观之物都是需要主观认定的——这进入到了人性自我营构的文化主题的视界之中。

诚如维特根斯坦所言："没有什么东西超越文化"。这表明了了"激进的人文主义"（radical humanism）的立场——一切都是内在的、偶然的、（在广义上）属人的；而人已经通过废黜自己的同本质上级①而成为暴露在无终极意义即根本上无意义的虚无当中。这样，人通过廓除整体之外的超越性意义而达到了必以封闭才可得的普遍性（概全性）。而这种"外部无他"、"唯科技才为真超越"的自营之文化，在终极意义上实现了某种自我阉割式的无本真超越之可能的现实：所有成员之所以安全，乃在于"不容许例外"的文化。这种文化既然在"人作为物"的绝对前提下洞彻了人性，那么就在根本上无法给予任何它拒绝领会的个体之的终极真实性及其存在的可能。

没有人可以再宣称他知道一切为真的知识得到了完全外在而独立于人类世界的某种认可，文化独断了所有通向这一道路的可能。知识不再被视为降临而启示给我们的东西，而不过是人为了自己而创造出来的。文化已然完全吞没了自然。这种"非教义"式的教义因其无所不在而成为古往今来一切独断论的极致。这就是在经由基督教更新之西方哲思的母体里，整体性思维卷土重来的可怖现实：人类思维的内卷化（involution）——似乎这是一个凡事"演变"（evolution）的时代，那何以在实际上成为与字面之意相反的趋势呢？

首先，一个不允许有例外的概全性本身就意味着它走向了自己的反面——"万物皆变"，无异于意味着"演变"成为宰制一切的不变之永恒。这无疑是反人性的，看看当今前所未有的心理疾病患者就清楚了。同时，这意味着没有神迹，没有拯救，没有天国，没有希望——终极性作为理想与必然令人不满之现实性之间失去了可以撬动此岸之超越性张力，生与死无异。而既然这一切是反人性的，造成了人的异化，那么人心自然会本能地寻求平衡与填补。这样，诸神在独一神落幕的地方升起，成为宿命的"祛魅"自身倒孕育了"返魅"的胎儿。我们看到包括传统宗教复兴以及各种引人注目的"非（传统）宗教"式的宗教热：在个人的世界里，其真实性与有效性不妨各自定制；在个人世界之外的他者世界中，那些自封的"神明"与"偶像"不再有效，而彼相冲突。无论哪一种

---

① 自从费尔巴哈有关"神是人的形象"的反神学倒置，基督的神性就被完全还原为人性。这样就在废除上帝的同时，也在等号的另一端废除了根本上可被领会为本质绝异于物的作为人（位）格的人自身：据此，人只能在"是什么"之对物的解释中去理解"我是谁"的本体论与同一性问题，也在理论上完全废除了本质主义与"神—人"关系本体论。

情况,声明它们不过是自己派发的寄托与安慰,同时承认对他者之"神"的尊重,大多数人都会相视一笑。一个声言自己的神"全知全能"的哪怕是带着"事实判断"的陈述都是让人不快的,这大概跟旧约时代的情况没有太本质的差别:如此声称的希伯来人,即意为"从大河那边来的人"一向难以不让他族倍感威胁且被憎恶。这正是整体性思维在作怪:通过某种基于均质(复制)的从整体性到构成性之"一"的观念组建,人似乎得以保有自我,因为已宣称勘测到已知的边界,而暂不可控的未知即或存在,也须在控制论的宣信中确保未来必然可控。这样,"整体性"思维作为控制论理性之于未知惊愕的视界,必须承担起类似信仰的功用:"没有例外"的宣信是必需的;然而与此同时,如上所述,既充当终极的信念,就将希望本身(而不是某种或这种那种希望)排除了。在此般无位格之他者超越性存在(仅有非人格之物质作为他者存在)的语境中,人一面必须自救,而另一面则只能放弃早已被整体性论断宣信了的任何自救的可能。

这当然并不意味着具体科学在具体解释并解决问题上迅速丧失了解释力与解决的能力,这毋宁意味着人类已经几乎丧失了与语言—思维的超越性真理对话的愿景和能力。追求不断被更新乃至颠覆的相对真理,乃是科学家共同体的使命;其他任何对终极真理的求索,还是被当作业余爱好吧!

而上述还仅仅是整体性思维的危机的某些深层透析,继续全面而深入地探讨已经超出了本文的范围。下面我们将在元一论与整体性思维在于基督教神学的关联阐明之际,尝试指出可能的出路。当然这连同前面的探讨也仅仅是刍议而已。

需明确的是,基督教的确改变了人类思维的认知结构,但更多是在更新的意义上,将人们之前没有注意到的维度勾勒出来,在锁闭旧的路径之际,新的可能性层出不穷。而随着基督教神学解释力的式微,宇宙作为"受造物"的理论的瓦解,整体性思维重获新生:西方人再也不用为"三位一体"、"神人二性"、"神迹奇事"这些解释不清的教义烦恼了,整体性思维很好地规避了这些"无谓的"争议。新的共识就在于把人类主体作为所有思想的出发点,即转向时间(短暂性)、世俗性以及主观意识。而"本质—现象"与"客观—主观"的二元论裂痕,也由现象学引入另一轨道。人类社会被作为整体来领会,在尊重个人权利边界的同时,也使平等民主的观念深入人心。既然每个人、每种文明都是人类社会的有机组成部分,每一种文明娩出的哲学自然也属于全人类,只有相对的差别,而无足以导致分化的质差。

前此我们提到了由一元论同一性带来的"强张力"与存留于整体论之于同一性的"弱张力"。如今无论是哪一种张力,东西方哲学智慧确乎皆走进了其失去可能性活力的晚年:即便是"大师满地",应者云集,各种课程纷纷攘攘,教师明星中也不少是哲学教师,但毕竟哲学在根本上已经降格为人生的装点,如今很少有人遵循哲学智慧来生活了①,以科

---

① 皮埃尔·阿杜(Pierre Hadot)在其《什么是古代哲学?》(*Qu'est-ce que la philosophie antique?*)一书中比较了古今哲学对于人生影响的不同。

技的名义制造出来的丰富的知识与咨询似乎更好地满足人们的求知欲,也更类似于"座架"(Gestell)般地操控着人的实际生活。

若将整体性思维视为某种"伪骨之体",应不无恰切:在一个温和兼容的外观下,隐藏着较一切超越性思维更为独断的人为的建构。当然,没有什么思维不是"人为的建构",但这是就思维的内容而言的,思维之为思维本身却超越于任何人的主观性,却无不由具体人的主观性表现出来。超越性思维不仅意味着每个人每个具体之思都作为出离(ex-)并自我定义其是(-ist)的人之(非)人为建构,更在于向着本原敞开自身并展开无论是整体性还是元一性的反思。这里,哲学不是要求助于宗教既成的教义,但爱智本身就意味着对智慧之是怀有某种信仰式的虔诚。这种虔诚向上、同时也向同为人的他者投去对话的目光。这也是返本开新表达在哲学上的根本意义之所在:此关乎视域融合。

诚然,大可以比较古人思维的局限性,但那种基于平等对话的视域融合,包括平等地看待不同文明的、富含原创精神的哲思,难道不也包括我们与古人之间的在立论观念上的平等吗?我们时代精神的局限性难道不正体现在历史学家雅克·巴尔赞所言的"失去的是可能性"①吗?"自以为必知"的整体性思维之宣信,正好加剧了这一情况:这绝不是某种求诸己式的"自我反思"所能解决的。若承认真正的可能性乃在于异质于现实的超越的可能性,那么毋宁说,"失去超越性的可能性"恰恰是这种整体式反思的结果。这无关东方式的个体修道式的反思,而在于作为逻辑与原初上先于群体与个体的神学式的反思:因为只有基督教神学提供了"神人同一"与"神人绝异"的两套对立且亦是一套同一的人之基础。这个连接点就在于基督。《圣经》不是说:上帝眼中只有"两个人"吗?所有人都在起初的亚当里死了,而也将在末后的亚当(基督)中复活。而当整体性反思将作为个体(特殊性)之自我否定(虚己)的基督这一足以带来否定之否定(反题之反题)的复活永生忽略掉,而单取道"神人同一性"乃在意将基督福音颠倒的、曾由始祖(夏娃、亚当)根据自我判断而颠倒过来的"自明之理"重新颠倒过来之际,作为合题的圣灵的普遍性就被悄然篡改为不需舍己委身、人可切入无限的终极意义的自我裁断:"上帝"为我死了,这很好。不过何必感恩呢?所谓的"神",原本就是人自己。这样,基督教的根本教义轻易地被颠覆了,十字架上的代赎与拯救显得十分无趣且可笑——这不过是人自己跟自己玩的一个游戏。

这里不谈信徒的立场与历史的真实性,尽管他们在世界上也为数众多。我们关切

---

① 雅克·巴尔赞:《从黎明到衰落——西方文化生活五百年:1500年至今》,林华译,世界知识出版社2002年版,"序言"第8页:"衰落这个词指的只是'减弱'。它并不意味着生活在这个时代中的人丧失了精力、才能或道德观念。正相反,现在是一个非常活跃的时代,充满着审慎地关切和忧虑,又有着它特有的躁动不安,因为它看不到清晰的前进道路,它失去的是可能性。生活中艺术的各种形式已经用尽,发展的各个阶段也已走完。制度的运作艰涩困难,造成的重复和失望让人难以忍受。现在的主要历史力量是厌倦和疲乏。"

的乃是这一转化与颠倒绝非凭空而至,也不是在任何宗教文明与宗法社会里都可能实现的。它们毋宁是这一等号所带来的,而等号的两侧并不是随意可填的,更不是某种思想或文字游戏;而毋宁是在人的生存体验上信以为真的"独一的造物主上帝"与涵盖了各种特殊性的每一个个体之人——前者必须既是普遍又是个别,既是肯定又是否定,才能将必然与自由、规则与例外、整体性与单子性完美地结合在一起,在张力中体现为元一(本为一)①。

　　哲学知识的普遍性乃哲思的应有之义,这意味着哲学一向就是整体性而概全的,也是世界性的。根据海德格尔,世界乃人的"在之中"的建构。② 这一在《存在与时间》中分析,与同样是其早年的《从莱布尼茨出发的逻辑学的形而上学始基》③一样,都展现了将逻辑学列为哲学的根本议题的讨论。逻辑是普遍存在的(Logic is ubiquitous)。这个提法在西方哲学基督教化后就表明了作为逻各斯(Logos)的基督无处不在,尔后又随着欧洲文明的世俗化而淡化了其神学色彩。这对于当下议题的意义就在于,元一性的注入,将一种可完全实在化的整体性提示出来:这不仅保证了"存在"(esse)之于创造者与受造者的双义性——受造者存在从而创造者就不存在,反之亦然,即不必以运动性与过程性牺牲终极性与目的性(如 being is becoming),而且还带来了终极性与目的性在永恒神性意义上为一切秩序、过程、认识、存有等背书的效果,不必因无限的不确定性而归之于毕达哥拉斯所谓"恶无限";同时也意味着可完全虚无化的整体性:"一"之于万有,本来就亦同亦殊的——每个存在者都包含一,却没有一个具体存在者等同于"一"本身,而唯有虚无或存在本身对应之。

　　这样的整体性并不同于不明其"一"的混沌式的整体性观念,后者其实更像一个将整体性当作超越性与终极性的拼盘④,在以"平等"、"民主"等现代观念的包装下表面上似乎很有道理,却牺牲掉了自我与他者明确的规定性及其应有的张力,各种相对主义充斥着似是而非、尺度不明、缺乏溯源性反思的知识。如国际比较文学的危机就与之相关:无论是世界文学还是比较文学,其定位都出现了这样那样的问题。所有课题似乎都满合胃口,正如前面论述过的、将一切都纳入内部的欲望,从而不再具备明确的外部尺度带来的反思意识,也久无法真正了解他者并与之对话。客观尺度的丧失,意味着一切对话和沟通都可能沦为沆瀣一气,或者争端的开始。整体性思维及其哲学也面临着同样的危险:即以一种类似于神学的人类学眼光在无所不包的内在意义上断言那些有着"平等"价值的永恒观念,却没有将传统神学观念中的外部性(哲学化的神—人超越性)

---

　　① "我与父本为一"。

　　② 参见《存在与时间》(Sein und Zeit)第一部分。

　　③ 该书的原名为 Metaphysische Anfangsgründe der Logik im Ausgang von Leibniz,是海德格尔在马堡大学于 1928 年夏季学期的讲稿,收入《海德格尔全集》第 26 卷,2015 年已由赵卫国翻译出版。

　　④ 有必要区分有无基督教背景的"整体性":前者在于伽达默尔所言的"用神的无限性调解(vermittelt)人类精神的有限性"的人类学;而后者则因缺乏二者张力的明确性,而在于一种源始混沌意义上的世界或天下的观念。

继承下来。后者虽然以"上帝"为名义,但却因明确启示之于认识的地位,反而保有一切必要的审慎的虔诚与认识来预防人性想当然的僭越。传统神学并非铁板一块,这不仅体现在不同的神学家的思想中,也体现在神学对人及世界的解释之中。教义探讨与神学知识在人无法完全以理性认识的吊诡中不断塑造处在介于不可理解与可理解的张力之中的理性,有些类似一条将内在与外在贯通起来的莫比乌斯带:因为在神—人的思辨关系中,"顶即是底"、"尊贵即是卑微"、"超越性即内在性"——上帝既是绝对他者,又是比人的自我更内在于人的本真之我……

这在建立于人本主义上的世界哲学(史)看来是无法信服的。然而,正如宇宙学预设的"奇点"与"黑洞",意义之于存在也必须有这样的奇点与黑洞承受一切(暂)不可理解之事。宣称"人类理性终究认识一切"也不过是一种本身无法被证实的信念。哥德尔提出了数理逻辑的"不完全性定理",也佐证了这一点。人类唯有承认自己的有限性,且是在只能信仰、无法实证的无限性面前承认,才可能在对话中建立起真正的世界哲学:每个人都可以透过自身存在与认识之"一",与终极实在之"元一"共振,这样的整体性哲学才因蕴涵了逻辑要求的纯粹性而成其为爱智之学,对真理本心的追求才不会湮没于各种理论的繁复和无有其宗的拼合当中。

而复归哲学与神学的起点——至少前者在西方的意义上,而后者则不限于西方:与柏拉图哲学出自惊异之心类似,神学不仅仅在向之委身的信仰的基础上,同样出自基督的十字架福音带来的惊愕及其怀有理性精神的反思。在(无)意义的旋涡中,人不得不面对自己本体之是的真相,即意义黑洞不断吞噬的由人精心维护的偶像或神明的内在支柱,在克尔凯郭尔谓"信心一跃"的泰然任之(Gelassenheit)中不断探到人所(不)能给出的意义的视界极限,在所有的整体性与必然性中依然敞开对戈多之位(而非戈多)①的等待与期盼:在一切化妆者看到"一位/这位/某位"终极者,正如圣灵之于哲思富含的个别与普遍、元一与整体的全部内涵。

---

① 正如偶像(idol)与圣像(icon)的本质区别:前者在于化身为终极实在本身,而后者在于其为通向所望之终极的路标或提示。

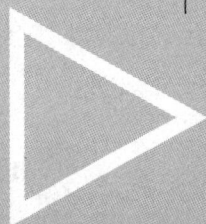

【西方哲学】

尼采《舞曲》的开始与结束
——从海德格尔的思想来看

黄铭惇①

内容提要：在《欢愉的科学》(*Die fröhliche Wissenschaft*)里，尼采这样说明：一个哲学家的精神必须是一个好的舞蹈家，因此，舞蹈是他的理想、他的艺术、他对神的唯一虔诚与他的"祈祷"(der Gottesdienst)。在《查拉图斯特拉如是说》(*Also Sprach Zarathustra*)的三部曲里，《舞曲》(Das Tanzlied)有一个晦暗的起源，这是《夜歌》(Das Nachtlied)；在另一方面，这首诗歌导向《坟墓之歌》(Das Grablied)；它代表一切意义、价值与生命的结束。本文将《舞曲》的形式结构理解为"此在"(das Dasein)，借用海德格尔的思想来说明与解读《舞曲》的深刻意义。首先，舞蹈发生在绿地。舞蹈的发生是一桩"事件"(das Ereignis)，同时，"事件"发生的绿地是"林中空地"(die Lichtung)；这是"此在"作为"此—在"(das Da-sein)的"场所"(der Ort)。当尼采将舞蹈理解为"运动的自由"(die Freiheit zur Bewegung)时，我们将阐明这个力量推进的运动如何显示出"此—在"的真正走向。

关键词：舞蹈　神　此在　恶魔　存在　原存在

一

在《舞曲》的开始，尼采描述：一天傍晚，查拉图斯特拉与年轻的伙伴们走过森林，寻找一口喷泉。到达一片绿地时，他看见一群少女正在跳舞。这段叙述让我们联想到海德格尔的"林中空地"(die Lichtung)。在森林里，当阳光照射到一处空地，显现明亮的光线时，这道穿透森林覆盖的光线照耀的场所就是"林中空地"。或许上述的关联性只是一种"巧合"(der Zufall)，但是，当这样的巧合"降临我们身上"(fällt uns zu；zufallen)时，绿地发生的舞蹈是一桩"事件"(das Ereignis)。因此，在《迈向力量的意志》(*Der Wille zur Macht*)里，尼采说，我们必须学习跳舞，完成"运动的自由"(die Freiheit zur Bewegung)。什么是自由？自由是"一种正面的力量"(eine positive Macht)；

---

① 黄铭惇，台湾中兴大学文学院兼任助理教授。

131

当我们提升幸福与生命的感受时,这是"一种被提升的力量感受"(ein erhöhtes Machtgefühl)。因此,尼采这样定义生命:生命表达"力量的生长形式"(die Wachsthumsformen der Macht)。①

尼采认为,"迈向力量的意志"是一种艺术,因此,世界是"一种自我形塑的艺术品"(ein sich selbst gestaltendes Kunstwerk),因此,艺术家发挥的创作能力是"力量的根本本能"(die Grunsinstinkte der Macht),所以,一切艺术的形式是力量上升的形式;这是一种"迷幻喜悦"(der Rausch;醉、沉醉、狂喜)。舞蹈是"迷幻喜悦",同时,舞蹈的顶峰经验是"伟大的风格"(der grosse Stil);因为,当舞蹈的喜悦升华到最高峰时,它"将脱离一切的现实"(jenseits aller Realität);因为,舞蹈是孕育世界的行动,同时,它将伴随"清楚的理想物"(die handgreiflichen Ideale)。②

在尼采的理解里,舞蹈是生命价值的"理想化"(die Idealisierung),因为,当舞蹈的发生时,所有的肢体动作代表"迷幻的喜悦":触觉、嗅觉、知觉、肌肉与神经系统将完全融入到一种语言无法形容的喜悦与行动自由,同时,更狂妄的喜悦代表更高层次的力量提升、更紧实的力量感觉;因为,所有肉体与精神产生的力量将灌进"大脑系统"(das cerebrale System):我们将创造一个完整的世界、空间与一种完美的生命;这是"艺术的创造"(die Genesis der Kunst),因此,哲学家的精神希望自己成为一个真正的舞蹈家。③在《欢愉的科学》(Die fröhliche Wissenschaft)里,尼采这样说明:一个好的舞蹈家需要的食粮是"巨大的锻造性与力量"(die grösste Geschmeidigkeit und Kraft),同时,一个哲学家的精神必须是一个好的舞蹈家,因此,舞蹈是他的理想、他的艺术、他对神的唯一虔诚与他的"祈祷"(der Gottesdienst)。④

二

在《正午》(Mittags)这个篇章,尼采这样形容舞蹈:"入睡时,查拉图斯特拉却对自己的心倾诉:寂静! 寂静! 世界不是曾经完美吗? 在我的身上,到底发生什么事了? 像一阵轻轻的风,秘密地,沉睡在微漾的海面上跳舞;轻盈地,像羽毛一样地轻盈:在我的身上,沉睡轻轻地舞蹈。"⑤在尼采的理解里,沉睡是轻盈的;因为,沉睡发生在正午时刻,同时,沉睡隐蔽正午的所有光照。沉睡像海面的风一样轻盈。为什么? 在《流浪的人》(Der Wandler)中,我们可以找到更深入的诠释:

① Friedrich Nietzsche, *Werke*, Band XVI, *Ecce homo. Der Wille zur Macht*, Erstes und Zweites Buch, Leipzig 1911, S.204, 105, 207.

② Nietzsche, *Werke*, Band XVI, S.225, 234.

③ 参见 Nietzsche, *Werke*, Band XVI, S.234, 232。

④ Friedrich Nietzsche, *Werke in drei Bänden*, München, 1954, Band 2, S.257

⑤ Nietzsche, *Werke in drei Bänden*, 1954, Band 2, S.512.

啊,我的下方是这个的阴暗与悲伤的大海!啊,这是怀孕暗夜的失望!啊,命运与大海!现在,我必须朝向你们往下爬!我站在自己顶峰的前面,我站在自己最遥远的旅程面前。所以,我必须进入到更深层的地方;比登山的路途更深远的地方,——我必须进入到更深入的痛苦;这是比登山时还深刻的痛苦;直到痛苦最黑暗的洪水。它要我的命运。好的,我已经准备好了。我曾经这么问:最高的山来自什么地方?因为,我已经学习到:他们来自大海。……现在,万物都已经睡着了;它说,大海也睡着了。……但是,大海的呼吸是温热的;这是我的感觉。注意听!注意听!痛苦的回忆让它这么呻吟。或者,痛苦的期望?啊,我为你悲伤。你这个黑暗的怪物。因为你的缘故,现在,我仇视自己。啊,我的手不够强壮。真的,我希望将你从噩梦里解放出来。①

事实上,在查拉图斯特拉的理解里,大海是悲伤与晦暗的,因为,我们的肉眼看不见大海的深处,所以,大海的悲伤是肉眼无法测度的"无底深渊"(der Abgrund);因为,海面轻盈的舞蹈隐蔽海底深远的巨大力量。此外,大海的悲伤对照顶峰的正午;顶峰的经验像正午的太阳;在有光照的地方,我们可以看见万物的真实面目。但是,大海却覆盖传统理性无法理解与测度的深渊,因为,大海与悲伤的宿命是一体的。这样的体会让查拉图斯特拉领悟"迈向力量的意志"(der Wille zur Macht);真正的意志必须深入最深层的痛苦。这样的觉悟让他见识到:最高的顶峰来自最深层的海底;顶峰与"无底深渊"、光明与黑暗是一体的,换句话说,大海的"无底深渊"孕育顶峰经验的开始与根基。大海是万物的"起源"(der Ursprung);这是创造的最原始力量。在《论启始》(Über denAn-fang)里,海德格尔的解释可以帮助我们理解顶峰与"无底深渊"的关系。"启始"(der Anfang,开端、开显、启始)是开始的,"存在"的"事件"(das Ereignis)是"无底深渊的"(abgründig);在"启始"的事件里,"启始"必须确实地掌握自己,跨越自己的"无底深渊",同时,让自己的"无底深渊"(der Ab-grund)坠落到"无底—深渊"的最深处,然后,往自己的顶峰爬升;②"无底—深渊"代表:我们看不见、听不到,无法寻找任何的原因、理由与根基。基本上,海德格尔对"启始"的诠释确实符合尼采对大海的理解。

大海的沉睡象征日照暗淡的开始,因为,正午即将走向傍晚;当大海沉睡时,万物将进入长久的寂静;沉睡是痛苦的回忆与期待,因为,我们听见大海呼吸的呻吟时,这是力量沉睡时的呻吟。什么是大海的呻吟?或许,我们可以借助海德格尔的晚期思想,进行理解。大海的呻吟是一种"共鸣"(der Anklang);因为,大海的深处必须承受无限压力、孕育生命与毁灭的巨大力量——一种人类无法实现与征服的力量。"共鸣"是海面的

---

① Nietzsche, *Werke in drei Bänden*, 1954, Band 2, S.404.

② Martin Heidegger, *Über den Anfang*, *Gesamtausgabe* 70, Frankfurt am Main: Vittorio Klostermann, 2005, S.11.

舞蹈与海底深处的激荡之间产生的共振；这样的共振是"存在的力量"（die Seinskraft）。但是，人们无法听见大海为真理发出的呻吟，因为，基督教与它的后续发展掩盖与否定最真实的声音；这声音代表"存在遗弃"（die Seinsverlassenheit）。①

查拉图斯特拉为大海的沉睡悲伤，因为，大海是"黑暗的怪物"（dunkles Ungeheuer）——大海是最巨大的创造力量：当最深处的海底孕育最高的顶峰时，这是自然界最伟大的力量。因为，人们无法真正认识最伟大的力量，所以，大海并不是温驯的；它是"怪物"（das Ungeheuer）。不过，在古希腊人的经验里，这样的力量是神的力量。在《关于人文主义的书信》中，海德格尔这样解释赫拉克特利特（Heraklit）旁边的火炉。火炉是一般普通的场所；在这地方，人们的周遭是一切熟悉的人、事、物。这些熟悉的感觉是一种"熟悉与信任"（geheuer）。但是，当"神的显示"（die Anwesung des Gottes）出现在这样熟悉的领域时，神是"怪—物"（Un-geheuer；非—温和、非—平常）。当创造的力量超越人的所有认知与经验时，希腊人用（δαίμων）（神、恶魔、灵异）这个字表达神圣的力量。在《迈向力量的意志》里，尼采提出一些相关的说明：世界是"力量的怪物"（ein Ungeheuer der Kraft）；没有开始与结束；因为，世界是一个让我们敬畏的伟大力量，换句话说，我们找不到更伟大的力量，同时，这是一个"圆周运动"（der Kreislauf）；像大海的浪潮一样不断循环、蜕变与永恒的回归。②

在海德格尔的理解里，火炉是人们最熟悉的区域，但是，当神显示自己时，祂显示区域就是"熟悉领域"（der Umkreis des Geheueren）；③如果神没有显示自己时，祂是沉睡的；这是神圣力量的隐蔽。在《正午》（*Mitttag*）里，当查拉图斯特拉走到树下时，他开始沉睡了。④ 此外，在《舞曲》里，我们也发现相似的陈述：当一个人发现树下的玫瑰花丛时，他会发现一个沉睡的"小神"（der kleine Gott）。在后面的地方，我们会再讨论这个问题。

首先，我们想解释傍晚的深层意义。傍晚联结白昼与黑夜，换句话说，它已经越过"开始的开始"，同时，准备迈向"结束的结束"。因此，傍晚凸显"此刻"（der Augenblick）的深层意义："此刻"是"此在"（das Dasein）。"此在"是白昼与黑夜的"间介"（das Zwischen，之间、中介、间）。"间介"有几个不同的层次：1."此在"是"间介"；因为，"此在"必须在"存在"（das Sein）与"存有者"（das Seiende）之间不停来回摆荡。2."间介"是一种"阐明"（Lichtung）；这是"简单的爆炸"（die einfache Sprengung）；爆炸是旧的意志未曾出现的巨大力量，因为，它将"原存在"（das Seyn）挽回到自己的"本质"（das Wesen）里，不再被理解为人们认识的"存有者"。3."此在"是人与"诸神"（die

① Martin Heidegger, *Beiträge zur Philosophie*, *Gesamtausgabe* 65, Frankfurt am Main: Vittorio Klostermann, 1998, S.115.

② 参见 Nietzsche, *Werke in drei Bänden*, 1954, Band 2, S.401。

③ Martin Heidegger, *Wegmarken*, *Gesamtausgabe* 9(1976), S.356.

④ Nietzsche, *Werke in drei Bänden*, 1954, Band 2, S.512.

Götter)之间的"间介";这是"原存在"的历史。①

在《哲学献集》(*Beiträge zur Philosophie*),海德格尔做这样的补充:"原存在"是原始的"事件",但是,事件是一种"阐明的间介"(das lichtende Zwischen),同时,在我们不知道与无法预感的情况下,"间介"将被回推到"阐明"自己;在"另一启始"(der andere Anfang)里,我们必须完成进入"间介"的"跳跃"(der Sprung),因此,这是"存在思考"与形上学思考差异的地方;因为,"间介"将"存有者的存有性"(die Seiendheit des Seienden)设定在"原存在"的基础上。② 如果我们将绿地与海德格尔对"林中空地"(也被翻译为"阐明")的解释联结一起,换句话说,当"原存在"是我们理解历史的根基时,那么,"间介"是"此在"的"此刻":这是"开始的结束"与"结束的开始"之间的"此刻"。此外,《舞曲》发生在傍晚时分;傍晚已经错过白天与正午,即将迈向夜晚,同时,当跳舞的年轻女子看见查拉图斯特拉时,她们必须停止舞蹈;因为,在傍晚的此刻,这段象征完整传统历史的舞曲已经中断。在这里,我们有两个选择:我们可以利用相同的理解,继续延续已经中断的历史传统,或者,重新创作一首不同的舞曲,迈向一个"另一启始"(der andere Anfang),所以,查拉图斯特拉必须自己吟唱真正的舞曲。

我们可以用海德格尔对形上学的说明进行解析:在绿地发生的舞曲是"原存在的事件"(das Ereignis des Seyns);少女中断的舞蹈是人们习惯传统的舞曲(这是形上学思考),但是,查拉图斯特拉吟唱的诗歌是自己对生命的赞颂(这是"存在思想")。两者之间的关系是一种"迎对"(die Entgegnung)关系。当形上学的历史中断后,"存有者"丧失理性赋予的内容,被弃置为一个"单纯的存有性"(die bloße Seiendheit),因此,"迎对"是形上学与"存在思想"之间的"争执起源"(der Ursprung des Streites),同时,在面对"存有者"的不寻常状态下,"原存在事件"的发生让"此在"进入一种"急迫"(inständig)的处境,换句话说,我们必须从"此在"蜕变为"此—在",进入到"原存在"的真实脉络与领域;这里是"原存在的所在"(das Da des Seyns)。所以,海德格尔认为,历史是"原存在的本质"(das Wesen des Seyns),同时,在"人迎对诸神的间介"(im Zwischen der Entgegnung der Götter und Menschen)里,历史是争执的基础;换句话说,历史是"间介的事件化"(die Ereignung des Zwischen)。在这里,我们想解释"事件化"(die Ereignung;本有、本成、本然、成己)的意义:在"原存在历史"里,我们必须将自己与"原存在的本质"整合为一体,因此,人的"自性"(die Selbstheit)是一个"发生区域"(der Geschehensbereich),换句话说,"原存在的真理"是人的"资产"(das Eigentum),因此,只有经历"事件化"后,我们才是我们自己。③

海德格尔认为,我们必须针对"存在事件"显现的上升与沉沦的不同方向,提出问

---

① 参见 Heidegger,*Beiträge zur Philosophie*,S.485,479。

② 参见 Heidegger,*Beiträge zur Philosophie*,S.14,466,13。

③ 参见 Heidegger,*Beiträge zur Philosophie*,S.470,479,51,230。

题,然后,找出未来前进的道路与方向;这些问题包括"原存在"、"存有者的存有性"(die Seiendheit des Seienden)、"原存在"如何走向"存在的遗弃"(die Seinsverlassenheit)、"启始"与"崩解"(der Untergang)等等。事实上,当"存在的遗弃"出现时,在"存在意义"的此刻上,我们正停留在形上学的傍晚,所以,海德格尔说:"停留是人类本质的停留;这是历史性与形上学的本质……"(Der Aufenthalt ist solcher des Menschenwesens als des geschichtlichen metaphysischen…)①基本上,当"存在事件"开始发生时,"离别"(der Abschied;告别)成为人的"宿命"(das Geschick):"存在的遗弃"是一种"离别",所以,我们只能借助"存有者的存有性",理解"原存在"的"原始发生"(das ursprüngliche Geschehen),换句话说,当"原存在"遗弃人类的时候,"离别"是"开始的结束"——这是形上学的"启始"。当我们停留在傍晚的时候,我们已经看不见正午的太阳与光明,换句话说,当"存在"隐蔽时,我们只能停留在形上学的历史脉络,但是,这是进入自然光逐渐暗淡的深渊。在形上学的余晖里,太阳将不再升起,所以,我们必须自己创造一条迈向明日的道路:这是"此—在"(das Da-sein)的道路。"此—在"是跨越"所有存有者"的"跳跃"(der Sprung)。

三

当少女的舞蹈停止时,查拉图斯特拉请求她们不要中断舞蹈。他告诉她们,他不是"破坏表演的扫兴者"(der Spielverderber)与"少女的敌人"(der Mädchen-Feind)。查拉图斯特拉说:"我是上帝的认同者;我站在恶魔的面前;但是,这个恶魔是'重力的精神'(der Geist der Schwere)。我怎么可能对你们这些轻盈的人、神圣的舞蹈有任何的敌意呢?或者,针对这些有美丽膝盖的少女小腿呢?当然,我是森林与许多灰暗树木形成的暗夜,但是,当一个人不会对我的黑暗产生畏惧的话,那么,在我的柏树底下,他也可以发现玫瑰布帘。同时,他也可以发现一个'小神';对这些少女来说,小神是最受欢迎的。祂就闭起双眼,躺在喷泉的旁边。真的,在明亮的白天,祂竟然在我的面前沉睡;祂是懒惰的人(偷取白昼的小偷)。祂是否花太多精神捕捉蝴蝶呢?你们这些漂亮的舞者,当我对这个小神作一点惩罚的时候,你们不要对我生气。祂当然会大叫与哭泣——但是,在哭泣中,祂会开始大笑。"②在《关于人文主义的书信》,海德格尔解释赫拉克利特对"神"(δαίμων,der Gott)的用语:在字面的意义上,赫拉克利特的恶魔就是神。③因此,像赫拉克利特一样,尼采用恶魔形容一般人无法测度的伟大力量:"我是上帝的认同者;我站在恶魔的面前;但是,这个恶魔是'重力的精神'。"

---

① Heidegger, *Über den Anfang*, S.33.
② Nietzsche, *Werke in drei Bänden*, 1954, Band 2, S.364-365.
③ 参见 Heidegger, *Wegmarken*, S.354。

"重力精神"代表什么意义？在《论重力精神》(*Vom Geist der Schwere*)这个篇章，尼采提出一些解释。在人的意义上，大地与生命是沉重的，因此，大地与生命是"重力精神"的具体图像。人是"此在"：他生活在这个世界上，所以，他必须面对、肯定与否定所有的"存有者"；不管直接或间接的联结。事实上，所有的联结都是有意义的；这些意义是沉重的文字与价值，因此，生命必须将所有的意义卸置到自己的肩膀上，换句话说，我们的肩膀必须是坚实的，因为，它们将背负这些意义，越过崎岖的山岭，所以，人们说，生命意义是沉重的负担。像骆驼一样，人肩负所有的价值与意义，行走在沙漠里——生命是一片沙漠。骆驼的意志是生命的力量：生命必须承受所有的价值与力量；这是《精神三变》(*Von den drei Verwandlungen*)的第一个层次：无形的精神必须蜕变为有形、有价值的生命；这是"品味"(der Geschmack)创造与造就的道路；品味是艺术家天生的能力与力量，因为，品味将引导我们，创造生命成长的完美形式。① 基本上，生命是"最熟悉的存在形式"(die bekannteste Form des Seins)：生命是一种意志；它是"力量的不断累积"(die Akkumulation der Kraft)，所以，力量的不断累积是生命的过程，换句话说，万物应该被聚集与累积。② 因此，当我们逆转"肉体—灵魂"的传统二元理解时，生命必须承受最巨大的重力，因为，灵魂是最下层的精神结构，换句话说，灵魂必须承担肉体的所有重力与可能性，因此，生命是"迈向力量的意志"显现的具体图像。

为什么"重力精神"是恶魔？上帝与恶魔并不只是一种迎对关系；因为，一个强者必须生存在完全相反的价值下。③ 如同上帝与恶魔一样，开始与结束是一种迎对；"分离"(die Abscheidung)是介于开始与结束之间的"间介"。当查拉图斯特拉说，我是上帝的赞同者，他的赞同代表舞曲中断前一段的历史；它代表上帝创造万物的历史；在这段历史中，万物的生命是轻盈的："让我们将所有的价值重新设定：所有的'优越性'(die Tüchtigkeit)是幸运组织的结果。所有的自由是优越性的结果（在这里，我们必须将自由理解为'自我引导'里的'轻盈性'(die Leichtigkeit)。每一个艺术家会这样理解我)。"④他们的信仰是解除肉体痛苦的轻盈，因为，信仰是精神的；例如，天堂是接触肉体痛苦的轻盈与信仰的报酬，所以，精神是轻盈的。但是，恶魔是沉重与重力的思想，因为，恶魔代表肉体与欲望，所以，他的生命意志必须是信仰力量的意志，同时，这样的意志是凸显恶魔的"重力精神"。

森林是扎根在土壤的"世界"(die Welt)。可是，暗夜让这个世界变得更沉重。尼采说，所有的生命是根植在大地的生命意志——真正的精神是诚实面对往下沉沦与"开始的结束"的意志。不管上升或沉沦，生命是力量的现象，但是，在正午之后，上升的力量将逐渐消失；日照将逐渐暗淡，同时，力量的沉沦将逐渐增强。所以，查拉图斯特

---

① 参见 Nietzsche, *Werke in drei Bänden*, 1954, Band 2, S.440-443。

② 参见 Nietzsche, *Werke*, Band XVI, S.154-155。

③ 参见 Nietzsche, *Werke*, Band XVI, S.308-309。

④ Nietzsche, *Werke*, Band XVI, S.164.

拉将上帝改称为小神,因为,现在是傍晚,当黑夜来临时,祂的神圣力量将完全消失;祂将丧失追逐力量的本能。当生命可以承受这些力量的不断起伏时,这就是最沉重的思想:"重力的精神"将为意志铺设一条跨越形上学崩解的道路。当一个人对沉沦的黑暗没有任何恐惧的时候,在最黑暗的深处,他会发现生命最深沉、神圣的力量——这是暗夜的微光照耀的"玫瑰布帘";这是白日的太阳光无法探寻的生命讯息:在黑暗里,生命的意志将绽放玫瑰般的艳丽。在这里,什么是真正的发现? 我们可以引用海德格尔的批注,解释哲学的意义。

"但是,当所有人性价值的后退与伪装必须作成决定的时候,人是否还停留在——开始? 难道他不需要先解救自己的'本质'吗? 在这里,难道他不需要帮助吗? 他并不需要帮助,——因为,他只需要'示意'(der Wink)。这是来自'存在'的示意。这个示意有'崩解'(der Untergang)的讯息——这个讯息慢慢地承担'决断的必然性'。在这些伪装与价值评断的勇气上,人性价值将断裂开来。"①基本上,人的意志无法改变日夜的替换,因此,当傍晚到来的时候,所有万物的气息将走进没有音声的暗夜;因为,创造神已经变成树下沉睡小神;祂丧失"神圣力量"与追求力量的意志。这时候,人没有其他的选择:不管是往上提升或向下沉沦,他必须反抗"暴君"(der Tyrann;暴君代表绝对主宰的力量);因为,在人的经验里,暗夜的力量象征吞噬所有光明的暴君。所以,我们必须让自己成为一个力量不断提升的暴君、成为一个自由的人;②自由是不断上升的力量。在这个脉络下,舞蹈是自由的具体形式。可是,在人类文明完全崩解的灰烬里,所有人性的价值是否还停留在"启始发生"(das Geschehen des Anfangs)的阶段,不断往上提升呢? 如果不是的话,那么,我们是否可以得到任何的帮助? 海德格尔认为,事实上,我们不需要任何的帮助,我们只需要"示意";挥别正午的光明,然后,接受沉沦与崩解的讯息。"示意"是"历史性"(die Geschichtlichkeit)与"历史沦丧性"(die Geschich-tlosigkeit)之间的"决断"(die Entscheidung);尼采解释,"决断"依赖"力量的程度"(der Grad der Macht)。③"决断"代表人性价值的"断裂"(die Scheidung),但是,像傍晚进入黑夜一样,断裂的人性价值将进入黑暗的深渊,无法一直延续下去。在这个时候,我们只能坚守与接受崩解力量的讯息——这是一种勇气、力量的增强与意志:这个意志的方向是迈向一个不同的开始与新的价值。在这里,我们必须理解,什么是尼采设定所有价值的标准:真理可以忍受多少? 真理可以为精神承受多少风险? 这是新价值的设定标准——这个新价值是"迈向力量的意志"。新价值会指导我们,如何用一种新的方式解释与强化这个世界。④

在《哲学献集》有关"存在的遗弃"论述里,海德格尔说明,"存在"离弃"存有者",

---

① Heidegger,*Über den Anfang*,S.33.
② 参见 Nietzsche,*Werke*,Band XVI,S.204.
③ Nietzsche,*Werke*,Band XVI,S.133.
④ 参见 Nietzsche,*Werke*,Band XVI,S.383-384.

她的遗弃代表:"原存在的真理"(die Wahrheit des Seyns)隐藏在"存有者的彰显性"(die Offenbarkeit des Seienden)里。但是,在另一方面,当人们不再思考"原存在的真理"后,哲学的真实理解被形上学思考取代,换句话说,思考变成为"存有者的思考"(das Denken über das Seiende),因此,哲学将远离"原存在的真理";①这是我们对"存在遗弃"不同层次的理解。本质上,"原存在"是"解离"(das Sichentziehen);"原存在真理"将后退,被人们误解为形上学思想,同时,我们可以将这种"解离"界定为"隐蔽"(das Verbergen)。海德格尔将"存在的遗弃"称为"原存在"的"第一启始"(der erste Anfang),同时,在"第一启始"结束时,"存在的遗弃"将得到具体的显现,因为,"第一启始"与"另一启始"(der andere Anfang)是迎对的,或者,在海德格尔对"另一启始"的理解下,"第一启始"是后退的;因为,在"第一启始"的发生中,"存在的真理"是隐蔽的。海德格尔将两个"启始"的迎对称为"共鸣";"共鸣"将撞击"存在思想"的"另一启始",同时,在"存在遗弃"的揭示下,"共鸣"将重新拾回"存在事件"的"完整本质化",让"此—在的奠基"(die Gründung des Da-seins)蜕变成迈向"跨越"的"跳跃"。

从"第一启始"到"另一启始"是一种"跨越"(der Übergang,过渡);在早期思想,海德格尔对"跨越"作这样的界定:"存在"超越所有的"存有者",可是,在晚期思想,他将"跨越"理解为"存在的发生"(das Geschehen des Seins);这是一条从"隐蔽"到"彰显"(die Offenbarung)的道路。基本上,"存在的遗弃"是一种"紧急状态"(die Not);这样的状态是"真理的崩坏"(der Zerfall der Wahrheit),所以,我们必须体验两个"启始"的迎对产生的"紧急状态",但在另一方面,"原存在"是"神的胁迫性"(die Not-schaft des Gottes);因为,只有在胁迫性里,神才能发现自己;②这是我们对神圣力量的理解。在"跨越"的过程中,"紧急状态"将凸显自己,成为我们迈向未来的"途—径"(der Zu-gang);海德格尔称这个"途—径"是"存在的征服作为无的崩解"(der Überwindung des Seyns als der Untergang des Nichts);只有在崩解的理解里,我们才能看见"原存在"照亮的道路。在这里,我们必须重新回到《舞曲》中断的地方,进行不同的诠释。

在查拉图斯特拉吟唱一首歌之前,他提到"小神":"……他也可以发现一个小神;对这些少女来说,小神是最受欢迎的。祂就闭起双眼,躺在喷泉的旁边。真的,在明亮的白天,祂竟然在我的面前沉睡;祂是懒惰的人。祂是否花太多精神捕捉蝴蝶呢?你们这些漂亮的舞者,当我对这个小神作一点惩罚的时候,你们不要对我生气。祂当然会大叫与哭泣——但是,在哭泣中,他会开始大笑。"为什么尼采将上帝称为小神?在《迈向力量的意志》里,尼采解释:当一个人将没有矛盾的"简单"(das Einfach)界定为万物的原则时,他会将"存在的世界"(die Welt des Seins)理解为"神"——世界是神的图像。③

---

① Heidegger, *Beiträge zur Philosophie*, S.170.

② 参见 Heidegger, *Beiträge zur Philosophie*, S.508。

③ 参见 Nietzsche, *Werke*, Band XVI, S.48。

这是我们理解小神的第一个图像。事实上，所有的事物停留在傍晚时分；因为，太阳已经西下，所以，如果上帝代表太阳的日照时，那么，这时候，祂只是夕阳的余晖，换句话说，祂不再是创造与照耀所有生命的正午。其次，当万物迈向一个"另一启始"，试图跨越漫长的黑暗、迎接明日到来的曙光时，小神却闭着眼睛，静静地躺在喷泉的旁边。生命是一口喷泉，但是，祂并没听到喷泉的声音（生命的发生）；因为，从日出到日落，祂都是沉睡的。当祂是沉睡的时候，祂就不是创造世界与万物的上帝。在一般的认知上，上帝是最高的"存有者"；这是"存有者的彰显性"（die Offenbarkeit des Seienden），因此，尼采将上帝与所有"存有者"的关系理解为小神与蝴蝶的关系，换句话说，当上帝只是关注"存有者的存在"时；那是"存有者的真理"，那么，祂就无法照耀最原始的"起—源"——"存在的发生"。所以，从"第一启始"到"另一启始"的道路上，上帝的沉睡传递一个讯息：我们必须挥别形上学思考的真理与道路。

当上帝沉睡时，人必须为自己作出一个迈向"起源"的"决断"；这是一个与沉睡对立的清醒"决断"；因为，在迈向一个"另一启始"时，我们必须为自己建立"此—在的基础"（der Grund des Da-seins），因为，"另一启始"已经宣告人的"蜕变"（die Verwandlun）。人的本质蜕变是我们迈向真理的指引：人与"原存在"的联结是"原存在"——作为原始的事件，"原存在"将人推向上述的联结。① 人的"此—在"是回归到最原始的联结——这是清醒的"决断"，因为，人是"原存在的护卫者"（der Wächter fur das Seyn）。② 基本上，在"此—在的根本气氛"（die Grundstimmung des Da-seins）里，像艺术家的自由一样，人必须是创造的，同时，在创造中，他将蜕变为"寂静的护卫者"（der Wächter für die Stille）；"寂静"是"临终之神路过的寂静"（die Stille des Vorbeigangs des letzten Gottes）。③ 寂静是"此—在"的"场所性"（die Ortschaft）；它提供跨越到"另一启始"的空间与场所：在寂静里，人们必须聆听"临终之神的路过"（der Vorbeigang des letzten Gottes），所以，赫拉克利特告诉人们：神将显现在火炉旁边——在寂静里，"临终之神"已经走过我们的身边。

<h2 style="text-align:center">四</h2>

查拉图斯特拉认为，他的出现让少女中断她们的舞蹈，但是，舞蹈的中断隐藏一个更原始的原因——上帝的沉睡，因为，祂停留在"形上学真理"的旋涡里。海德格尔将这样的"停留"（das Bleiben）称为"缺席"（das Ausbleiben）。缺席是"离别"衍生的"停留"。这样的缺席并不是真正的停止，因为，它是"崩解性启始的深刻本质"（das innige

---

① 参见 Heidegger, *Beiträge zur Philosophie*, S.490。

② Heidegger, *Beiträge zur Philosophie*, S.62.

③ Heidegger, *Beiträge zur Philosophie*, S.17.

Wesen des untergänglichen Anfang）。基本上，缺席并不是消失或灭绝，因为，它是一种反向的推动力，将"另一启始"推向一个更遥远的未来。所以，"祂应该眼睛含着泪水，向你们请求继续跳舞，同时，我自己将为祂的舞蹈唱一首歌：这是一首为重力精神吟唱跳舞与讽刺的歌，我最高层次与最有力量的恶魔；他们说：这个恶魔是'世界的主宰'。"①小神应该请求少女们，重新跳舞，因为，祂的沉睡是舞蹈中断的真正原因，可是，为什么查拉图斯特拉必须为新的舞蹈，吟唱一首歌颂扬"重力的精神"？小神的沉睡代表一种"存在的遗忘"（die Seinsvergessenheit）。但是，舞蹈没有预期的中断造成一种苏醒；舞蹈的中断代表"惊恐"（das Erschrecken）。少女们"惊恐"出现在舞蹈中断的地方；这是舞曲的开始，因为，这是"另一启始"的"根本气氛"，因此，少女们必须离开舞蹈原有的开始，②但是，"惊恐"却预告"另一启始"的必然性，因为，这是人创造的道路；一条通达"最高可能性的必然性"（die Notwendigkeit der höchsten Möglichkeiten）。③事实上，在《存在与时间》（Sein und Zeit）里，海德格尔已经针对"惊恐"进行深刻的解释。我们不能对死亡只有事实性的理解与体验，因为，当我们"此在"进行本体论的解读时，"存在"必须被理解为"回归到启始的存在"（das Sein yum Anfang），但是，在形上学思想的宰制下，人们不但忽略"回归到启始的存在"，同时，他们也无法思考"此在的惊恐"（die Erschreckung des Daseins）；"此在"是摆荡在生与死之间的具体生命，因此，在"完全存在的分析"（die Ananlyse des Ganzseins），"生命的脉络"（der Zusammenhang des Lebens）将被完全忽视。④

当一个人在傍晚苏醒时，他的苏醒是一种"衰败"（die Dekandenz）的苏醒，因为，他已经错过正午，必须走向万物即将沉睡的黑夜；虽然，他是苏醒的，但是，他将再度进入黑夜的沉睡，同时，他已经没有力量，抗拒黑暗的降临。在"存在的意义"上，苏醒代表：形上学的真理已经丧失所有的主宰力量，因此，在"存在的事件"上，查拉图斯特拉吟唱的歌是一首"此—在"的歌，因为，在迈向一个"另一启始"的道路时，当"迈向真理的意志"（der Wille zur Wahrheit）丧失力量时，人必须创造新的意志——颂扬生命的价值与意义是新的意志。上帝的最高价值是形上学建立真理的基础，但是，这个基础已经经完全崩解。在迈向一个"另一启始"的路途上，小神的苏醒暗示我们，为什么海德格尔将"最后的神"（der letzte Gott）理解为人性的最伟大希望；这个希望将为我们指引一个价值——"存在思想"的原始价值。

"但是，你（生命）用黄金的钓竿，将我钓上来；当我称你为'深不可测的'（unergründlich）时，你讽刺地大笑：所有的鱼都这样说：它们无法'厘清'（ergründen）、都

---

① Nietzsche, *Werke in drei Bänden*, 1954, Band 2, S.364.

② 参见 Heidegger, *Beiträge zur Philosophie*, S.46。

③ Heidegger, *Beiträge zur Philosophie*, S.46.

④ 参见 Heidegger, *Sein und Zeit*, S.393。

是深不可测的。不过，我只是蜕变的与狂野的，同时，女人藏身万物里她并不是德行的"①在这里。尼采将生命形容为一支黄金钓竿；它让所有的鱼远离深海的暗流，跃出水面为生命舞蹈，因为，所有的鱼必须先浮出水面，才能往上跳跃；这样的跳跃凸显生命的脉动与力量。所有的鱼无法明了生命的真实意义，因为，它们不曾追究生命的起源与价值。在这里，"明了"（ergründen）是追问最后的原因，对原始的"根本"（der Grund）进行最彻底的理解。当我们无法找到生命的"根本"时，自然无法理解生命的原始意义。事实上，在海德格尔的晚期理解，哲学的终极任务是"征服存在"（die Überwindung des Seins）：当"存在"征服自己时，我们必须用钓竿钓起"人的本质"。②

在生物的层次上，生命发生的地方是女人的身体；这是孕育生命的开始。为什么尼采说："女人藏身万物里；她并不是德行的"？女人是生命的孕母；她并不是理性颂扬的德行，因为，她代表再生的生命能量——当所有的生命远离深海的暗流时，再生的能量与意志让我们往上跳跃、往前迈进，最后，在一个不同的顶峰圆满自己；这是创造的力量。在德文的用语里，欧洲大陆被称为"傍晚国度"（das Abendland），换句话说，欧洲大陆象征迈向与跨越黑夜的精神文明；这是验证"原存在真理"的思想历史，同时，这段历史将迈向一个"另一启始"。③因此，欧陆的真正意义并不是地理性的意义，因为，它代表历史性的意义；它揭示：历史性是"启始的"。④因此，真正的精神是重力的精神，因为，它必须进入最深处的黑暗与蜕变一种的神圣力量；当精神走过黑夜，将迎接新的晨曦时，舞蹈是重力精神的表现方式。因此，在《迈向力量的意志》里，尼采说，当一个神知道怎么跳舞时，他会信仰这个神。基本上，尼采只是一个无神论者；他不相信新的或旧的神，因为，神的类型是依照创造性精神的类型进行划分；创造性的精神是伟大人物的类型。⑤因此，人的创造力是神圣的力量，一个更高等的人是"超人"（der Übermensch）；他并不是具体的人，因为，他是"迈向意志的纯粹力量"（der reine Wille zur Macht）⑥——这是人必须争取的神圣力量，因为，他的神圣力量超越人的理性与有限性。像一棵树一样，当人的成长往上延伸时，他的精神会像树根一样，往更深的地底不断延伸。⑦同样地，海德格尔将"原存在思考"（das Seynsdenken）诉诸"感应"（das Ahnen；预知、暗示），因为，我们感应到"最后的神"的降临与离去："最后的神"是"原存在本质的事件化"（die Er-eignung des Wesens des Seyns）。⑧在《论启始》中，海德格尔解释：在"另一启

①　Nietzsche, *Werke in drei Bänden*, Band 2, S.364.

②　Heidegger, *Metaphysik und Nihilismus*, *Gesamtausgabe* 67（Frankfurt am Main：Vittorio Klostermann 1999），S.230.

③　Heidegger, *Beiträge zur Philosophie*, S.144.

④　Heidegger, *Über den Anfang*, S.107.

⑤　参见 Nietzsche, *Werke*, Band XVI, S.381。

⑥　Heidegger, *Nietzsche II*（Pfullingen：Neske, 1998），S.304.

⑦　参见 Nietzsche, *Werke*, Band XVI, S.377。

⑧　Heidegger, *Über den Anfang*, S.65.

始"里，"神性"（die Gottheit）出自"真理的原存在凝聚的资产"（das Eigentum des Seyns der Wahrheit），换句话说，祂来自"启始的崩解本质"（das untergängliche Wesen des Anfangs）。① 因此，神性是最原始的"初始"（die Anfängnis；das Anfangen des Anfangs）："最后的神"是"初始的神"（der Gott der Anfängnis）；这是所有宗教诞生之前的"事件"，所以，我们无法用人类的语言与名词为祂定名；祂是"无名"（der Namelose）。"最后的神"不是一样的神或新的神；这些名词的理解是回到形上学的理解。"最后的神"并不是具体的知识，因为，当我们感应到"另一启始"时，我们也会感应到"临终之神"的降临与离去。② 事实上，"存在"比每一个的神还要原始，③换句话说，我们对神的理解与解读必须建立在"存在"的基础上，同时，最后回归到"存在"的价值与意义。

"当舞蹈结束，少女们离开时，他变得悲伤。'太阳早就下下沉了。'最后，他这么说：'绿地已经潮湿。从森林的那方飘来一阵冰冷。一股陌生围绕着我，它思索地观望。什么！你还活着？查拉图斯特拉！为什么？为哪一个人？什么样的经过？往哪个方向？在哪里？你还活着，难道，这不是一种愚蠢吗？喔！现在是傍晚；它来自我的身上，然后，提出疑问。请原谅我的悲伤。现在是傍晚，请原谅我，现在是傍晚。'"④当查拉图斯特拉的吟唱结束后，傍晚从"开始的结束"进入"结束的开始"。基本上，如果我们用海德格尔的思想解释的话，"启始"是"原存在的尊严"（die Würde des Seyns）。尊严是"启始的初始"（die Anfängnis des Anfangs），不过，尊严并不是"原存在"的特质，因为，特质就是"原存在"自己，但是，它发生在"原存在"的"崩解性本质化"（die untergängliche Wesung）里。在《论启始》（Über den Anfang），海德格尔解释：作为真正的启始，启始必须是"崩解"，同时，在"初始"，"原存在"会朝向"离别的保存"（die Verwahrung des Abschiedes），不断崩解。⑤ 当傍晚发生时，它已经告别白昼；这是日照的崩解，但是，它的告别并不是永远地消失；那只是形上学的理解。海德格尔认为，当"原存在"开始崩解时，事实上，告别的真正理解已经被保存下来：当傍晚向白昼告别后，它将迈向最漆黑的子夜，然后，在最黑暗的地方，碰触最微弱的曙光；这道曙光是"启始

---

① Heidegger, *Über den Anfang*, S.131.

② 参见"Wir ahnen den Gott der Bergung. Wir ahnen die Göttin des Untergangs. Wir wissen nicht die Geschicht dieser Gottschaft." Heidegger, *Über den Anfang*, S.132。

③ 参见"Das Sein ist anfänglich denn jeder Gott." Heidegger, *Über den Anfang*, S.64。

④ "Als aber der Tanz zu Ende und die Mädchen fortgegangen waren, wurde er traurig. Die Sonne ist lange schon hinunter, sagte er endlich; die Wiese ist feucht, von den Wäldern her kommt Kühle. Ein Unbekanntes ist um mich und blickt nachdenklich. Was! Du lebst noch, Zarathustra? Warum? Wofür? Wodurch? Wohin? Wo? Wie? Ist es nicht Torheit, noch zu leben? –Ach, meine Freunde, der Abend ist es, der so aus mir fragt. Vergebt mir meine Traurigkeit! Abend ward es; vergebt mir, daß es Abend ward!" Nietzsche, *Werke in drei Bänden*, 1954, Band 2, S.366.

⑤ 参见"Anfang fängt an als Untergang. In der Anfängnis ist das Seyn untergegangen in die Verwahrung des Abschied." Heidegger, *Über den Anfang*, S.21。

的初始"。① 因此,告别并不是停止或结束,因为,它是"启始的最后步骤"(das Letzte des Anfangs),换句话说,在告别里,"启始的初始"将真正开始,进行纯粹的启始。② 因此,当傍晚的告别碰触子夜最微弱的曙光的瞬间,告别是"到达"(die Ankunft);因为,这是"启始的到达"(die Ankunft des Anfangs);"原存在"回到最原始的自己,保存"最遥远的远方"(die fernste Ferne)。③

当太阳开始西下时,一颗沉重的、慢慢失去光泽的星体逐渐消失在地平线下,同时,重力的思想慢慢进入黑暗时分。尊严是最沉重的力量;它的定位在"启始的深刻性"(die Innigkeit des Anfangs),因为,当自然的太阳光完全消失时,生命的价值必须显现最沉重与最纯粹的尊严。"原存在"的尊严是重新回归到"启始";这是一个"另一启始",同时,它的回归是一种"隐蔽的显现"(die Entbergung der Verbergung):在太阳沉沦后,万物的尊严并不会消失,因为,尊严只是隐蔽自己,然后,在"此—在的寂静"(die Stille des Da-seins),告别那远离"启始"的白昼,默默踏进无声与无息的深夜,"因为,'启始的初始'是'走向隐蔽的崩解'(der Untergang in die Verbergung)。所以,'原存在'必须克服自己,迈向在一个正在开始进行的'启始';这时候,'原存在'只是隐蔽的。"④

基本上,傍晚代表"此在"的"本质目的"(die Wesensbestimmung):像傍晚逐渐暗淡的日光一样,"此在"将走向一条本质逐渐流失、最不安全与冒险的道路。但是,这条道路的基础是"对原存在的护卫性的一种交付"(die Überantwortung an die Wächterschaft des Seyns)。⑤ 因此,傍晚代表"此—在":这是傍晚必须走向黑夜、力量与生命不断流失的危险道路,因为,这条道路将带领我们迎向真理;因为,"此—在"将为"原存在的无底深渊"奠基,同时,人的真实作为是护卫"原存在的真理"。⑥ 所以,海德格尔认为,当我们感应到"初始",然后,依序它的脉络,深入"启始的启始性"(die Anfänglichkeit des

---

① "Der Untergang scheint volle Negativität zu sein,wenn wir metaphysisch denken.Er ist doch der Anfang, wenn wir seynsgeschichtlich das Seyn erfragen.Das Ereignis des Anfangs ist der Untergang.Der Untergang ist der Abschied." Heidegger, *Über den Anfang*, S.24.

② 参见"Der Abschied ist nicht das Ende oder Aufhören,aber er ist das Letzte des Anfangs,wodurch er in sich selbst zurücktritt und die Anfängnis in sich anfängt,um noch rein anzufangen und nur dieses." Heidegger, *Über den Anfang*, S.25。

③ "Der Abschied ist Ankunft,nicht in die Anwesung eines Vorhandenen,sondern anfängliche Ankunft,die in sich zurücktritt und ihre fernste Ferne innehält." Heidegger, *Über den Anfang*, S.24.

④ "Weil die Anfängnis des Anfangs der Untergang in die Verbergung ist,deshalb muß,wenn das Seyn in den anfänglichen Anfang sich verwindet,das Seyn verborgen bleiben." Heidegger, *Über den Anfang*, S.41.

⑤ "Daseinsmäßig begriffen ist der Mensch jenes Seiende,das seiend seines Wesen verlustig gehen kann und somit am unsichersten und gewagtesten je seiner selbst gewiß ist,dieses aber auf Grund der Überantwortung an die Wächterschaft des Seyns." Heidegger, *Beiträge zur Philosophie*, S.490.

⑥ "Das Da-sein ist die Gründung des Abgrundes des Seyns durch die Inspruchnahme des Menschen als desjenigen Seienden,das der Wächterschaft für die Wahrheit des Seyns überantwortet wird." Heidegger, *Beiträge zur Philosophie*, S.490.

Anfangs）进行前卫性思考时，我们就可以感应到"另一启始"。①

当查拉图斯特拉的歌曲结束后，草地变得湿润，同时，森林飘来一股冰冷。为什么草地变得湿润？湿润的草地象征基督教的受洗。在基督宗教里，受洗代表：信徒认同耶稣的"死亡—埋葬—复活"。在这里，"死亡—埋葬—复活"的循环并没有改变，但是，草地的露水并不是基督宗教的圣水，所以，森林飘来一股冰冷；这股冰冷让我们感应"死亡—埋葬—复活"的降临，不过，我们的感应并不会走向过去知识已经认知的道路，因为，我们的感应仍然是一种陌生的感应，换句话说，感应并不是具体的知识。海德格尔将这样的感应称为"思考的最后步骤"（der lezte Schritt des Denkens）：在《舞曲》里，思考的最后步骤是这股陌生感应提出的质问："什么！你还活着？查拉图斯特拉！为什么？为哪一个人？什么样的经过？往哪个方向？在哪里？"在海德格尔分析"思考的最后步骤"时，他有一些相关的说明："在它的'初始'里，'原存在'需要思考，同时，它要求'此—在的紧急状态'（die Not des Da-seins），对这样的危急来说，这是'唯一个人的必然性'（die Notwendigkeit einziger Menschen）。"②"原存在"需要思考，因为，我们必须思考最根本的问题："为哪一个人？什么样的经过？往哪个方向？在哪里？""此—在"是为我们自己、从开始到结束的经过、往"存在"的"另一启始"前进，最后，他的终点站是"此—在的所在"（das Da des Da-seins）：这是"唯一个人的必然性"（die Notwendigkeit einziger Menschen）。

结　语

傍晚是在白昼与暗夜之间，所以，它区隔日与夜、开始与结束。在海德格尔的晚期思想，"区隔"（die Unterscheidung）具有非常深沉的意义。基本上，当傍晚走向子夜时，这是一种"跨越"。当我们对日夜的跨越进行思考时，思考是"前进"（das Gehen）与"道路"（der Weg）；这是一条自己行进的道路。③

事实上，傍晚已经离开今日的开始，迈向明日的开始，因此，傍晚预告"原存在"的路径："原存在"迈向"另一启始"，但是，"原存在"自己是"另一启始"；④这是返回自己原生地的回归。在另一方面，这样的理解帮助我们解释："第一启始"与"另一启始"之间的"区隔"具备什么样的"根本特质"（der Grundzug）。这是"原存在的根本特质"（der

---

① "Wir ahnen die Anfängnis und denken ihr gemäß vor in die Anfänglichkeit des Anfangs und ahnen so den anderen Anfang." Heidegger, *Über den Anfang*, S.12.

② "Das Seyn in seiner Anfängnis benötigt das Denken und fordert die Not des Da-seins und für sie die Notwendigkeit einziger Menschen." Heidegger, *Über den Anfang*, S.40.

③ 参见"Das denkende Werk im Zeitalter des Übergangs…kann nur und muß ein Gang sein in der Zweideutlichkeit des Wortes: ein Gehen und ein Weg zumal, somit ein Weg, der selbst geht." Heidegger, *Beiträge zur Philosophie*, S.83。

④ Heidegger, *Über den Anfang*, S.40.

Grundzug des Seyns)："原存在"从一个"被离别切割的分割性"（die Geschiedenheit der Abgeschiedenheit）迈向"初始"，同时，停滞在"初始"的"源流"（die Herkunft）。但是，这并不只是一个单纯的循环，换句话说，我们必须有不同的理解：万物的生命价值与意义必须回到"开始的开始"。所以，舞蹈正好显示"初始"的具体形式：舞蹈发生在傍晚，因为，傍晚是日与夜之间的"区隔"；"区隔"是"启始"自己。① 事实上，最原始的"区隔"是"原存在"区隔自己，因此，"原存在"是区隔自己的"启始"。在日月交替的现象下，我们必须掌握"原存在"的自我区隔；这是一种创造能量的再生。

日与夜之间的"区隔"并不是真正的本质，因为，"区隔的本质"（das Wesen des Unterschiedes）是"作为离别的区隔"（der Unterschied als Abschied），②换句话说，我们必须将"区隔"与"原存在的本质"联结一起，因为，"原存在的本质化"（die Wesung des Seyns）发生在"区隔的事件"（das Ereignis des Unterschiedes）里，同时，这个原始事件已经为"离别的唯一性"（die Einzigkeit des Abschiedes）造成决定性的抉择。在海德格尔的理解里，我们必须从"原存在"的发生，理解"离别"的真正意义。当傍晚告别白昼时，自然光将慢慢消失；光将逐渐进入黑暗的"无底深渊"，同时，深渊将吞噬所有的日光——这是光的"离别"。这时候，"离别"是告别无止尽的日月交替换；这是"区隔的离去"（die Verlassung der Unterscheidung），但是，"离去"的更深层意义是"征服形上学"（die Überwindung der Metaphysik）；在海德格尔的晚期思想，他将"征服"界定为"阐明原存在历史的第一瞬间"（der erste Augenblick der Lichtung der Geschischte des Seyns），因为，这是历史的本质。③

海德格尔批评，尼采的哲学是"形上学的终结"（die Vollendung der Metaphysik）；尼采哲学的最后与中心论述是"迈向力量的意志"，但是，力量代表"存有者的存有性"——这是形上学的基础，所以，尼采并没有超越形上学的思想根源与架构，因此，海德格尔提出的"区隔的离去"是解构形上学的重要步骤；"形上学的终结"并不是真正的结束，因为，结束的开始将跨越到"另一启始"，进行不断延伸与跳跃的发展。首先，形上学并未思考"离去"的重要性与可能性，因为，形上学无法离开与批判自己的基础——"存有者的存有性"，所以，如果形上学脱离"区隔"的整体问题架构时，它也失去自己的基础，然后，它将失去自己的本质。④

在这里，我们必须理解，为什么"区隔的离去"迈向"征服形上学"是必然的。基本上，我们对"区隔"的理解是来自"原存在"。事实上，形上学有非常长远的历史，因此，人们对形上学的本质有非常长远的误解。误解的原因是"存有者的存有性"；因为，人们

---

① 参见 Heidegger，*Über den Anfang*，S.68。
② Heidegger，*Über den Anfang*，S.73.
③ 参见 Heidegger，*Metaphysik und Nihilismus*，S.33。
④ 参见 Heidegger，*Metaphysik und Nihilismus*，S.96，77—78。

无法区隔"存在"与"存有者",①因此,人们将"存在"解释为"无本质"(das Unwesen);这是本质的丧失,但是,"无本质"将自己界定为"迈向力量的意志"。所以,"区隔的离去"是搬开形上学的基础,然后,将形上学原有的问题重新架构在哲学的真正起源上——"原存在"。因此,我们对"原存在"的重新深思是"征服形上学",换句话说,"原存在历史"(die Seynsgeschichte)必须重新思考形上学的本质与根本问题,然后,原始的思考将赢得一个不同的"形态"(die Gestalt)。② 这是哲学思考的最重要的任务。

"什么!你还活着?查拉图斯特拉!为什么?为哪一个人?什么样的经过?往哪个方向?在哪里?"事实上,在《查拉图斯特拉如是说》前言的开始,尼采已经告诉我们这些问题的最后答案:"所以,我必须向下爬升,像傍晚时分你(太阳)的作为一样:你将走到大海的后面,然后,为地下世界带来光源。啊!你这个太富有的星体。我必须跟你一样下沉;像人们这么称呼。我将离开这里,然后,走向他们。"③在"征服形上学"的意义上,我们必须告别没有生命与抽象的观念与理性,然后,走向真实的生命——这是一条回归自己的道路:"此—在"必须告别自己、走向自己、面对自己,最后,与自己相遇。这是最真实的回归:迈向今日的结束,迎对明日的开始。

---

① Heidegger, *Metaphysik und Nihilismus*, S.93.

② Heidegger, *Über den Anfang*, S.79.

③ Nietzsche, *Werke in drei Bänden*, 1954, Band 2, S.277.

从自然哲学的角度考察苏格拉底的思想[*]

李蜀人[①]

内容提要:苏格拉底首次将人以及人的事务也看作是自然之物,用自然方式对它们进行了研究,从而显示出了他与以前多数自然哲学家的不同。我们可以说他提出了一套关于人和人的事务的自然哲学理论,这套理论不仅丰富和完善了古典自然哲学,而且还对后世哲学的发展产生了极大的影响。从自然哲学的角度考察苏格拉底有助于我们深入理解其哲学思想。

关键词:苏格拉底 自然哲学 人 德性

一般人不会认为苏格拉底是一位自然哲学家。但是,通过我们的研究,我们认为他也是一位自然哲学家。只不过他的自然哲学主要表现在对人的研究方面。因为他将人和城邦也看作是自然之物,并从自然的角度提出了一套完整的自然哲学理论。本文从这一角度对其自然哲学思想进行一番研究。

一

苏格拉底对人的研究是从"人是什么"这样的定义性问题开始的。在现实中,存在着张三、李四等具体而不同的人,这是人人都可以感觉到的,但是,按照苏格拉底"第二次航行"的要求[②],这些都不重要。重要的是人们要寻找到他们统一称之为"人"或"人本身"。因此,要给"人是什么"下一个定义,其实质就是要找出人自身的本性。

为此,他考虑了人与城邦的关系。在他看来,任何城邦自然都是由人构成的。人与人之间的自然联系才能构成城邦。但是,他又知道城邦并不是人们之间随随便便的联

---

[*] 编者说明:本文从自然哲学的角度来考察苏格拉底的思想,有一定的新意。编者修改了其题目、内容提要,整理了其英文部分。对文中注释作了校对。纠正了希腊词语的拼写。

[①] 李蜀人,男,重庆人,1957年出生。哲学博士,现为西南民族大学马克思主义学院教授,研究方向为西方哲学史、西方政治哲学。该文为作者主持的国家社科基金项目"当代西方政治哲学中的公共领域理论研究"阶段性成果。项目批准文号是 15XZX013。

[②] 参见柏拉图的《斐多篇》(*Phaidon*),苏格拉底明确说明了他从对自然哲学和对阿那克萨哥拉思想研究转变到对事物本身研究的过程,他自己称之为是"第二次航行"。参见柏拉图:《柏拉图对话集》,王太庆译,商务印书馆 2004 年版,第 260—264 页;96A—99D。

系。因为随随便便的联系肯定不是"自然"的联系。"自然"联系中是有法则的。人们是根据某些自然法则才能够联系起来形成城邦的。比如，雅典城邦中有一些人是公民；另一些人则是奴隶。尽管他们都是人，但是，在政治地位上他们是有差别的。公民主要的工作就是去参加城邦大会，讨论城邦发展等问题，而且在家里又统治着奴隶，行使主人的权利；奴隶，则像妇女一样，只能从事为了生计的劳动，只能接受公民的统治。这些差别，在苏格拉底看来，不是任意的而应该是根据自然法的一些规则来规定的。

按照当时雅典城邦的规定①，只有父母双方都是雅典人并又在雅典出生的，达到成年人标准的男性，才能是雅典的公民。而战败城邦所有的人都只能是奴隶，这就是政治法则；然而，即便都是公民，苏格拉底发现在公民之间也有很多差别，比如有些公民是正义的，有些则是不正义的，这就是正义法则。有些公民是善人，有些公民是恶人，这是德性法则。如此等等。据此，他认为，城邦就是奠基在这些法则基础之上人们直接的联系。如果没有这些法则的话，那么，在一个城邦之中由于存在着多种多样的矛盾，城邦肯定就不会稳定。

所以，研究城邦中这些法则的来源和作用便成为苏格拉底哲学研究的中心。这就是说，政治哲学应该是苏格拉底思想最重要的部分。根据古希腊哲学的传统思想，苏格拉底已经可以认为这些法则不是神创的。因为从泰勒斯开始的所谓的自然哲学家们就开始了用理性的或哲学方式来解释世界。这就是说，苏格拉底已经认识到这些法则是自然而然生成的。

既然是自然生成的，那么，这些法则肯定就既不是神创的也不是人为创造的。然而，这些法则却又同人、同城邦密切相关的。因此，对于苏格拉底来说，这些问题又是同人是什么这个问题相联系的。在他看来，一旦人是什么的问题研究清楚了，那么，这些法则的来源等问题也就随之而清楚了。而研究"人是什么"这个问题就是要给出"人"这个对象一个定义的问题。② 这就是说，苏格拉底是想找出从人们之中人之为人的属和种差从而找出人的本性。

为此，苏格拉底提出要对人的生活进行审查。在他看来，"不经考察的生活是不值得过的。"③这就是说，他想通过审查人的生活，找出那些法则形成的原因。因此，他特别强调人的理性的重要性。因为只有理性才具有审查人的生活的功能。然而，如果人们的生活是需要被检查的，这又意味着人们仅仅是生活还是不够的。在生活之中，人们还必须去寻找生活的意义。这样，苏格拉底便将生活和生活的意义完全分离了。自此

---

① 那个时期的雅典城邦情况，可以参见亚里士多德：《雅典政制》，冯金朋译，吉林出版集团有限责任公司 2013 年版。这一中译本比日知和力野的《雅典政制》注释详细，而且还在后面附上了据说是色诺芬著的另一本《雅典政制》的残篇。尽管学术界对此书的真伪有很大的争议，但是，该书写于当时那个时期是没有争议的。这就为我们理解雅典政治情况又提供了一个文本。

② 亚里士多德曾经在他《形而上学》中说，有两个发明要归功于苏格拉底：一个是定义的方式，另一个是归纳方法。参见亚里士多德：《形而上学》，吴寿彭译，商务印书馆 1996 年版，第 266 页；107b27—29。

③ 柏拉图：《柏拉图对话集》，王太庆译，商务印书馆 2004 年版，第 50 页；38A。

以后,生活的意义就比生活本身重要。生活成了需要得到辩护的生活。没有得到辩护的生活还不是生活。为此,人们就会为生活提供各种理由或目的从而使得生活本身变得有意义。

有意思的是,苏格拉底对生活的检查并没有写下任何文字。我们是通过阿里斯托芬、柏拉图和色诺芬等人对于他对话的记录了解到他这种检查的。这就是说,他是在与不同的人进行交流的过程中来检查生活意义的,其中涉及的就是人们在生活中所遵循的伦理和法律问题。因为他发现城邦中的伦理要求或德性要求总是有问题的。例如,城邦要求做人要诚实,但是,他发现,如果一个人的朋友知道这个人得了绝症,这个时候,他肯定不会将此告诉他的朋友的。因此,诚实并不是生活的意义。又如"正义"这一德性,人们的认识完全是不一样的。在《理想国》中,波勒马霍斯认为"正义"就是"欠债还债"。然而,苏格拉底则认为,如果"正义"就是"欠债还债"的话,那么,他提出当还债时那个原主的头脑时已经不清楚了,那么,我们还能够把借他的东西还给他吗?① 例如借的是武器。而且他还发现这些法则经常还是相互冲突的或者是矛盾的。例如,在柏拉图的《欧悌甫戎篇》(又译为"游叙弗伦")中,他发现欧悌甫戎就处于这样的矛盾之中。他看到了他的父亲杀死了一个奴隶。按照正义规定,任何杀人都要受到惩罚,因此,他应该控告他的父亲。但是,按照孝道规定,儿子应该孝敬父母。因此,他不应该起诉他的父亲。② 这些德性例外、德性之间的冲突和矛盾使得苏格拉底认为它们都不是生活的意义。因为这些德性都是由于习惯或者约定而形成的,没有普遍的有效性。在他看来,生活的意义应该是具有普遍性的。在任何情况下都没有例外的,没有矛盾的。因为只有这样的生活意义才能是每个人可以去追求的。

当然,这样的生活意义肯定不是神创的。因为生活意义是多种多样的。智慧的神不可能创造这样多的不同意义。当然,它们也不可能是人为制定出来的。因为每个人的认识和才能都是有限的。有限的人是不可能制定出普遍意义的。于是,苏格拉底只能采用"自然"这个崭新的角度去研究这些生活意义的来源。但是,所有的意义又是我们感知不到的,我们能够感知到的就是那些在找寻生活意义的人。因此,苏格拉底只能通过对人的研究才有可能合理地说明这些意义的来源。

在他看来,一方面,人具有同生物一样的本能,他们要吃饭、睡觉等;另一方面,人又与生物不同,他们的行为有目的、会思考等。按照定义的方式,这些不同,苏格拉底会认为就是人的本性。因此,苏格拉底认为,人的本能还不是人之为人的本性,只有那些同生物不同的本性才能够是人之为人的本性。因为这些不同于其他生物的本性也是人身上具有的,因而也是自然的。这样,苏格拉底不仅承认人的自然本能,更重要的是他又

---

① 参见柏拉图:《柏拉图对话集》,王太庆译,商务印书馆 2004 年版,第 7 页;331E-332C。本文关于《理想国》的引文还参考了柏拉图:《理想国》,王扬译注,华夏出版社 2014 年版,以及 *The Republic*,edited by G.R.F.Ferrari,translated by Tom Griffith,Cambridge University Press,2000。

② 参见柏拉图:《柏拉图对话集》,王太庆译,商务印书馆 2004 年版,第 3—5 页;3E-5A。

提出了人的本性问题。这就丰富和发展了先前"自然"的思想。因为在他看来,"自然"不仅包含着万事万物,而且还应该将"人"包括在"自然"之中。

因此,苏格拉底提出"不经考察的生活是不值得过的"的观点不仅否定了人本能式的自然生活,认为动物式的自然生活是没有价值、不值得的生活,而且还提出了人之为人的价值生活。而这样的价值生活也是一种自然生活,只是不同于动物本能的自然生活而已。

二

苏格拉底不仅具有自然哲学的研究方式,而且他还提出了很多的自然哲学思想。对此,我们可以在柏拉图、色诺芬和阿里斯托芬等人作品找到他的这些思想。第欧根尼·拉尔修明确说过苏格拉底具有自然哲学的思想。他说:

> 我认为,苏格拉底讨论过有关自然的问题。因为他就某些天命进行过对话,即使按照克塞诺丰的说法也是如此,虽然他断言苏格拉底只就伦理问题提出过理论。但柏拉图在《申辩篇》中提到阿那克萨哥拉和其他一些自然学家后,就论说了一些自己感兴趣的话题,尽管这些话题是苏格拉底所否定的,但他将一切都加到苏格拉底身上,借他之口说出。①

色诺芬在他的《回忆苏格拉底》一书中也指出苏格拉底"并不像其他大多数哲学家那样,辩论事物的本性,推想智者们所称的宇宙是怎样产生的,天上所有的物体是通过什么必然规律而形成的,相反,他总是力图证明那些思考这类题目的人是愚妄的"②。这就是说,苏格拉底确实与大多数哲学是不同的,他不去辩论事物的本性而是去讨论人的本性,他也不像智者派那样去论证宇宙的产生而是去论证生活的意义以及城邦的法则等问题。因为在他看来先前的那些哲学家都是"愚妄的"。因为他们还不知道去认识自己,还不知道人是"无知"的真理。正因为这些人的"无知",他们便会"愚妄"地研究自然的问题。他们都认为这些问题就是所谓的"自然"问题。他们理解的"自然"都是他们自己各自主观认为的"自然",因而对于同一自然现象,他们就会形成完全不同的解释,甚至是相互对立的解释。结果把仅仅凭借常识就能够理解的自然问题变成了不可理解的问题。③ 这样,在他们所谓的自然思想中就会出这样一种不自然的情况:"因为对于疯狂的人来说,有的是对于应当惧怕的事情不惧怕,另一些则是惧怕那些不

---

① 第欧根尼·拉尔修:《明哲言行录》,徐开来、溥林译,广西师范大学出版社 2010 年版,第 88 页。
② 色诺芬:《回忆苏格拉底》,吴永泉译,商务印书馆 2014 年版,第 4 页。
③ 参见柏拉图:《柏拉图对话集》,王太庆译,商务印书馆 2004 年版,第 260—261 页;96A—97B。

应当惧怕的事情……"①

而在苏格拉底看来，要认识"自然"，最自然的方式就是先要认识自己，认识人的本性。因为只有知道了人的本性，人才能够知道自己可以研究自然什么不可以研究自然什么。只有这样，人在对自然的研究上才不会形成普遍观点和解释，才能够使得人明白自然的原理和道理。如果一个人对于该怕的不怕而不该怕的害怕，那么，这样的人显然是一个"疯子"。"疯子"则是违反"自然"的人，而违反"自然"的人就不能算作是哲学家。因为哲学就是追求智慧之学，智慧就是要让人们明白道理。可是，先前那些自然哲学家们不仅没有能够说明道理，而且他们还使得人们"头昏眼花"，更加糊涂。因为他们的自然观之间是相互矛盾的。因此，苏格拉底只是认为人类事务研究是要优先于自然事务而已而并不是要否定对自然事务的研究。

为此，苏格拉底特别强调了"认识你自己"这一神谕。苏格拉底使用"神谕"这一术语意在指出，在他看来，这是人之为人的"本性"（nature），即"自然"。色诺芬对此作了这样的阐述："那些认识自己的人，知道什么事情对于自己合适，并且能够分辨，自己能做什么，不能做什么。而且由于做自己所懂得的事得到了自己所需要的东西，从而繁荣昌盛，不做自己所不懂的事就不至于犯错误，从而避免祸患。而且由于有这种自知之明，他们还能够鉴别别人，通过和别人交往，获得幸福，避免祸患。但那些不认识自己，对于自己的才能有错误估计的人，对于别的人和别的人类事物也就会有同样的情况，他们既不知道自己所需要的是什么，也不知自己所做的是什么，也不知道他们所与之交往的人是怎样的人，由于他们对于这一切都没有正确的认识，他们就不但得不到幸福，反而要陷于祸患。但那些知道自己在做什么的人，就会在他们所做的事情上获得成功，受到人们的赞扬和尊敬。那些和他们有同样认识的人都乐意和他们交往；而那些在实践中失败的人则渴望得到他们的忠告，唯他们的马首是瞻；把自己对于良好事物的希望寄托在他们身上，并且因为这一切而爱他们胜过其他的人。但那些不知道自己做什么的人们，他们选择错误，所尝试的事尽归失败，不仅在他们自己的事物中遭受损失和责难，而且还隐藏名誉扫地、遭人嘲笑，过着一种受人蔑视和揶揄的生活。"②这就是说，"认识自己"的关键就是要知道自己能够知道什么不能够知道什么、需要什么不需要什么、能够做什么不能够做什么等。清楚了人的这些自然本性之后，人们就能够过上幸福生活，反之就会遭遇不幸生活。从这样的意义上说，苏格拉底认为幸福生活就是按照人的自然本性的生活，不幸生活就是违反了人的自然本性的生活。黑格尔对"认识自己"这一神谕评价也很高。他认为这一神谕表达的就是人之为人的本性。尽管黑格尔承认人有自然的一个方面，但是，人之为人重要的是人具有精神。而人的精神，基本的含义就是能够认识自己。于是，黑格尔说道："精神的本质在于它的存在就是它的活动。反之，

---

① 色诺芬：《回忆苏格拉底》，吴永泉译，商务印书馆2014年版，第4页。
② 色诺芬：《回忆苏格拉底》，吴永泉译，商务印书馆2014年版，第151页。

自然就其本身说来，它的变化因此只是些重复，它的运动只是一个循环的过程。更确定点说，精神的事业就是认识自己。我是一个直接的存在，但这只是就我是活的有机体而言；只有当我认识我自己时，我才是精神。'认识你自己'，这个德尔菲的智慧神庙上的箴言，表达了精神本性的绝对命令。"①

对于苏格拉底来说，认识自己就是要认识"苏格拉底是世界上最聪明的人"德尔菲神庙说出来的这个"神谕"。② 苏格拉底首先想到的是自己并不是世界上最聪明的人，但是，他又相信神是不会说谎的。于是，为了验证这句话的正确性，他拜访了政治家、诗人、工匠等人，同这些人进行对话之后，他发现他是世界上最聪明的人这一"神谕"的含义就是他知道自己不是世界上最聪明的人，因此，他才是世界上最聪明的人。③ 因为在苏格拉底看来，从根本上说，"只有神才是真正智慧的"。④ 人都是"无知"的。如果说人有"智慧"，那都是在人的意义上说的"人的智慧"而不是超人的神的智慧。⑤ 人的智慧就是自然智慧而绝不是神的智慧。

柏拉图在《政治家》一书中更加明确地指出了苏格拉底的自然哲学思想的根据。他说道："神在某些时代亲自参与引导着万物，使之旋转，而在另一些时代，当这种旋转已经达到适合于万物之时间尺度时，神便撒手不管，万物自发地朝相反的方向选择，因为万物也是一个动物，它从那最初便使之合为一体的神那里获得了作为其命运的智慧。反向旋转是符合必然性的，是它与生俱来的，理由如下。"⑥这就是说，苏格拉底认为，世界或万物都是神创的。但是，到了可以用时间来表示世界或万物时，即当万物具有历史时，神就不再起作用而是"万物自发"的运动了。这里的"自发"运动可以理解为"自然"，因为"自发"运动是万物与生俱来的"本性"。由此可见，苏格拉底并不是没有自然思想的，只是他的自然思想同当时所谓的自然哲学家们的自然思想不同而已，他也关心万物的自然运动而不是神的运动。因为在他看来对神是不变的，既然是不变的就是人不能够认识的，因为人只能通过变化才能够认识。然而，宇宙是变化的，但是，宇宙却是均衡稳定的，这一事实又是确定的。这就使得苏格拉底想到宇宙有可能既不是一个神用相反的方式使得它自行永远围绕自身反转运动，也不会是多神让它运转的。因为那样的话，宇宙就不稳定。⑦

---

① 黑格尔：《哲学史讲演录》第一卷，贺麟、王太庆译，商务印书馆1997年版，第36页。
② 参见柏拉图：《柏拉图对话集》，王太庆译，商务印书馆2004年版，第30页；21A-21B。
③ 参见柏拉图：《柏拉图对话集》，王太庆译，商务印书馆2004年版，第29—32页；20C4-23B3。
④ 柏拉图：《柏拉图对话集》，王太庆译，商务印书馆2004年版，第32页；23A4。
⑤ 参见柏拉图：《柏拉图对话集》，王太庆译，商务印书馆2004年版，第29页；20D7-8。
⑥ 柏拉图：《政治家》，洪涛译，世纪出版集团、上海人民出版社2006年版，第27页。
⑦ 参见柏拉图：《政治家》，洪涛译，世纪出版集团、上海人民出版社2006年版，第28页。在色诺芬著的《回忆苏格拉底》一书中，有更多的苏格拉底研究自然的文本依据。例如，第四卷第三章第三节到第十四节，中译本第156—162页；第四卷第七章谈到过"量地学"和天文学等，中译本第184页等。中译本参见色诺芬：《回忆苏格拉底》，吴永泉译，商务印书馆2014年版。

这就是说,苏格拉底是有自然哲学思想的。这样的自然哲学思想并不是要否定神创的作用,并不是一种无神论的宣言,而是试图用客观性的自然法则或规律去说明宇宙的形成等问题。在这一时期的自然哲学家思想中仍然残留着一些宇宙是神创的思想。既然是神创的,神又是全知的,苏格拉底就认为神如何创造宇宙的方式或原理,都是人不能够认识的。但是,人可以按照自然的方式来认识神创后的宇宙以及其中的万事万物运行的规则,因为这些万事万物都是自然的,即有其本性。认识万物就是去认识万物的本性,认识万物的"自然"。既然万物都是"自然"的,因而认识"自然"的方式也应该是"自然"的。从这样的意义上说,与当时大多数自然哲学家们不同,那些自然哲学家主要去研究自然的事物,而苏格拉底却认为研究自然事物之前,先应该研究人和人的事物。因为人是万物的尺度。只有把人的问题研究清楚之后,只有知道人是"无知"这个界限之后,人们才能够根据自然的尺度去研究万物。为此,黑格尔评论说:

> 苏格拉底的原则就是:人必须从他自己去找到他的天职、他的目的、世界的最终目的、真理、自在自为的东西,必须通过他自己而达到真理。这就是意识复归于自己,这种复归,在另一方面就是摆脱它的特殊主观性;这正意味着意识的偶然性、偶然事件、任意、特殊性被克服了,——亦即在内部去获得这种解脱,获得自在自为者。①

在黑格尔看来,苏格拉底确定了从人本身去认识人的自然方式。因为黑格尔认为雅典人自我意识开始觉醒。这就为将外界万物与人的统一奠定了基础。

三

从人本身去研究人,找出人的本性,苏格拉底首先要区分出,张三与李四肯定是不同的。不过,这是可以通过感知就可以确定。更为重要的是,张三或李四又都是人。他们都具有"人"的共性。这个共性,在苏格拉底看来,就是人之为人的本性。

因此,他想到了希腊文的"arete"这个词。因为希腊文的"arete"这个词表示了万物,包括人,各自自身或本身所固有而其他事物没有的特性或特征。汪子嵩等人在他们撰写的《希腊哲学史》(第二卷)中从词源学角度对这个词进行了详细的考察。他们说:"在希腊文中 arete(αρετή)原指任何事物的特长、用处和功能,《希英大辞典》解释为 goodness, excellence of any kind。人、动物和任何一种自然物都有自身所固有的,而他物却没有的特性、品性、用处和功能;马的奔驰能力是鸟所没有的,而鸟的飞翔能力也是马所缺乏的,所以马的 arete 不同于鸟的 arete。不但自然物有各自的 arete,人造物也有,

---

① 黑格尔:《哲学史讲演录》第一卷,贺麟、王太庆译,商务印书馆 1997 年版,第 41 页。

房子能住人,船能在水上行驶,椅子可供人坐,这些就是它们各自的 arete。失去了各自的这些本性就是'缺失',这就是后来亚里士多德所说的 privation('缺失')。"①

由此可见,希腊文"arete"这个词是指万物本身所具有的,在活动中所体现出来的本性。为了同万物的本性相区别,亚里士多德将人的本性称之为"品质",而且它是值得赞赏的"品质"。② 因此,"arete"应该是一个功能性概念。从功能的结果上说,"arete"就有所谓的"好坏"之分,这就是后来"善恶"最初的来源。然而,希腊文的"arete"又有多种含义,在各国文字都找不到一个确切的词来翻译这个希腊文。西塞罗将其翻译为拉丁文"virtus",因为拉丁文的前缀"vir"指人的才能、特长和优点,也指刚强和勇敢等品质。在他看来,这个拉丁词与 arete 这个希腊文有一些共同之处。不过,西塞罗的这个翻译已经将 arete 的含义集中到"人"身上而它关于万物的含义则逐渐消失了。因此,近代后西方文字都遵循拉丁词"virus"的含义,将其翻译为"virtue"。例如,洛布古典丛书和汉密尔顿本都是将其英译为"virtue"。中文就将其翻译为"德性"。③

这样,苏格拉底对人的研究就转变成为了对人的德性研究。例如,他研究了"勇敢"、"节制"、"智慧"和"正义"等雅典人所谓的"四德"。由于"德性"是人本身所具有的而不是神创的也不是人为制造出来的自然性质。所以,他"德性"的方式也是自然的。

在研究正义问题上,苏格拉底同样提出了"正义是什么"这样定义性的问题。在《理想国》中,他对欠债还债、分清敌友和正义就是强者的利益等三种正义观进行了反驳。④ 苏格拉底指出了这些正义定义都有问题,都不是普遍的。例如,借人一件武器,当归还时,那个借出武器的人疯了,这个时候还能够将他的武器还给他吗? 显然,欠债还债还不是正义;又如,好人就是正义的人,敌人就是不正义的。但是,好人有可能伤害敌人,因为只有伤害敌人的人才能够称之为好人,然而,正义的人是不伤害任何人的。显然,好人也与正义本身相矛盾;正义就是强者的利益,苏格拉底认为这样的正义也是有问题的。因为根本就没有强者的利益。强者有可能会出错,会误将弱者利益当作自己的利益。为此,他认为这些从日常生活中概括出来的正义都是有问题的。因为它们都是人们通过风俗习惯制定出来的而不是通过原理形成的。因此,苏格拉底便要通过自己的一套崭新的方式来重新说明正义这个德行的真正含义。

于是,在《理想国》一书中,苏格拉底首先从分析城邦为什么需要正义这个问题出发。在他看来,城邦需要正义是同城邦的形成相关的。他认为人们之所以需要城邦

---

① 汪子嵩等人:《希腊哲学史》(修订本)第二卷,人民出版社 2014 年版,第 138 页。
② 亚里士多德:《尼各马可伦理学》,廖申白译,商务印书馆 2003 年版,第 34 页。
③ 关于 arete 这个词的详细考证可见汪子嵩等:《希腊哲学史》(修订本)第二卷,人民出版社 2014 年版,第 138—141 页。
④ 参见柏拉图:《理想国》,郭斌和、张竹明译,商务印书馆 1994 年版,第 6—25 页;331E—343。

"是因为我们每一个人不能单靠自己达到自足,我们需要很多东西"①。这就是说,在苏格拉底看来,个人是不能够生活下去的,为了生活,每个人都必须同他人联合才能生活下去。例如,为了繁衍后代,男女就要结合形成家庭,家庭发展就会形成城邦。因此,个人与个人必须联合起来形成一个共同体才能够生活下去。问题是这样的共同体并不是一个任意的共同体而是要通过一系列原则而构成的共同体。为此,他提出了正义原则。正义,对于个人而言是德性,对于城邦来说就是原则。

就城邦来说,任何一个城邦必须有三种人:生产者、守望者和统治者②才能够保证城邦发展。由于这三种人各自的能力、想法等都是不同的,因而人们之间就会形成矛盾和冲突。如果没有一种正义德性来调节人们之间的各种关系,城邦就不会稳定。因此,他认为城邦正义原则是为了调节个人生活和城邦的稳定而产生的。

其次,苏格拉底论证了城邦正义原则的内容。按照人的天生构成因素的不同,即一些人由金子构成,一些人由银子构成,一些人由铜铁构成,他认为将他们分配到城邦中不同的岗位,每个人在各自岗位上努力工作。这就是城邦正义原则。③

显然,苏格拉底这一套正义观,无论从哪个方面看,都是自然的。因为对人的不自足、城邦功能的划分以及人的天生构成因素等都是自然的。因此,在他看来,只有以这种自然方式为手段,人们才有可能找到那些具有普遍性的德性和原则。

在《美诺篇》中,苏格拉底更加详细讨论了德性问题。问题是从"德性"是不是可以传授、是不是可以教育开始的。这涉及人是如何获得"德性"的这个问题,如果德性是可以传授的,那么,德性肯定就是后天形成的;如果德性是不可以传授的,那么,德性肯定就是人先天所具有的。④ 然而,苏格拉底认为要解决这样问题,必须首先知道"德性"本身是什么的问题。现在他还不知道"德性"本身是什么,因此,他断然否定了这个问题,"因为我并不知道品德(德性)本身(德性的理念)到底是什么"⑤。这就是说,在苏格拉底看来,要回答德性能不能传授这个问题首先必须先解决德性是什么的问题。因为如果不知道德性是什么,那么,肯定也不能够知道德性能不能够传授这个的问题。美诺用了很多实例来说明德性是什么,例如,男人的德性、女人的德性等。然而,苏格拉底说他并不是要知道这些具体的德性实例,他明确表示他想知道的是德性本身是什么。⑥

这个问题的困难在于"一个人不可能去寻找他所知道的东西,也不可能去寻找他不知道的东西。他不能寻找他知道的东西,是因为他已经知道了,用不着再去寻找了;

---

① 柏拉图:《理想国》,郭斌和、张竹明译,商务印书馆 1994 年版,第 58 页;369B。
② 参见柏拉图,《理想国》,郭斌和、张竹明译,商务印书馆 1994 年版,第 58—68 页;369C-375E。
③ 参见柏拉图,《理想国》,郭斌和、张竹明译,商务印书馆 1994 年版,第 128 页;415B。
④ 参见柏拉图:《柏拉图对话集》,王太庆译,商务印书馆 2004 年版,第 154 页;70A。
⑤ 柏拉图:《柏拉图对话集》,王太庆译,商务印书馆 2004 年版,第 155 页;71A。
⑥ 参见柏拉图:《柏拉图对话集》,王太庆译,商务印书馆 2004 年版,第 156 页;71E-72C。

他也不能寻找他不知道的,是因为他也不知道他应该寻找什么。"①为此,苏格拉底提议可以从假设出发来研究这些不知道的东西。例如,我们可以假设德性是可以传授的,这时,德性就是知识。我们也可以假设德性不是知识而是与知识不同的另外一种东西。它是不可以传授的。② 通过这样的假设,苏格拉底就将"德性"与"知识"的问题联系在了一起,从而提出了他"德性是知识"那个著名命题。③

显然,知识与德性都不是事物,因为我们是不能够感受到知识或德性的。因此,苏格拉底认为这些不能够感知而我们又具有的东西只能是人的灵魂上具有的。但是,灵魂上具有的知识与德性能不能够传授则是一个问题。苏格拉底用了那个著名的"回忆说"说明了知识是不能够传授的,④而只能是通过回忆才能将其展现出来。⑤ 因此,所谓传授,所谓的学习不过是一个回忆的过程。因为知识要么是以前就在灵魂之中存在的,要么是灵魂本身就具有的知识。⑥

据此,苏格拉底论证了德性与知识的关系。在他看来,德性也是一种知识,不过是一种可以给人的生活提供正确指导的知识。因为人们会假定德性是好东西,由于具有了德性,人才能够是好人。在苏格拉底看来,好人就是有益的人。因此,德性就是有益的东西。如果这样,那么,健康、强壮、美观、富有等都是有益的东西,但是,这些东西是有益还是无益的要受到德性限制。否则,它们就会成为有害的东西。例如,富有,如果没有明智或节制限制,富有就会变成浪费或吝啬。因此,有益的东西本身还不是德性。德性不仅是有益的东西,而且还是一种能够对有益的东西进行限制的普遍知识。⑦

另一方面,如果德性知识有可能传授的话,那么,就必须有老师和学生。不过,就德性而言,苏格拉底认为,既没有老师能够讲德性,也没有学生能够听德性。⑧ 从这种意义上说,德性又是不可传授的。然而,如果是这样,那么,好人又是以什么方式成为好人则是一个问题。对此,苏格拉底仍然坚持了知识的回忆说,通过学习仍然就能够将灵魂中德性知识回忆起来,从而使得人成为好人。相应地,坏人就是那些不能够回忆出德性、不知道德性知识的。

不过,还应该注意,也许是为了完备性,苏格拉底还提出了正确的意见对于人们生活的指导作用。他说道:"正确的意见在指导正当行为方面并不亚于意识。这正是我

---

① 柏拉图:《柏拉图对话集》,王太庆译,商务印书馆 2004 年版,第 171 页;80E。
② 参见柏拉图:《柏拉图对话集》,王太庆译,商务印书馆 2004 年版,第 185—186 页;87B-87C。
③ 参见柏拉图:《柏拉图对话集》,王太庆译,商务印书馆 2004 年版,第 186—189 页;87C-89D。
④ 值得注意的是,苏格拉底在这里证明的是几何知识,即那种具有普遍性的标准知识而不是后来广泛意义上的知识。为此,他所谓的德性即知识也是在这样的普遍意义上说的。他想强调的德性是具有普遍性的。
⑤ 参见柏拉图:《柏拉图对话集》,王太庆译,商务印书馆 2004 年版,第 173—183 页;82B-85D。
⑥ 参见柏拉图:《柏拉图对话集》,王太庆译,商务印书馆 2004 年版,第 183 页;85D。
⑦ 参见柏拉图:《柏拉图对话集》,王太庆译,商务印书馆 2004 年版,第 186—188 页;87C-89A。
⑧ 参见柏拉图:《柏拉图对话集》,王太庆译,商务印书馆 2004 年版,第 199 页;96C。

们研讨品德(德性)的时候所忽视的;我们说只有意识才能引导正当的行为,可是正确的意见也能做到这一点。"①

四

确实,苏格拉底同当时大多数自然哲学家不同,他很少研究自然事物,他更关心人事和事物,更关心人的德性和城邦的稳定和发展等问题。但是,我们并不能够因此就认定为苏格拉底不是自然哲学家,就认为苏格拉底没有使用自然哲学的研究方法和方式。恰恰相反,根据对历史文献的研读,我们认为苏格拉底不仅是一位自然哲学家,而且他还提出了丰富的自然哲学思想。也就是说,他对人和城邦的研究应该也是古典自然哲学的一种体现。

在他看来,人和城邦都是自然之物。因为只有自然之物才能够去研究它们的自然本性。于是,他非常认可德尔菲神庙门口的那句话"认识你自己"的意义并通过一个神谕开始了他对自己的认识。其结果就是人要认识到人是无知的。无知就是人的一种自然本性。因为人是不能同神的智慧相比较的。从这种意义上说,苏格拉底认为对人的研究应该是一切研究,包括自然研究的前提或基础。如果人不能认识自己,那么,他们对自然的研究肯定是"狂妄"的。

同样,对城邦的研究,也是要找出城邦的自然本性。城邦的本性就在于城邦必须要以正义法则为基础,否则,城邦就不稳定。而城邦的正义法则是由人不自足的自然本性所决定的。因此,正义原则既不是神创的也不是人为的,而是自然的。

人之为人是需要人的德性的。德性不仅是人的自然本性,更是成为好人的自然本性。因为只有具有德性之人才能够成为好人。没有德性之人就只能是坏人。但是,德性又不是可以传授的,如果可以传授的话,那也是通过回忆才能够将德性自然地展现出来。因为德性要么是先前就在灵魂中存在的,要么就是灵魂自然具有的。

综上所述,苏格拉底的这一套自然哲学思想,不仅扩大了古典自然的含义,将人和城邦包含在了自然概念之中,而且他的自然哲学思想对后世哲学的法则产生了深远的影响。

他对普遍性的追求,试图找到人本身、城邦本身、德性本身的思想奠定了柏拉图和亚里士多德等人理念论以及实体理论的基础。柏拉图正是在苏格拉底的所谓"本身"

---

① 柏拉图:《柏拉图对话集》,王太庆译,商务印书馆 2004 年版,第 201 页;97B-C。知识与意见不同。知识具有确定性的,比如,几何学;而意见则没有确定性的,往往都是人们的一些信念而已。但是,苏格拉底认为这些意见中的正确意见对人的伦理生活也是具有指导意义的。这样的分析让我们很容易想到后来的亚里士多德在他的《尼各马可伦理学》中,根据有无逻各斯而提出的理智德性和伦理德性的划分。在他看来,理智德性是可以传授的,而伦理德性就是不能够传授的。参见亚里士多德:《尼各马可伦理学》,廖申白译注,商务印书馆 2003 年版,第 34—35 页;1103a-1103a18。

理论基础上,提出了他著名的"理念论"。这一"理念论"后来经过亚里士多德的批判,又发展到了亚里士多德的第一哲学和"实体"理论。他的德性研究、对于知识和正确的意见指导人生的看法,又是后来亚里士多德关于德性伦理、理智德性和伦理德性划分等思想的直接来源。

苏格拉底还有一个当时同柏拉图齐名的学生即阿里斯提珀斯(Aristippus,约前435—前350)①,他创立的居勒尼学派(Cyrenaic school)在当时影响也很大。该学派继续深入研究苏格拉底关于善的思想,但是,他们并不认为要去寻找善本身。因为这样的善本身是不能够感知到的也不能够通过逻辑分析得到。因此,他们认为真正的善就是能够感知到,那就是快乐。对于这派的思想,黑格尔说道:"居勒尼学派的原则,简单地说是这样的:寻求快乐和愉快的感觉,乃是人的天职,人的最高的,本质的东西。"②他还高度评价了该学派的贡献,黑格尔这样说道:"居勒尼派并不停留在一般的善的规定上;他们力图对善作进一步的规定,并且把善放到个人的享受、快乐中。"③

苏格拉底这些自然哲学思想还对后来的犬儒学派(the Cynics\Cynicism)也产生过巨大影响。他们也不仅继承而且也发展了苏格拉底的思想。正如黑格尔所指出的那样:"犬儒派也对善作了进一步的规定,不过与居勒尼派是相反的:善存在于那些单纯的自然需要之中。"④这就是说,在犬儒派看来,自然需要是根本的。而自然需要就是人的自然本性。因此,这一学派提倡人应当按照自然而生活,应当去接近单纯的自然事物。显然,这些都是苏格拉底自然哲学思想的直接表达。因此,后来的萨拜因也认为犬儒派的贡献还是很大的。因为该学派更为系统地阐述了他们反对城邦以及城邦赖以建立的社会等级划分的观点。他说道:"他们学说的哲学基础乃是这样一项原则,即智者应当是完全自给自足的。犬儒论者认为这项原则的意思是指:唯有在一个人的能力、其自己的思想和品质范围内的东西才是一种善生活所必需的东西。除了道德品质以外,一切都是无关紧要的。犬儒学派认为,无关紧要的东西包括财产和婚姻、家庭和公民身份、学识和声誉,简而言之,就是文明生活所奉行的一切信念和惯例。于是,希腊社会生活中的所有习惯性的界分都受到了颠覆性的批判。"⑤

① 第欧根尼·拉尔修在他的《名哲言行录》一书中也对于阿里斯提珀斯的思想做了这样的介绍。他说道:"阿里斯提珀斯按其出生而言,是库瑞涅(即居勒尼)人,但按埃斯基涅斯的说法,苏格拉底的名声把他吸引去了雅典。"(第欧根尼·拉尔修:《明哲言行录》,徐开来、溥林译,广西师范大学出版社2010年版,第99页)这里有两点是需要注意的:第一,阿里斯提珀斯不是雅典人而是非洲居勒尼人。他在雅典的身份就不是公民而是外来人;第二,他崇拜苏格拉底,是苏格拉底的学生。而且还是与柏拉图同时在苏格拉底那里学习。据尔修说,他对于柏拉图的理念论进行过嘲讽和批判,认为根本就没有桌子本身或桌子的理念而只有具体的桌子。
② 黑格尔:《哲学史讲演录》第一卷,贺麟、王太庆译,商务印书馆1997年版,第131页。
③ 黑格尔:《哲学史讲演录》第一卷,贺麟、王太庆译,商务印书馆1997年版,第130页。
④ 黑格尔:《哲学史讲演录》第一卷,贺麟、王太庆译,商务印书馆1997年版,第114页。
⑤ [美]乔治·萨拜因、托马斯·索尔森:《政治学说史》(第四版)上册,邓正来译,世纪出版集团、上海人民出版社2013年版,第177—178页。

综上所述,我们可以认为苏格拉底是第一位从自然角度来研究人和相关人的事务的哲学家,而人的事务又总是同城邦政治等问题相关。从这种意义上说,斯特劳斯才说:"根据传统的观点,雅典人苏格拉底(前469—前399)是政治哲学的创始人。"①

① [美]列奥·斯特劳斯、约瑟夫·克罗波西:《政治哲学史》(上),李天然等译,河北人民出版社1993年版,第1页。

【日本研究】

"日本制造"的文化基因探秘

彭新武[①]

内容提要："日本制造"的成功,不是基于单一因素的偶然作用,而是多方面因素共同促进的结果,诸如善于学习的传统文化基因,精益求精和不断创新的职人精神,人本管理及团队精神,乐于奉献的企业家情怀,内敛而顽强的国民品格,立足于未来的战略视野,等等。正是这些因素的综合效用,成就了"日本制造"的高端品质和竞争优势,成为日本企业持续创新和改善的不懈动力。本文通过对这些成功要素的全面揭示,以期为当下"中国制造"的真正崛起提供借鉴。

关键词：质量至上　技术创新　匠人精神　国民品格

日本近年来持续的经济低迷,这似乎给外界一种"风光不再"的感觉,但事实上,即便在经济放缓的前提下,"日本制造"凭着过硬的质量和技术依然稳居全球制造业的高端。联合国工业发展组织发布的《2012—2013 年世界制造业竞争力指数》报告表明,日本以 0.5409 的工业竞争力指数排第一,紧随其后的是德国、美国、韩国和中国台湾,中国大陆位列第七。日本作为近代亚洲打开国门向西方学习的国家,它不仅在吸纳、过滤与融合东西方科学与文化方面形成了一套成熟的模式,而且经历过侵略与殖民统治、战败与泡沫经济崩溃,在如何寻求国家的复兴与民众生活的安宁等领域有过许多的经验教训。唯其如此,研究"日本制造"跌宕起伏的发展历程,深入洞察"日本制造"之所以能够傲视全球的文化基因,对于"中国制造"的崛起似乎具有更直接的启示性意义。

一、"日本制造"的崛起

经过第二次世界大战,日本明治时代以来苦心建立的工业基础遭到了严重的消耗和破坏,国民经济完全崩溃。面对如此困顿的局面,时任日本首相的吉田茂提出了一条"重经济、轻军备"的国策,依靠美国来提供国家安全方面的需求,以集中精力发展经济和建设国家,并积极让日本融入由美国主导的国际经济和政治秩序中。1960 年,池田

① 彭新武,中国人民大学哲学院教授,国家发展与战略研究院研究员。项目信息：中国人民大学亚洲研究中心研究项目："日本制造"的秘密(18YYA03)。

勇人当选执政的自民党总裁后，又进一步启动了为期 10 年的"国民收入倍增计划"，大幅度提高国民的生活水平，并迫使日本企业放弃粗放式经营，加大自主研发，以提高劳动生产率。到了 20 世纪 70 年代，日本便以经济大国的面目重新崛起。20 世纪 90 年代，日本的人均 GDP 更是一跃成为世界首位。故而，从经济层面，20 世纪后半叶被称之为"日本的时代"。

在日本经济复兴的过程中，作为国民经济主要支柱的制造业功不可没。历史地看，纺织业是战后日本的主要产业，对日本经济的振兴起到了巨大作用，但随着 1953 年朝鲜战争的结束和美国"军需订货"消失，以及东南亚国家、韩国、中国台湾、中国香港等地对日本纺织业的强烈冲击，日本工业重心开始向重化工业化转变。不过，由于重化工业的发展需要大量耗费能源和资源，而 20 世纪 70 年代的石油危机对以进口原料进行生产的日本工业造成了巨大影响。在这种情势下，日本提出"技术立国"新思维，日本制造业又开始从基础材料型产业向汽车、机械、电子等加工组装型产业转移，并着力开发和普及节能环保技术，向知识技术集约型产业结构转变。1983 年，日本机械工业出口（包括了汽车、半导体、计算机、原动机等）超过美国居世界第一，日本也由此成为名副其实的"世界工厂"。而随着技术进步和劳动生产率的提升，日本对外经济贸易开始转向利用日本高水平制造技术的产品出口。正是在进口与出口之间绵长的加工链上，以丰田汽车、索尼公司为代表的"轻小细薄"企业开始成为日本的代表性企业，从而开启了日本制造业的黄金时代。

"日本制造"的崛起，与其优良品质密不可分。不过，在此之前，"日本制造"在世界市场上主要限于地摊货，也曾是价廉质劣的代名词——这成为日本产品进军国际市场的最大障碍。为此，第二次世界大战结束不久，日本政府就把振兴质量确立为国家战略之一，提倡学习国外尤其美国的先进质量管理经验和方法。从 1949 年起，日本科学技术联盟（JUSE）广泛设立质量管理研究小组，并为产业界长期持久地举办"质量管理基础课程"。在这一过程中，美国著名统计学家爱德华兹·戴明（W.Edwards Deming）博士可谓居功至伟。戴明将统计方法应用于质量控制，通过规定工人任务中随机变异的可接受范围，查明是什么原因导致了不可接受的变异，并加以纠正。这一方法的施用，使得质量管理实现了从被动的"事后把关"到"积极预防"的转变，质量管理也由此成为一个技术性的专门领域。这一方法在美国并没有受到充分重视，却极大促进了战后日本的经济发展。从 1950 年至 1965 年期间，戴明先后五次受 JUSE 邀请去日本讲学，受到日本政府和企业界的普遍欢迎，并引发了"日本品质革命"。故而，戴明被日本产业界尊称为"质量之神"。到了 20 世纪 60 年代，日本经济开始腾飞；70 年代，日本的产品质量追上了西方世界，日本企业开始大举进入西方市场；80 年代，日本工业超越美国而称雄于世界。日本人对来源于美国的质量管理方法进行了进一步的发展创新，将质量管理的概念拓展为由全员参与的、覆盖从市场调查到售后服务的全公司质量管理。当今盛行的"全面质量管理"的概念便由此脱胎而来。与此同时，日本人还发展出"质量的提升需要点点滴滴的积累和不断的改进"的"改善"理念,在产品质量的追求上一步步前行,并皈依菲力普·克劳士比(Philip Crosby)所提出的质量"零缺陷"概念而在实践中大力推行零缺陷管理运动:"第一次就把事情做对",以避免浪费在补救上的诸多"成本"。这意味着全神贯注于预防缺陷,而非找出缺陷来修补。从一个理想化的角度讲,"零缺陷"的产品根本不需要售后服务,故而是质量管理的最高境界。由此,"日本制造"誉满全球,从"低质廉价"的地摊货转变为行销世界的"高品质"品牌,诸如索尼、松下、日产、本田、佳能、雅马哈、优衣库、资生堂等,无不工艺精美、品质优良、货真价实。

　　成就"日本制造",除了质量,还在于顾客至上的经营理念。日本人做事情,善于从细微之处着眼。在一般人看来可能是无足轻重的细节问题,日本人却是不能轻易放过的。他们觉得,哪怕只是细节上有问题的产品,一旦流出工厂,那就是失误,是耻辱,是对顾客的不负责任。松下幸之助有一个著名的质量公式:1%=100%。就是说,一个企业生产了1%的次品,对于购买这件次品的用户来说,就是100%的次品。而一个企业一旦被发现制造假货、劣货,不仅企业形象会大打折扣,甚至会身败名裂,破产关门。正是在这种客户至上的理念指引下,日本企业的员工会自觉地站在客户的立场上想问题和做事情。他们在设计产品时,更多是站在消费者的角度考虑如何最大程度地为其提供便利并解决其实际需求,而非盲目考虑如何提升产品性能,拓展产品功能。他们在制作产品时,常常会反复琢磨如何改进工序以提升产品的外观触感,或站在使用者的角度为产品提出实际改进措施,由此培育出日本从业者的骄傲和职业之道。

　　"日本制造"还展现出其独特的审美理念。日本风景优美,人们亲近自然,由此产生了对于美的无限热爱与追求,故而日本匠人们从不满意于现状,努力钻研,使自己的手艺更加熟练,以实现产品功能的人性化、最佳化和感官美的有机结合。1926年,日本著名民艺理论家柳宗悦等人曾发起民艺运动,向公众推崇质朴的本土民艺之美,即在日常生活的使用中,发挥器物的美和内在价值。这一思想对日本的设计理念具有深远意义,使得"毫无矫饰"成为日本日用品的一个特点。譬如,日本知名品牌"无印良品",包装极简,用纸环保,从不使用夸张的色调或装饰,尽显淡雅朴素,体现出一种"东方特色":器物如匠人沉淀,器物即平常之心。在当今制造业普遍面临供给过剩的情况下,日本企业的这种精雕细作、讲究个性化的特点,自然就表现出其优势来。

二、技术创新、管理文化及竞争模式

　　善于模仿是日本民族为世界所公认的特点。在日本语中,学习的最初含义便是模仿。战后初期,日本原先的军事重工业纷纷转为民用工业,并先后从美国等工业国家学习和引进先进技术,始终保持与世界先进技术同步。当然,对于欧美的先进科技产品,日本人并没有局限于"山寨",而是以更多的投入去消化和吸收,并在此基础上进行改良,始终注重市场的接受度、产品的本土化、功能的完善和易用性等,做出了比国外同行更好的产品。例如,电脑是美国人发明的,但笔记本电脑是东芝最先造出来的;手机是美国发明的,但由"大板砖"变成现在的小巧手机也是日本人干的。其他如光纤(美国)、录像机(美国)、无缝钢管(德国)、工程塑料(美国)、精细陶瓷(美国)等战后科技革命,其最初发明者不是日本,但在产业化和商品化方面做得最出色的却是日本企业。日本也由此逐步实现了设备、技术从进口向出口的转变。

"日本制造"在国际上的逆袭,一个基本的动力源泉,就在于日本对科技的大量投入和不遗余力的自主创新。1995 年,日本通过《科学技术基本法》,将"科学技术创造立国"作为基本国策,拉开了日本再度重建科技体制的序幕。从 2005 年到 2015 年,日本这十年的科研经费平均达到国内生产总值的 3%,居发达国家首位(美国为 2.8%)。实际上,由政府主导的科技研发,在数量上仅占日本科技创新内容的 20%,剩下 80% 的科技创新都是由企业完成的,可谓已形成了"全民创新"。

日本企业不仅牢固树立了"质量至上、精益求精"的理念,而且非常重视生产现场的管理,它们能够通过尽可能"合理"的管理方式将这种理念落到实处。第二次世界大战后的半个多世纪以来,日本人坚持不懈地追求高效率的生产流程,并创造出风靡世界的精益生产模式(Lean Production,LP)。日本汽车工业正是依赖于这种小批量生产方式,根据"订货"而进行生产,力求"及时适量"和"零库存",既避免了大规模生产的高成本,又避免了单件生产的僵化,故而得以在汽车行业超越美国而称雄世界,并在全世界范围内掀起了一股学习精益生产方式的狂潮。

就企业价值观而言,与西方公司强调股东利益至上不同,对于日本企业而言,股东利益并不是第一位,员工才是最重要的价值;企业经营的目的不是"肥经营者一己之私欲",而是对员工及其家属的生活负责。日本企业之所以普遍成功,就在于它们在经营过程中非常重视"育人育心":对员工以诚相待,如此员工真切感受到自己被尊重,故而得以定心努力工作,在平凡的工作中创造不平凡,所谓"定能生慧",等等。20 世纪 70 年代以来,日本企业在世界市场范围内的骄人业绩,促发了人们对日本管理文化的研究兴趣。1979 年,美国哈佛大学沃格尔(Ezra F. Vogel)出版《日本名列第一:对美国的教训》一书,指出:美国企业应学习和借鉴日本经验,把对人的管理放在首位,把企业文化当作管理的中心课题来对待。[①] 1982 年,美国斯坦福大学理查德·帕斯卡尔(Richard Tanner Pascale)和安东尼·阿索斯(Anthony G. Athos)出版《日本企业管理艺术》一书,认为,日本企业家通过考核、培养、选拔、奖励等人事制度调动职工的积极性;美国企业则把职工当作可以互换的"机器零件",不注意人才的培养,不重视高层管理人员的接替问题。二人得出结论:美国的"敌人"不是日本人或德国人,而是自身管理文化的狭

---

① 参见埃兹拉·沃格尔:《日本名列第一:对美国的教训》,世界知识出版社 1980 年版,第 214 页。

隘性。① 不仅如此,与美国社会以个人主义为基石、崇尚个人奋斗和管理创新不同,日本恶劣的自然环境造就了日本人孤立无援的悲情意识,这促使日本人缔造出一种重合作的团队精神。同时,日本民族没有如其他国家那样的不同民族、种族、语言、文化上的差别,彼此容易获得共同的理解,民众具有能够为了国家、公司或家庭的长远的整体利益而忍受短期挫折的自觉性。在这样一种价值观的长期培育下,日本企业内部形成了强烈的集团归属意识:个人属于集团,个人命运与集团命运息息相关。在集团中,全体成员在感情上相互依赖,在行动上休戚与共。在处理个人与集体关系时,形成了以集体利益为出发点,避免因为个人喜好而影响集体利益,提倡相互协调、灭私奉公的原则。正是这种集体观念和团结协作精神,促使日本在战后快速崛起。

在竞争模式上,有别于西方式的自由竞争,日本以财团为后盾,将实业与金融、商业密切结合的"链式作战"模式,构成了其竞争优势的重要方面。第二次世界大战后,作为军国主义根基的日本财阀曾被解体,但由于朝鲜战争的爆发以及美苏冷战的需要,日本的军工财阀在被要求支持美国的情况下又重新聚合,形成了三菱、三井、住友、富士(芙蓉)、第一劝业银行、三和等财团。这些财团掌握着日本的经济命脉,控制着日本的大量公司。财团伞下数以千计的企业,透过交叉持股、互派董事、互享信息,实际已成了一个"日本丸"的命运共同体。实际上,日本经济的计划性正来自于企业间的这种协调。在各大财团中,所有集结到财团下的各成员企业,作为"以资本为纽带"的一种横向联合,就像是一个"品牌"下的利益共同体。财团对于企业的意义在于:其一,业务整合。内部企业相互竞争的情况被最大程度地避免,相互之间也有研发合作和业务往来,能透过市场的反应把各种技术综合在一起。美国的企业相互之间缺乏关联性,往往是一家公司发明了一种产品,推向市场,然后很快会被别的公司所模仿、复制,从而展开激烈的相互竞争,很容易走向大鱼吃小鱼,甚至共同解体。而日本的公司相互之间一开始可能也有竞争,但竞争到一定阶段,它们就走向"和",互相持股,共同投资,甚至相互分工。其二,救急。一旦内部有企业陷入困境,相关企业可以注资帮助其渡过难关,集团内银行可以破例给予债务延期或者协调融资。其三,协同效应和分散投资风险。同一财团的综合商社往往会参股日本企业在海外的投资项目,等等。而在财团与财团之间,只是分工不分家,一切以民族和国家利益为最高原则,从而在世界竞争中所向披靡。白益民先生的《瞄准日本财团》一书将日本财团比喻为"穿着西装的军团",而且是一个可以进行海陆空三位一体协同作战的现代化军团。在日本财团中,综合商社对贸易、物流、信息和人才等拥有综合协调能力,就像军队的"参谋部"和"后勤部";银行及保险公司等金融机构就是军队的"弹药库"和"给养库";众多的大型制造企业则如同各兵种的"野战军"和"特种兵"。日本制造业的这种"链式作战",可以说是非常凶悍的,它不仅

---

① 参见理查德·帕斯卡尔、安东尼·阿索斯:《日本企业管理艺术》,新疆人民出版社 1988 年版,第163—165 页。

仅是就产业而产业,还辅以强大的金融与商业保障,进攻时多路包抄,攻城略地后又渗透力极强,落地生根,从而能够在一个领域持续盘踞产业链高端的核心位置。

三、匠人精神、企业家情怀及国民品格

日本资源贫瘠,之所以能繁荣到现在,究其实,是作为"日本之魂"的技术和精神。在技术和精神之间,无论技术多么优秀,都很容易被模仿和超越,而其背后的精神则是很难被模仿和超越的。产品是人品的物化表现,"日本制造"的成功,从深层次来看,得益于日本人的"匠人精神"。历史地看,在江户时代,德川幕府将民众划分为若干阶级,并规定每个家庭都只能从事各自阶层内的相应职业,且只可世袭不得更改。这种对等级制度的强化,原本旨在进一步加强对民众的统治,但正是这种"适得其所,各安其分"的安排,促使当时的匠人一生能够心无旁骛地磨炼手艺,代代传承并进一步发扬光大。在这一时期,禅师铃木正三将佛教与现世生活联系起来,认为,人人恪守本业,做好自己的本职工作即能修行成佛。这种"世法即佛法"和"敬业恪职"的观念深深地影响了日本社会的各个阶层,并形成了职人的职业伦理观。[①] 而当时的石田梅岩(1685—1744)所倡导的"石门心学",其中一个核心思想是"诸业即修业",就是说,干什么工作都和庙里的和尚修炼一样伟大,职业之间没有高低贵贱之分,任何工作都可以承载人生的意义。在这种"诸业如禅"理念的指引下,日本产生了"工作禅"的概念,即将手头的工作做到极致,就能达到禅的意境。因此,比起纵向等级,日本人似乎更看重自身的职业,干什么爱什么,从而逐步形成了一丝不苟、勤勉认真、精益求精、埋头苦干的匠人精神。在这种匠人精神的引领下,日本匠人对自己的手艺都不自觉地拥有一种近似于自负的自尊心,能够把一项技术发挥到极致。日本有个成语"一生悬命",即一生以目无旁视的专注精神从事其职,完善技艺,然后传承给下一代职人。相应地,日本社会则给予工匠相当的尊重,政府对那些身怀绝技的匠人实行"人间国宝"的认定制度,并进行扶持和资助。故而,一个成天跟砧板、生鱼打交道的厨子,觉得自己的职业很光荣,尽管身系围裙、戴白帽,但招摇过市,毫不违和。匠人精神由此遍布日本的各行各业,内化到日本人的骨髓中,从而逐步形成一种"泛匠人文化"。企业家也大多如此,他们非常重视本业,很少跨界经营,而是长时间专注于某个领域,为企业赢得社会信赖,让企业走得更稳、更远。

在日本匠人精神中,还有着一种执着的职业忠诚。这与日本武士道传统密切相关。武士道原本指传统武士阶层在职业和日常生活中所必须遵守的行为规范和法则——武士向主君付出"忠"与"死",主君则赐予并保障武士的地位与财富。到了江户时代的太平盛世,传统武士转型为行政官吏,被要求具备治民才干,而不能仅仅只懂得杀伐。相

---

① 参见赵坚:《日本的职人文化》,《百科知识》2011 年第 11 期。

应地,"原始武士道"被改造成新的"士道",强调武士必须文武兼修,做到重义轻利,并通过自己的楷模式的行为,让天下秩序归于井然。不过,当时流行"叶隐"一派特别痛恨让武士学习儒学,认为武士道的理想境界不是生存而是死亡,其他的功名利禄都是梦幻。明治维新后,无论是"士道"派,还是"叶隐"派,由于这种旧时代的"武士"分别效忠各自不同的主君,而非天皇一人,故明治政府宣布取消了"武士"阶层的特权。不过,到了明治后期,为向西方证明日本非野蛮民族,"武士道"再度被激活。1899年,新渡户稻造用英文写作出版了《武士道》一书向西方世界展示:日本民族有着与西方基督教传统类似的诸如义、勇、仁、礼、诚、名誉、忠义、克己等"优秀特质"。正是在这种情势下,曾一度被官方刻意遗忘的"武士道",一跃成为所有日本人共同追求和遵守的美德。进入20世纪后,以"忠君爱国"为核心的"武士道"精神更是被日本军国主义者广泛利用,成为激励士气、实施侵略扩张的工具。如今,传统的武士阶层虽然消亡了,但武士道精神却深深地刻印在了现代日本人的生活和信仰之中。日本国民就像"穿西装的武士",他们奉行"集体至上"、"公司第一"的信念而努力工作,如武士一般义无反顾、任劳任怨。企业则像一个连接国家和国民的纽带,将整个社会牢牢地维系在一起。而员工们往往喜欢自称为"丰田人"、"三菱人"……在他们心目中,对企业的忠诚,也是对国家的忠诚。

虽然在崇尚集团主义的日本,个人英雄主义并不受人待见,但不可否认的是,自明治维新以来,日本不断涌现的文化精英、政治精英及经济精英,成为这个民族不断引领时代的先导和楷模。比如,明治维新时期被誉为"日本现代企业之父"的涩泽荣一,曾在出席巴黎举办的万国博览会后痛切地认识到,要使日本兴盛,就必须打破官贵民贱的旧习,排除轻商、贱商的思想,把工商看成是强国大业。为扭转根深蒂固的世俗偏见,涩泽荣一以身示范,弃官从商,他一生参与创办的企业组织超过500家,并致力于实业教育和劳资关系的协调。在思想上,涩泽荣一提出了"义利合一"的经营理念,主张谋利和重视仁义道德并行不悖,打碎了无商不奸、言利即耻的千年道德枷锁。

日本著名"经营之神"松下幸之助的一生,可谓日本现代企业发展的一个缩影。他一生历经几次大的经济危机,但凭借其坚韧与顽强,而始终使松下稳稳站住脚跟,甚至异军突起。松下幸之助将自己的成功归结为一种"素直之心"。所谓"素直之心",便是《道德经》所阐述的"无名之朴",意味做人做事不受自己的利益、感情、知识以及先入意识的影响,能按事物的本来面目去看问题。松下幸之助正是秉承这一信念,不管是做人还是经营企业,他始终能够做到坦白纯真,心地诚恳,面对真实。如今在日本,松下已被赋予更深层次的含义:一种不屈不挠的精神,一种尽心敬业的品格,一门经营的学问。还比如,当下颇受世人尊奉的日本"经营之圣"稻盛和夫,曾白手起家创办了两家世界500强企业——日本京瓷公司和日本KDDI公司。稻盛和夫非常推崇明治维新时期的西乡隆盛舍身忘我的精神人格,并从中找到其企业经营的核心价值观念"敬天爱人",即要秉承天道,心存敬畏,要致力于人类的福祉。稻盛和夫创建KDDI(原名DDI)的初衷,就是试图打破国有企业垄断通信业的局面,降低国民的通信费。如今,KDDI 已发展成为仅次于 NTT 的日本第二大通信公司。稻盛和夫退休后把自己的股份全部捐献给了员工,并以此勉励年轻人应通过艰苦卓绝的努力,在成就伟大功绩的同时也造就完美的人格。

日本的强大不仅在于这些精英人士的带动,更在于全体国民的高素质。联合国公布的相关数据显示:日本国民素质连续 30 多年排名世界第一。这种普遍性的民族素养主要表现在:其一,严谨、自律。日本人干活办事一丝不苟的严谨态度和认真细致的作风,已经渗透进了日本人骨子里。日本人的口头禅是"不给他人添麻烦",每个人都尽力把自己的事情做好,力求尽善尽美。无须明文规定,所有人都默默地遵照规则行事。其二,诚实、守信。日本是一个讲究诚信的社会。如果你欺骗一次,那么就会失去人们对你一生的信赖,这就是日本社会对"诚信"的约定和笃信。他们做什么事情不需要人看着,对人对事有着绝对的责任心与严谨态度。故而,在日本商业买卖中几乎不会发生欺诈行为,坑蒙拐骗的事情绝少发生。其三,平和、内敛。日本人整体上比较平和,他们做自己喜欢的事,干自己想干的事。国民没有对于财富的狂热追求,越是有钱的人,越是低调。当然,日本人平和、内敛的背后,更不乏坚韧与顽强。他们平时淡定、儒雅、不急不躁、不出风头;一旦有事,却能顷刻间聚而成势,如磅礴之水。可以说,日本第二次世界大战后的重新崛起,除了客观政治、国际社会因素之外,大和民族不甘沉沦的性格特征起了根本性的作用。在当时,奋发向上、超越以往,是"压抑"在每个日本国民心底的"渴望",为振兴国家竭尽全力是每个人内心中的诉求。正是这种"哀兵必胜"的信念,促使日本民族拼命学习,努力创新,从而造就了饮誉世界的"日本制造"。

日本国民的高素质自然与日本对教育的高度重视密切关联。明治政府建立伊始,便强调:凡 6 岁以上儿童均需读完小学,女子与男子享有同样的受教育权利。明治天皇曾言:"我们要让北海道山里最穷佃农的小女儿读完小学",并将甲午海战后大清国的赔款全部用于日本中小学的建设。1947 年,就已开始全面实施 9 年免费义务教育。至今,日本的国民教育体系在全世界公认是最完善的,教育效果是最好的,几乎没有文盲。在日本,高质量的国民教育是从不含糊的国家大略,根本没有教育产业化之说。与当今世界上很多国家将政治人物印在纸币上不同,日本纸币上所刻印的,从来都是思想家、教育家、文学家和科学家。这不仅意味着一种最深刻的纪念,也无形中传递着这个国家的一种价值观:尊重学者、尊重知识。显然,此举有着比获得诺贝尔奖更大的价值。

四、危机、自省与重塑

20 世纪后半期,的确是日本的时代。然而,日美贸易间的不平衡已成为日美之间的一大政治问题。为此,美国通过对日本的外汇政策施以压力来促使日元升值,以减弱日本经济的强势状态。就在这种压力之下,日本与美国 1985 年 9 月签订了促成日元升值的"广场协议"。受此影响,日本包括电子消费品、汽车、化学、合成纤维在内的诸多具有传统竞争优势的大企业纷纷"集体亏损"。始于"广场协议",直到 20 世纪 90 年代后半期的 10 年,通常被人们称为日本经济"失掉的十年"。进入 21 世纪后,日本虽然也出现过几次经济恢复期,但低成长率依然难以改观,日本企业由世界经济中心一下子滑向利益圈的边缘。这就是通常所说的日本经济的第二个"失去的十年"。与此同时,日本企业近年来接二连三被曝"造假"事件。譬如,三菱、铃木、日产等日系汽车,日本最大的半导体制造商东芝公司,全球最主要的安全气囊生产商日本高田公司,纷纷卷入造假风波。此外,日本产品还频频出现质量问题。2017 年 10 月,由日本日立集团旗下公司为英国生产的新型城际高铁在英国首发,但是该车不仅因为技术故障晚发车 25 分钟,还因为空调故障导致车内漏水。调查显示,该款车辆使用了神户制钢的问题零件。问题产品波及全球 500 多家企业,并殃及整条产业链。这些造假事件给日本制造业带来了重大的信誉损害。

面对如上困局,日本人以其难得的自省意识对自身做出了深刻的反思。其中,较为著名的,便是汤之上隆所著的《失去的制造业:日本制造业的败北》一书。在该书中,汤之上隆指出,日本经济长期停滞不前的一个最大的原因,是日本未能及时赶上 20 世纪 80 年代的第三次工业革命(信息革命)。这场革命构成了美国经济发展的原动力,网络和手机行业的飞速发展带来了美国经济的复兴。然而,日本只模仿了结果而没有实现产业结构的调整,持久的创新体制没能在日本生根。汤之上隆还提出了一个颇具争议性的观点,认为日本过于苛求于性能与指标的极致,而忽视了市场实际需求水平,致使市场出现变化的时候在研发上不能及时调整产品;虽然在制造高品质产品方面得心应手,但在降低成本方面却力所不及,等等。[1] 不过,话说回来,日本制造业对性能与指标的极致苛求、精细生产的能力,正是日本竞争力的来源和生存之道。但是,这些日企造假丑闻频发,确实反映了日企在全球激烈竞争环境下的经营困境。

当然,暴露的问题不应简单地成为"日本制造"的全貌。更何况,一个国家的经济实力不能简单地根据其 GDP 来进行衡量,更为重要的是一个国家的技术话语权和产业链掌控力。日本的厉害之处,就在于其控制部件和原材料产业的尖端技术实力,尤其在关键零部件和技术领域,日本大批的中小型企业把握了全球制造业的命门——这构成了日本经济最为坚实的基础。这些数以万计的各怀"一技之长"和拥有能工巧匠的中小企业,数十年如一日,只生产一种产品,专攻一门技术,磨炼一项工艺,才使得它们成为各自领域中的佼佼者,正如著名管理学家赫尔曼·西蒙(Hermann Simon)在研究德国类似的中小企业时所言的"隐形冠军"。在许多大企业日益失去增长引擎的今天,它们则日益成为"日本制造"的核心。实际上,日本所谓"失去的二十年",也是日本经济和"日本制造"从其自身条件出发进行战略重塑的转折时期。在此期间,不少日本企业都

---

① 参见汤之上隆:《失去的制造业:日本制造业的败北》,机械工业出版社 2016 年版,第 30、169 页。

在重新调整自己的策略。譬如,日立、东芝向智能电网、电梯等基础设备领域转型;松下从家电扩展至汽车电子、住宅能源等领域;夏普将转向健康医疗、机器人、智能住宅、安全领域和教育产业;索尼将强化手机摄像头等核心部件;日立则将精力集中在通信、电力、重型机械等领域。财报显示,这些转型都相当成功。

从产业来看,日本的半导体、液晶屏、家用电脑等电子生产厂商,在韩国和中国台湾生产厂商的穷追猛赶之下,虽然失去了很大市场,但日本的精密机械依然和汽车产业一起确保了它们在世界上的主导地位。精密机械产业包括相机,手表、时钟等钟表,办公自动化机械,医疗机械和精密仪器等行业,在日本是仅次于汽车和电子的又一大支柱产业。比如,光刻机是集成电路制造中最重要的设备,也是人类迄今所能制造的一切机械中最精密的机械,目前世界高级光刻机市场几乎被日本企业所垄断。就汽车产业而言,在福布斯发布的 2015 最具价值汽车品牌中,丰田又一次摘得桂冠,本田位列第三。钢铁等基础材料产业虽被说成是"夕阳产业",但日本钢铁在产业链中通过对核心冶炼技术与设备的创新,始终保持着钢铁利润的世界第一。中国虽然目前钢产量世界第一,但高级钢材领域却被日本企业所垄断。而在许多高端技术领域,日本由于掌握着具有全世界压倒性份额的许多战略产品,因而大部分国家的企业只是日本厂商的下游接盘侠。譬如,生产半导体芯片需要 19 种必需的材料,且大多数材料具备极高的技术壁垒,而日本企业在硅晶圆等 14 种重要材料方面均占有 50% 及以上的份额,在全球范围内长期保持着绝对优势。2013 年,麦肯锡发布研究报告,罗列了有望改变生活、商业和全球经济的 12 大新兴颠覆技术:移动互联网、人工智能、物联网、云计算、机器人、次世代基因组技术、自动化交通、能源存储技术、3D 打印、次世代材料技术、非常规油气勘采、资源再利用。目前日本在这十二个方面全力投入,且在大数据云计算、新材料、资源再利用、能源存储、机器人等方面的研究已经做到了世界第一。在工业机器人领域,日本已经超越美国,成为全球第一大工业机器人王国。2015 年《汤森路透》发表了新的一年全球企业创新排名 TOP100,其中,日本 40 家,美国 35 家,法国 10 家,德国 4 家,瑞士 3 家。

如上只是"日本制造"的冰山一角。如今,日本人精心打造的产业链已经遍布全球,尤其在机械、零部件、原材料的高技术、高附加价值领域,已然成为"世界供应基地"。譬如,三井财团凭借对产业链最上游资源类企业的参股、入股,对生产资源进行价格控制,其经营业务几乎囊括了所有能够想象的产业,从而越来越广泛地影响着当今的世界经济。在当今世界很多知名企业的背后,实际上都有日本股东的影子,诸如美国摩根士丹利、美国寿险、美国烟草、中国的阿里巴巴等。在当今世界的产业链的中、高端,能够与日本抗衡的,只有美国。即便是美国,在很多领域也不得不依赖于日本。比如,美国波音 787 客机有 35% 的部件由日本企业制造;机体材料是高强度碳纤维,由东丽纺织供应;机翼之前的部分机身、主机翼固定后缘装置由川崎重工制造;中心翼盒,以及位于机身中部下侧用来连接机翼与起落架的强化结构主要由富士重工制造;等等。未来是电动车、氢动力、混合动力汽车的天下,其最重要的东西——电池由日、韩垄断,而在上游电池材料供应中,日本的住友化学、东丽、昭和电工、三菱化学具有压倒性优势。即使是苹果公司这样的巨头,其相关环节中最核心的技术,也掌握在最上游的日本企业手里——镜头组件来自索尼,超小型积层陶瓷电容器来自田村制作所,摄像头模块出自三美电机和阿尔卑斯电气,电池出自索尼和 TDK,散热片出自 KANEKA,水晶部件出自精工爱普生和日本电波工业等。如此一来,很多产品虽然从外表上看是某国品牌,但从里面看大多是日本零配件。

日本曾经在无数的社会和经济领域挑战了西方霸权,树立世界第一的标准,曾引发了整个世界的羡慕与嫉妒。为此,他们吸取教训,有意地弱化自己,努力改变“日本第一”的国际形象。比如,1995 年,世界 500 强的前 4 名都是日本综合商社,前 10 名中有 6 家是日本综合商社。也许是为了不致引起国际上的惶恐,2003 年起,日本商社把重要产业机构剥离并独立核算,并且在全球设立独立法人公司,从而逐渐退出世界 500 强前 100 的排名。现实的日本,就似一个低调的“忍者”,充分展现出“卑让胜敌”的东方智慧。

日本人认真做事,讲求不断积累和逐步改善,他们所追求的不是马上获利或提高股东红利,而是一个坚实的市场地位,放远于未来与长期利益并提前布局。例如,丰田用半个世纪的研发和制造经验,创造出雷克萨斯,仅用了十几年时间便在北美超过了奔驰、宝马的销量。而当其他汽车企业还在踯躅于新能源车走哪条技术路线时,丰田的混动车在全球累计销量已突破 1400 万辆。当电动车还在各国举步艰难时,丰田的 Mirai 氢动力汽车已在日本面市。又如,松下电器预计各国在氢气、水、空气三个领域的投资,已提前展开了相关课题,如氢能源利用技术,安全饮用水生产相关的技术,有关柴油机废气净化的技术,等等。政府也是如此。它通过产业政策,长期引导资源流入特定产业部门,借此迅速造就支柱产业。近年来,日本政府积极推行以输出知识和智力为主的“知识产权立国”政策,日本也由此成为亚洲各国在工业化进程中技术、设备和产品的提供者。而当下工业 4.0 时代的来临,更是强烈激发了日本的紧迫感。2013 年,日本政府推出了《日本再兴战略》,意欲与发达国家再工业化形成呼应。2014 年,日本政府确立了以机器人技术创新带动制造业、医疗、护理、农业、交通等领域的结构变革。2015 年,日本政府进一步强调以“实现机器人革命”为突破口,以实现产业结构变革。同年,日本经济产业省发布《2015 年版制造业白皮书》,重点推进“科技创新智能”的新型制造业,等等。

日本现任首相安倍晋三为使日本摆脱长期的经济低迷推出“安倍经济学”,其核心就是通过量化宽松政策带动日元贬值,又通过日元贬值拉动出口以唤回日本工业的活力。其真实目的并不是为了刺激和提升 GDP 的快速增长,而是为了实现国债的货币化,从而抑制利率的高涨,使财政资金的筹措更为顺畅,以便政府更好为日本实业服务。“安倍经济学”带来的改变是显而易见的,如今,日本经济规模比安倍晋三上任时扩大了近 60 万亿日元(5000 亿美元),并且资本支出正在增加,预示经济还会进一步增长。

而日本企业所得税却从 2012 年的 37% 降到了 29.97%，政府开支的国债依赖率也从 47.6% 下降到 35.6%，这使日本科技研发和企业升级有了充足的资本。截至 2017 年 11 月 20 日，日本 GDP 连续 7 个季度增长，企业盈利开始恢复并出现增长。不难预见，蓄势已久的日本可能稍不留神又会把整个世界甩在身后，如同过去曾发生过的一样。

五、余 论

综上所述，"日本制造"的成功，不是基于单一因素的偶然作用，而是多方面因素共同促进的结果。在所有这些成功要素中，除了与美国同盟等这些外在因素之外，更重要的是日本自身的因素，诸如善于学习的传统文化基因，精益求精和不断创新的职人精神，人本管理及团队精神，乐于奉献的企业家情怀，内敛而顽强的国民品格，立足于未来的战略视野，等等。正是这些因素的综合效用，成就了"日本制造"的高端品质，成为日本企业持续创新和竞争优势的动力源。日本向世界充分证明：人无肤色地域智商高下之分，只要你付出真正的努力，自然就可以做得更好。始于模仿，成于创新，这是"日本制造"崛起的秘诀。"他们聪明地学去了中国文化的精华，而没有沉醉在中国文化之中不能自拔；他们也聪明地从西方那里学去了先进的技术而未陷入西方文化之中不能自已。东西方精髓的完美合璧，使得这个岛国经过不懈努力成了世界的技术先驱、经济典范、礼仪标兵。"①现在不少人用"岛国根性"这个词来批评日本人，其实这个词原本是日本人对自身所曾具有的排外、无知、自我陶醉、偏执等民族劣根性的自我批判。而很多中国人却缺乏自我批判的勇气，从而使中国无法像日本那样以谦虚的态度认真学习他国的先进经验。显然，我们今天的心态决定我们的未来：保持清醒和理性，认识到自己的不足，"见贤思齐"，这是我们真正走向强大的第一步。

从现实来看，中国自改革开放以来在短短几十年里成为"世界工厂"和制造业大国。然而，一个不可回避的现实是，在全球制造业的价值链体系中，"中国制造"始终处于低端，尚处于技术含量和附加值较低的"加工、组装"环节，关键技术自给率低，高端设备、关键零部件和元器件、关键材料等大多依赖进口。虽然近年来我国在新能源汽车、信息技术等领域出现一批具有国际影响力的高端产品，但对于整个制造业体系而言仍属"冰山一角"。技术低劣，创新乏力，还使得"中国制造"大量出现了仿制、山寨、投机取巧等问题。不仅如此，资源利用率偏低和环境污染严重，人均劳动生产率偏低，产品附加值低，且竞争激烈，使不少企业的利润已经变得"比刀片还薄"，致使不少制造企业转向价格战，最终陷入恶性竞争。如今，随着要素价格上涨和环境规制趋紧，中国制造业赖以发展的传统比较优势正在弱化，并面临着东南亚国家"中低端分流"和美、英

---

① 万景路：《你不知道的日本》，九州出版社 2016 年版，第 104 页。

等发达国家"高端回流"的双重挤压。显然,中国想要真正强大,必须拥有强大的制造业和实体经济。要做到一个领域制高点的技术,往往不是靠人多或短期砸钱就可以快速获得的。当前最为需要的,是要形成一种创新的科研环境。政府要做好制度建设,把注意力放在如何为企业的成长创造一个保障公平、自由、竞争的制度环境上。日本的经验表明,充分的市场竞争对保持活力和效率是十分必要的,但政府又必须通过计划、产业政策、发展战略以及各种经济手段引导市场机制的运行方向,做到"有效的市场"与"有为的政府"的结合。日本的经验还表明,"命运共同体"式的银企关系有助于企业的长期经营目标,有利于企业的科研创新投入。中国虽然具有强大的银行系统,但银行过于追求短期的盈利目标,对企业往往做不到雪中送炭,不利于企业的长期生存与发展,因此,我们需要重构银企关系,在充分发挥银行系统的资金配置功能的同时,积极探讨银行对企业的权益性投资,等等。

中国其实有太多的理由超过日本:中国地大物博、资源丰富,而日本国土面积只有中国的1/25,自然资源贫乏,且自然灾害频发;日本还存在着由于老龄化和低生育率而带来的劳动力的严重短缺,且人口密度远高于中国;1840年以来西方国家对中国的投资也远大于对日本的投资;等等。中国赶不上日本,显然是我们自身的原因所致。从根本上讲,我们普遍缺乏沉下心来专注做好一件事情的耐性和坚守,缺乏一种谦虚进取、一丝不苟、严谨务实、精益求精的工匠精神,更缺乏对规则与秩序、知识与创新、员工与顾客的真正尊重,等等。因此,"中国制造"要真正走向世界,迫切需要让工匠精神和工业文明在中国能够真正落地生根:其一,在企业与自然之间,既不能因为单纯追求经济利益而牺牲环境效益,也不能以保护环境为由而牺牲经济发展,而应力求做到物资资源利用的最大化、废弃物排放的最小化、适应市场需求的产品绿色化。其二,在组织与员工之间,必须认识到:人并不是工具和成本要素,而是最重要的战略性资产、创新之源;相应地,组织应当将人的发展纳入组织的目标体系,尊重员工个人的尊严和价值,实现个体与组织的共同成长。其三,在企业与顾客之间,在传统上我们往往寻求一种暂时性的增长,形成一种"打了就跑"的营销,甚至有时还出现对顾客的操纵和对顾客"无知"的利用,因此,必须强调"以客户为导向",在企业与顾客之间创造一个良好、长远的关系。其四,在组织与社会之间,企业不应仅仅是创造利润,还应自觉、积极地承担社会责任,等等。

进一步讲,一个国家经济发展最终的落脚点,应当是人,是国民的幸福感与生活质量。日本在这方面可谓不遗余力。自20世纪60年代的"国民收入倍增计划"之后,1993年,日本政府更是号召要从"生产大国转变为生活大国",大幅提高国民的生活品质。为此,政府下大力气于改善民众的教育、医疗等基本生活领域。如今,日本不仅是100%普及大学义务教育,而且拥有世界最顶尖的医疗科技和服务水平以及发达的医疗保障体系。尽管日本政府的财政收入连年赤字,但日本人均国民收入达2万美元以上,超过美、英、法、德、意等国,且贫富差距小,约有一亿"中产",几乎全民皆"中产",可谓

哲学家

是一个真正的"藏富于民"的社会。如此,不难理解,在世界最佳生活品质排名中,日本为何长期高居榜首。可以说,中国人现在所有的梦想,其实日本人几十年前就实现了:社会公平,政府廉洁,治安良好,医疗先进,教育优良,等等。总之,从日本身上,不仅可见中国的过去,但愿更能领略中国的未来。

部分文章英文提要

Abstracts ofSelected Articles

"Fruitful Difference": Dimmensions of Alien Experience
Georg STENGER

(Vienna University, Austria)

From the viewpoint of intercultural philosophy, this paper combines the philosophical understanding of alien experience with the artistic understanding and linguistic features in Japan and East Asia, to explain this cultural phenomenon which called "fruitful difference". First, by elaborating on the experience of the familiar and the alien(Section 1), I get into a discussion about the conditions of "alien understanding" (Section 2). Then it is a theoretical study of the original realm of "alien experience" (Section 3). This is followed by an overview of the differences between the "horizontal - lateral and vertical - dimensional experiences" (Section 4). This paper focuses then on the domains of phenomena in which the fundamental experiences of differentiation are expressed, including the aspects of perception/aesthetics, the way of cognition and the form of language, and moral action(Section 5). Finally it shows what would come out to be in the topos of "fruitful difference" (Section 6).

Keywords: intercultural philosophy; the familiar; experience of the alien; "fruitful difference"

Individuality in Wang Yangming's Thought of One-body Humaneness:
In Comparison with Scheler's Emotional Identification
LU Yinghua

(Si-Mian Institute for Advanced Studies in Humanities,

East China Normal University, Shanghai, 200241)

This article investigates into the issue of individual boundary and self-consciousness in the mode of one - body humaneness in the Confucian mind - heart, and compares it with Scheler's idea of emotional identification. Myriad things' natures originate from the endowment of heaven in common, and possess pure knowing in common that facilitate feeling-flow. In the sense of same source of myriad things, commonality of lives and overcoming selfish desires, there is indeed no boundary between individuals. However, in the sense of the process of practicing values, Wang Yangming does not deny the distinction between individuals. In actualizing spiritual and moral values—how to practice the autonomous power of one's mind-heart, how to extend pure knowing, etc., everyone demonstrates his/her unique personhood. There are prominent differences between Wang Yangming's mode of "one-body humaneness" and Scheler's idea of "emotional identification" that conceal individuality.

Keywords: Wang Yangming; Scheler; one-body humaneness; individuality; emotional identification; love

On Zhuangzi and Socrates in View of Modernity

SUN Guanchen

(Department of Philosophy, Lanzhou University, Lanzhou 730000)

In the process of tracing back to the origin of human thought, by putting Zhuangzi against with Socrates, the author discusses whether two different paths of thought can play their respective roles in the face of the crisis of modernity, and whether they have relevance to the self-salvation of modern people. The essence of Zhuangzi's thought is "wandering-at-ease" (逍遥) and "nourishing-life" (养生), and the style of his saying is "the three words," that is, fable (寓言), repeated words (重言), and goblet-words (卮言). The essence of Socrates' thought is "knowledge", and he resorts to logos, rationality, and argumentation. Both lineages of culture articulate the essence of human's freedom and try to transcend the limitedness of human beings. One possible resolution for the crisis of modernity is to integrate seeking knowledge on the outside and nourishing life in the inside.

Keywords: Zhuangzi; Socrates; modernity; self-salvation

Beyond the Kantian Dualism:
Mou Zongsan's Self-Reversal and Heidegger's "the Other Inception"

MA Lin

(School of Philosophy, Renmin University of China, Beijing 100872, China)

This article compares Mou Zongsan's notion of the self-reversal of moral reason with Heidegger's idea of the other beginning of the Western philosophical tradition. It reveals that both Mou Zongsan and Heidegger attach importance to providing theoretical justification and guidance for the self-renewal of their respective traditions. In doing so, they both attempt to coordinate the tension between modern science/technology and traditions. Regarding the issue of intercultural communication and integration, they seem to hold quite different positions. Mou Zongsan appears to have no doubt about learning from the West, while Heidegger insists that a dialogue with the East can only become possible after the West achieves its self-transformation. My view is that Mou Zongsan's notion of self-reversal shows more signs of a Kantian dualism with regard to Chinese and Western traditions, while Heidegger has explored more deeply the problematics of modernity by reflecting on the sources of technology.

Keywords: Mou Zongsan; Heidegger; self-reversal of moral reason; the other inception; cultural dialogue; Kantian dualism

An Essay on *Rou*(柔) as the Original Defining Character of Confucianism

LI Maosen

(Renmin University of China, Beijing 100872)

According to an ancient Chinese lexicon (*Shuowen Jiezi*), *ru*(儒) is typically defined as *rou*(柔) which has been translated into modern Chinese as an adjective meaning soft, weak or elegant. It is argued in this paper that there are some misunderstandings in such translation and the its right translation should be a kind of verb which initially means growth in the natural sense and then implies human cultivation in Confucianism. It is from this standpoint that the basic principle in Confucian philosophy and practice is to have people live well in a well-organized society. The Chinese word for Confucianism might be coined in the times when Confucius was living. From then on, the Confucians consciously and contentiously chose to carry on the heritage of *Li-Yue* ideology from their ancestors by taking part in the social governance and education. *Li* prescribes the social rules and norms while *Yue* means the living conditions of the people who are supposed to live a happy life in peace and contentment. Based on such value orientations, it is possible to find out the deviation in the development of Confucian theory and practice in Chinese history. Some errors in modern Confucian interpretation are hence criticized in this paper.

Keywords: Confucianism; *rou*; cultivation and well-being; *Li-Yue* ideology

A Study of Qianshan Shengren Hanke and His Chan Method

WEN Jinyu

(Renmin University of China, Beijing 100872)

Master Hanke, a Buddhist monk from the south of the Five Ridges, is a famous poet in the late Ming and early Qing dynasties. He suffered many mishaps in his life, particularly as the first victim of the literary inquisition in the Qing Dynasty. Master Hanke devoted himself to spreading the southern Chan to the north, and was regarded the founder of Buddhism outside the Shanhaiguan Pass. He established the first literary organization in the northeastern China named Bingtian Poetry Society, which had turned open a new page for the Guandong culture.Due to the fact that he had twice been a victim of the literary inquisition,both before and after his death,his writings were burned down,and his tomb tower was demolished. Almost all of the records related him have been wiped out in the long river of history.

Keywords:Hanke;Chan Method;Buddhism;literary inquisition;quotations of Qianshan

An Initial Investigation of Onto-Henology and Holistic Thinking

LI Yi

(School of Philosophy,Wuhan University 430072)

The main purpose of this paper is to explore the relationship between onto-henology and holistic thinking.Since no matter which ontology is,it cannot be accessed,this article has the nature of hermeneutics in trying to integrate the horizon between ultimate care and realistic care.By reviewing the Chinese Daoist ontology and the ontology of ancient Greece,it is not difficult to find that Christianity and its philosophical theology played a decisive role in preventing or delaying Western minds entered a premature state which lacked the tension of transcendence,caused by holistic thinking.Without the divine injection of onto-henology, Chinese thinking gradually drifted away towards the undifferentiated overall Hundun(浑沌). With the comedown of Christian theology as a resource of thought,holistic philosophy has almost become irreversible as a basic thinking,and science as the only surpassing exception recognized by all members of society seems to determine the overall direction of humanity. However,science itself lacks foundation and was in fact germinated from the basic exploration of the theo-philosophy.This means that the reflection of the traditional onto-henology is so precious on the way back to the Origin,that is,the Nature of the human being(per se)who recalls retrospection and introspection.

Keywords:onto-henology;holistic noetics;reductionism;transcendence

An Investigation of Socrates' Thinking from the Perspective of Natural Philosophy

LI Shuren

(Southwest Minzu University)

Abstract

Socrates was indeed different from most natural philosophers because he considers man and human affairs as natural objects. He was still a natural philosopher because he put forward a set of natural philosophy of man and of human affairs.This theory has not only enriched classical natural philosophy,but also influenced the later development of philosophy. An investigation of Socrates from the perspective of natural philosophy will help us better understand studies for his philosophy.

Keywords:Socrates;natural philosophy;human beings;virtues

An Exploration of the Cultural Gene of"Being Made in Japan"

PENG Xinwu

(Renmin University of China,Beijing 100872)

The success of"being made in Japan"is not an accidental effect based on a single factor,but is the result of various positive factors working together,for example,traditional culture genes of the Japanese that they are good at learning,their excellence in professional and humanistic management,their innovative and entrepreneur spirit and team work,their dedication and tenacious national character,their strategic vision of the future,and so on.It is the comprehensive effect of these factors that they acquire high-end quality and competitive advantage of"being made in Japan,"which has become the unremitting driving force for the continuous innovation and improvement of Japanese enterprises. By fully revealing these factors of success,this paper hopes to provide lessons for the current rise of"being made in China."

Keywords:quality first;technological innovation;craftsman spirit;national character

中国人民大学《哲学家》征稿启事

为了不断提高我国哲学研究的水准,完善我国的哲学学科建设,促进海内外哲学同行的交流,中国人民大学哲学院于 2006 年创办了立足全国、放眼世界的《哲学家》中文学术年度刊物,它由人民出版社出版,迄今为止已经出版了 11 辑,逐渐受到国内外学界的瞩目。

《哲学家》以繁荣以中国语言进行写作的哲学研究为宗旨,力图创建起在全球化时代中既汲取外国哲学智慧(并不只限于西方哲学,也包括世界各地区、各民族的哲学智慧),亦对本土概念图式、思考取向加以融汇贯通的华文哲学。除了马克思主义哲学、中国哲学、西方哲学、伦理学、宗教哲学、科技哲学、美学、逻辑学等二级学科的栏目之外,编辑部还经常组织各种专栏,例如:"跨文化哲学与比较哲学"、"海德格尔"、"民族国家与多元文化主义"、"现象学"、"欧陆哲学"、"日本哲学"等。编辑部将优先采用对具体的哲学课题进行深入探索而具有评判性介入的研究成果,严格执行专家审稿制度,拒绝一稿多投。编辑部将对决定采用的论文提出中肯的修改意见,对不采用的论文也会反馈合理的拒稿意见。

《哲学家》旨在为哲学家寻找一个精神家园,建设一个学术家园!《哲学家》的办刊原则是展示出国内外同行的真知灼见,稿件重在有新意、合规范;作者不讲身份,不论出处,贵在求真理、有创见。让我们共同建设好哲学家的家园!

我们主要刊登原创的论文,请毋一稿多投。以下是论文的格式:

1. 来稿由标题名、作者名、具体到学院或研究所的作者单位(请用脚注标出)、内容提要(200—400 字)、关键词(4—6 个)、正文组成。另外还需提供论文的英文题目、内容提要(Abstract)、关键词(Keywords)。文章篇幅为 8000—25000 字(包括文献资料与注释)。重要文章可放宽到 30000 字。稿件发表以后,我们学院会在适当的时候支付一定的稿酬,并且赠送当辑刊物。

2. 来稿注释一律采取当页脚注,每页重新编号。注释以阿拉伯数字①②③④⑤等编号。格式为:"作者:《书名》,某某译,出版社某某年版,第某某页。"引用期刊文章格式为:"作者:《文章名》,某某译,《期刊名》某某年第某某期。"

3. 在作者名字之后请用脚注标出姓名、工作单位,以及文章的资助信息等等,也可以做简要的自我介绍。文中需要着重的地方请用下圆点或者下画线,请勿使用宽体字或斜体字,着重不宜过多。文章分节标题用中文数词标出,居中。最好分别有一个导论与结论部分。

4.关键词的格式为,中文部分用两个空格隔开,英文部分用分号隔开,除了专有名词之外都用小写。例如:

关键词:牟宗三　海德格尔　良知坎陷　另一启始　文化会通　康德式二元论

Keywords:Mou Zongsan;Heidegger;self-reversal of moral reason;the other inception;cultural dialogue;Kantian dualism

来稿请寄:malin2008@ ruc.edu.cn

责任编辑:洪 琼

图书在版编目(CIP)数据

哲学家·2018—2019/中国人民大学哲学院 编. —北京:人民出版社,2020.9
ISBN 978-7-01-022390-2

Ⅰ.①哲…　Ⅱ.①中…　Ⅲ.①哲学-文集　Ⅳ.①B-53

中国版本图书馆 CIP 数据核字(2020)第 145976 号

哲学家·2018—2019

ZHEXUEJIA 2018—2019

中国人民大学哲学院　编　郝立新　主编

人 民 出 版 社 出版发行

(100706　北京市东城区隆福寺街 99 号)

中煤(北京)印务有限公司印刷　新华书店经销

2020 年 9 月第 1 版　2020 年 9 月北京第 1 次印刷
开本:787 毫米×1092 毫米 1/16　印张:12
字数:250 千字

ISBN 978-7-01-022390-2　定价:59.00 元

邮购地址 100706　北京市东城区隆福寺街 99 号
人民东方图书销售中心　电话 (010)65250042　65289539